BEITRÄGE
ZUR NEUEREN
LITERATURGESCHICHTE
Band 349

Suttner im KonText

Interdisziplinäre Beiträge zu Werk und Leben der Friedensnobelpreisträgerin

Herausgegeben von

JOHANN GEORG LUGHOFER

MILAN TVRDÍK

unter Mitarbeit von

KONSTANTIN KOUNTOUROYANIS

Universitätsverlag
WINTER
Heidelberg

Bibliografische Information der Deutschen Nationalbibliothek

Die Deutsche Nationalbibliothek verzeichnet diese Publikation in der Deutschen Nationalbibliografie; detaillierte bibliografische Daten sind im Internet über *http://dnb.d-nb.de* abrufbar.

Finanziert durch die AKTION Österreich – Tschechische Republik, Wissenschafts- und Erziehungskooperation, http://www.dzs.cz

UMSCHLAGBILD

Francisco de Goya: *Der Koloss* (um 1810)

ISBN 978-3-8253-6552-3

Imprimé en Allemagne · Printed in Germany
Druck: Memminger MedienCentrum, 87700 Memmingen

Gedruckt auf umweltfreundlichem, chlorfrei gebleichtem und alterungsbeständigem Papier.

Den Verlag erreichen Sie im Internet unter:
www.winter-verlag.de

Inhalt

Vorwort

Vor 100 Jahren, kurz vor dem Attentat in Sarajevo, verstarb die erste Friedensnobelpreisträgerin Bertha von Suttner und musste somit nicht den Weltkrieg miterleben, vor dem zu warnen sie nicht müde wurde. Aus Anlass des Todestags wurde in Prag dieser bedeutenden Schriftstellerin und Pazifistin, welche ebendort als Gräfin Kinsky von Chinic und Tettau geboren und in Brünn aufgewachsen ist, eine interdisziplinäre Konferenz vom Juni 2014 gewidmet.

Dabei wurde nicht nur ihr Werk aus neuen literaturwissenschaftlichen, publizistischen und historischen Perspektiven beleuchtet, sondern auch in das gesellschaftliche Umfeld – insbesondere des böhmischen bzw. österreichischen Kontextes – vor dem Ausbruch des Weltkrieges eingebettet.

Im Gegensatz zu manch anderen Ländern gelang es Suttner ausgerechnet nicht in Böhmen, die Gründung eines lokalen Friedensvereins voranzutreiben, obwohl sie durchaus auch in diesem Land über Kontakte unter Intellektuellen verfügte. Deswegen stellten sich Fragen wie:

Welche gesellschaftliche und intellektuelle Rolle spielte der Pazifismus in Böhmen? Inwiefern war die Tochter eines altböhmischen Adelsgeschlechts unter den Intellektuellen der damaligen Zeit in ihrer engeren Heimat Böhmen überhaupt bekannt? Welche persönlichen Verbindungen hatte sie? Welche gegenseitigen Lektüren und Besuchstätigkeiten waren dabei von Bedeutung?

Der Band unterstreicht einerseits die Bedeutung Suttners im zentraleuropäischen Kontext, andererseits trägt er dem generelleren interdisziplinären Interesse an der Autorin und ihren Werken Rechnung.

Aufrichtiger Dank gebührt allen BeiträgerInnen sowie dem Österreichischen Kulturforum Prag.

Johann Georg Lughofer und Milan Tvrdík

JOHANN GEORG LUGHOFER

Naivität, Sentimentalität und aristokratische Borniertheit | Stereotype und Vorwürfe in Sachen Bertha von Suttner

Bertha von Suttner ist zweifelsohne eine österreichische Ikone – der Abdruck ihres Porträts auf den Zwei-Euro-Münzen kann sogar als Aufwertung gesehen werden, denn diese kursiert durch weit mehr Hände als die Tausend-Schilling-Note, die ehemals ihr Konterfei geziert hat; dazu ist sie ebenso der höchste Wert der Währung mit nationaler Prägung.[1] Doch diese große symbolische Ehrerbietung findet wenig Entsprechung in einem lebhaften und öffentlichen Diskurs über diese Galionsfigur des Pazifismus. Ihren Texten und Ideen wird im schulischen Kanon, in der akademischen Welt sowie beim Lesepublikum wenig bis keinerlei Aufmerksamkeit geschenkt. Nach Suttners Namen wurden zwar einige Schulen und manche Straßen in bedeutenden deutschen Städten benannt – wie in Nürnberg, Köln, Göttingen, Potsdam, Lüneburg, Wiesbaden, Bremen, Saarbrücken und im feinen Berlin-Schöneberg – und in nicht ganz so bedeutenden österreichischen Städten – nicht einmal in den Landeshauptstädten, aber immerhin in Stockerau, Amstetten, Villach, Seiersberg oder Liezen. Doch gerade in Wien, ihrer vorrangigen Wirkungsstätte, sucht man vergeblich eine Bertha-von-Suttner-Straße. Fin-

[1] Evelyne Polt-Heinzl sieht das übrigens anders: „Mit der Währungsumstellung ist den ÖsterreicherInnen das Gesicht einer Persönlichkeit abhandengekommen bzw. auf die Größe der Zwei-Euro-Münze zusammengeschrumpft." Evelyne Polt-Heinzl: *„Sie lebte nah, mitten in unserer Welt in Wien". Bertha von Suttner (1843 – 1914)*, in: dies.: *Zeitlos - Neun Porträts. Von der ersten Krimiautorin Österreichs bis zur ersten Satirikerin Deutschlands*, Wien 2005, S. 11-30, hier S. 11.

den wird man ein Gässlein ihres Namens in der Vorstadt Kagran irgendwo zwischen unbedeutenden Gewerbe- und Sportflächen.

Dazu kommt, dass sich das deutschsprachige kollektive Gedächtnis tragischerweise vor allem in einer Weise an ihren Namen erinnert, die ihrem Leben und Wirken Hohn spricht: Die bekannteste Waffe des Ersten Weltkrieges heißt die dicke Bertha – ein schweres Geschütz, hergestellt vom Rüstungskonzern Krupp. Auch wenn es nicht belegt ist, dass der Mörsername schon ursprünglich eine Referenz auf die pazifistische Schriftstellerin darstellt – möglicherweise hat man einfach den Namen aus dem Buchstabier-Alphabet verwendet oder sich auf Bertha Krupp bezogen –, entwickelte sich der Name der Waffe zu einer Verunglimpfung der Friedenskämpferin. Es ist weniger eine Ironie der Geschichte als vielmehr blanker Zynismus, dass der Name der Pazifistin im Zusammenhang mit dem vernichtenden Geschütz, das seine Popularität insbesondere den tödlichen Einsätzen gegen belgische und französische Festungsanlagen 1914 verdankte, erinnert wurde und wird.

An Schmähungen fehlte es Suttner auch schon Zeit ihres Lebens nie: als „Närrin“ und als „Gschaftlhuberin“ wurde sie verlacht, als „Friedensbertha“, „Judenbertha“, „rote Bertha“ oder eben „dicke Bertha“ verhöhnt – die ständige Verwendung des Vornamens diente dabei zur Verharmlosung und Lächerlichmachung ebenso wie zur despektierlichen Betonung ihres Geschlechts. Die wichtigsten Vertreter der österreichischen Intelligenz – allen voran Karl Kraus – machten sich lustig über Stil und Inhalt ihrer Texte, über manch schwache Erträge bei Kollekten und über ihre umtriebige Vereinstätigkeit. Offizielle Ehrungen erfuhr sie in ihrem Heimatland nie – übrigens im Gegensatz zu Prag, wie sie selbst in ihrer Zeitschrift vermerkt.

Auch nach ihrem Tod und nachdem zwei Weltkriege die europäische Zivilisation in ihren Grundfesten erschüttert haben, erhält sie abgesehen von primär symbolischen Ehrungen wenig Anerkennung. In den Wissenschaften spielt sie wenig bis gar keine Rolle: Politische Theorie- und Ideengeschichten kommen, selbst wenn sie das Themenfeld Krieg und Frieden begriffshistorisch aufspannen, ohne Referenz auf Suttner aus.[2]

[2] Eva Kreisky und Marion Löffler: *Eine nicht politikwissenschaftsfähige Friedensvision? Einige Gründe, warum Bertha von Suttners Pazifismus nicht in den Kanon politischer Ideengeschichte gelangte*, in: *Im Prisma. Bertha von Suttner „Die Waffen nieder!“*, hrsg. von Johann Georg Lughofer, Wien et al. 2005, S. 37-58, hier S. 37.

Die Sozialwissenschaften zeigen wenig Interesse an Manifesten, die in Romanform gegossen wurden, noch dazu, wenn diese sprachlich an die Literatur der *Gartenlaube* erinnern. Diese Form verhindert, gepaart mit der allzu eindeutig erscheinenden politischen Tendenz, auch eine prominente Erwähnung in der Literaturwissenschaft. In der Geschichtsforschung zum Wien der Jahrhundertwende und zu 1914 bleibt Suttner Marginalie. Allein in der Friedensforschung finden sich punktuell Bezüge auf die Nobelpreisträgerin.

In den wenigen vorhandenen wissenschaftlichen Arbeiten zu Suttner wird außerdem meist eine auffallend große Distanz beibehalten und explizit hervorgehoben. Es wird sogar kenntlich gemacht, dass man ihr kaum intellektuelle – und manchmal sogar nicht allzu viel menschliche – Größe zugesteht.

Selbst die bedeutendste Suttnerbiographin, Brigitte Hamann, sieht sich immer wieder veranlasst, ihre Distanz gegenüber der Protagonistin ihres Werkes zu betonen. Schon in der vorangestellten Kurzbeschreibung der Biographie – „Zu diesem Buch" – wird klargestellt, dass es sich um ein „nie unkritisches Bild"[3] Bertha von Suttners handelt. Was sind die Gründe, die die Distanz und Kritik an Suttner für eine wissenschaftliche Auseinandersetzung so explizit notwendig erscheinen lassen? Warum ist eine übliche und ohnehin zu erwartende wissenschaftliche Objektivität in diesem Fall offenbar nicht genug? Und wie lauten eigentlich die Anwürfe gegen Suttner, die – nicht selten unhinterfragt – nunmehr seit über 100 Jahren fortgeschrieben werden?

Kurz gesagt: Es sind vor allem Suttners Naivität, Sentimentalität, fehlendes innovatives Denken, mangelnde literarische Qualität sowie ihre vermeintliche Ignoranz gegenüber den sozialen Verhältnissen ihrer Zeit. Diese Kritikpunkte sollen in Folge genauer unter die Lupe genommen werden, wobei es sich zeigt, dass nicht wenige der Vorwürfe sich als nicht tragfähig erweisen und entschärft werden können. Es handelt sich meines Erachtens vor allem um akademisch tradierte Vorurteile, die in dieser Form nicht weiter überliefert werden sollten. Dabei geht es mir nicht darum, Bertha von Suttner als unantastbar und unkritisierbar darzustellen oder sie gar zu heroisieren. Aber es fällt auf, dass sie Urteile treffen, vor denen andere Literaten einfach von vornherein verschont werden. Oder können Sie sich vorstellen, dass Thomas Mann wegen

3 Brigitte Hamann: *Bertha von Suttner. Ein Leben für den Frieden*, München 1991, S. 2.

seiner *Betrachtungen eines Unpolitischen* (1918), wo er unter anderem die angebliche Heiterkeit der Kriegsblinden in den Lazaretten beschreibt, wie sie mit den Glasaugen um sich werfen, naiv genannt wird. Bei Mann gilt das bizarre Werk trotz allem als lesenswert und seinem Renommee nicht abträgliche Verirrung seiner frühen Jahre (– er war übrigens bei der Publikation gut über vierzig Jahre alt). Oder Joseph Roths alkoholschwangeres kaisertreues Engagement und seine „rückwärtsgewandte Utopie“[4] in den Werken der 30er Jahre des vorigen Jahrhunderts wird, um ein weiteres Beispiel zu nennen, nicht als naiv oder sentimental abgekanzelt, sondern als verständliche Reaktion auf den Nationalsozialismus untersucht und als *DonQuijoterie* nahezu gefeiert.

Zur Naivität

Anders bei Suttner: Selbst der durch die Folgen der KZ-Haft umgekommene Friedensnobelpreisträger Carl von Ossietzky sieht in Suttners „naiver“ Arbeit gar den Geburtsfehler des deutschen Pazifismus:

> „Es ist wahrscheinlich das Schicksal der Bewegung gewesen, daß ihr Ausgangspunkt war der larmoyante Roman einer sehr feinfühligen und weltfremden Frau. […] Wie so viele Frauen, die aus reiner Weiberseele für die Verwirklichung eines Gedankens kämpfen, der männliche Spannkraft und ungetrübten Tatsachenblick erfordert, glitt sie ins Chimärische […] Es war um die *Friedensbertha* allmählich ein sanftes Aroma von Lächerlichkeit. […Dieses] hat nach außen so stark gewirkt, daß auch die tüchtigsten und bedeutendsten Männer es nicht haben beseitigen können.“[5]

Weniger eine argumentativ versierte Kritik wird hier vorgebracht als vielmehr misogyne Klischees hochgekocht, um Suttner ihre intellektuellen Kapazitäten abzusprechen.

Heute benennt Hamann schon auf der zweiten Seite ihrer Biographie Suttners Glaube, die Menschheit würde sich (frei nach Darwin) auch auf sittlichem Gebiet veredeln und zum Besseren hin entwickeln, als „wohl

[4] Vgl. z.B. Hartmut Scheible: *Joseph Roth. Mit einem Essay über Gustave Flaubert*, Stuttgart et al. 1971.

[5] Zit. nach Kreisky und Löffler: *Friedensvision*, a.a.O., S. 43.

etwas naiv".[6] Im gleichen Buch wird die ähnliche Hoffnung bei Alfred Nobel jedoch als intellektuell anspruchsvoll dargestellt.[7] Naivität ist ein zentraler Vorwurf, der auch in dieser terminologischen Formulierung als Konstante der Suttnerforschung auftaucht. Einen Ansatz hierfür hat wohl Suttner selbst unfreiwillig geliefert. In ihren *Memoiren* (1909) beschreibt sie ihr früheres Ego als naive junge Frau, die in Kurorten die spielsüchtige Mutter begleitete – und dort völlig unberührt von den gerade stattfindenden Kriegen blieb. Dass dieses abschätzige Selbsturteil auch aus didaktischen Gründen passierte, um dem Pazifismus fernstehenden Leserinnen und Lesern ein Beispiel für ein Umdenken zu geben, nutzte wenig: das Bild der naiven Suttner wurde gerne angenommen und dabei nicht nur auf ihre Jugend bezogen.[8]

Ist dies berechtigt? Ihr fester Glauben an die Evolution des Menschen vom Haß zur Liebe, von der Bestialität zur Humanität, mag aus heutiger Sicht wirklich etwas weltfremd wirken. Doch darf dabei nicht vergessen werden, dass die Mehrzahl der Intellektuellen des 19. Jahrhunderts von einem evolutionären Menschenbild ausgingen – von Friedrich Nietzsche bis Karl Marx – und dass der im 19. Jahrhundert vorherrschende Fortschrittsglaube oft auch die Vorstellung von einer sittlichen Verfeinerung des Menschen beinhaltete. Des Eklektizismus – von Darwins und Haeckels Lehren – wie Suttner wurde übrigens kaum jemand sonst bezichtigt.

Und dass, obwohl Suttner keineswegs von einem Automatismus in Richtung moralischer Höherentwicklung ausging, sondern vielmehr betonte, dass Bedingungen einer derartigen Entwicklung bewusst herbeigeführt werden müssen.

Auch in einer anderen Hinsicht lässt sich das Bild von der vermeintlichen naiven Friedensbotin Suttner nicht verifizieren. Dass nämlich Suttner propagierte, schon das 20. Jahrhundert werde das Ende aller Kriege herbeiführen, hat weniger mit Naivität zu tun als mit einem strategischen Optimismus, der für die Propagandaarbeit unabdinglich war. Aus Briefen und Tagebucheinträgen, aber auch aus ihren Glossen, wissen wir, dass sie durchaus die politischen Lagen realistisch einzuschät-

6 Hamann: *Suttner*, a.a.O., S. 8.

7 Vgl. ebd., S. 52.

8 Schon ihr Mitarbeiter und Vertrauter Alfred Fried wandte sich gegen diese Offenheit und Ehrlichkeit, der dieses Kapitel als reputationsschädigend begriff. Vgl. Hamann: *Suttner*, S. 39.

zen wusste. Insbesondere war ihr die Bedrohung durch einen womöglich kommenden Weltkrieg und dessen Bedeutung für die gesamte Zivilisation so bewusst wie kaum einem ihrer Zeitgenossen. Nicht umsonst spricht der Historiker Christopher Clark von den europäischen Machthabern – übrigens ausschließlich Männer – als „Schlafwandler", die nahezu blind – naiv – in die Urkatastrophe des 20. Jahrhunderts hineintappten.[9] Suttner hingegen erkannte bereits 1911 nach dem Libyenkrieg selbst die Tragweite der damals neu eingesetzten Luftwaffe und analysierte die Konsequenzen der neuen Kriegsführung in *Die Barbarisierung der Luft* (1912). In ihren letzten Lebensjahren verfolgte sie im Detail die Vorgänge am Balkan – mit dem gebührenden Interesse und in klarer Kenntnis der möglichen Konsequenzen.

Dass Suttner naiv zu nennen, schlicht und einfach erschreckend unangemessen ist, zeigt des Weiteren die Tatsache, dass sie früh neben dem Krieg den Antisemitismus als größtes Übel begriff, das es zu bekämpfen gelte. 1891 wurde von Arthur und Bertha von Suttner parallel zum Friedensverein auch ein „Verein zur Abwehr des Antisemitismus" gegründet, der auch eine Zeitung herausgab und Juden kostenlosen Rechtsschutz anbot. Auch in ihren Romanen *Daniela Dormes* (1886), *Das Maschinenzeitalter* (1889), *Vor dem Gewitter* (1894), *Schach der Qual* (1898) oder *Der Menschheit Hochgedanken* (1911) stellt sie sich gegen die gefährliche Hetze – in Zeiten, als sonst kaum jemand die wirkliche Bedrohung durch den Antisemitismus auch nur ahnte. Wie sehr sie sich durch diese Vereinsarbeit die Feindschaft der Antisemiten zuzog, zeigt die Veröffentlichung von Grundbuchauszügen von ihrem verschuldeten Schlossgut Harmannsdorf in Georg von Schönerers[10] Zeitschrift *Unverfälschte Deutsche Worte* mit dem hämischen Bedauern, dass die Suttners gezwungen seien, den Juden Schutzdienste zu leisten.[11]

9 Vgl. Christopher Clark: *Die Schlafwandler. Wie Europa in den Ersten Weltkrieg zog.* München 2013.

10 Georg Heinrich Ritter von Schönerer (1842-1921) war Führer zunächst der österreichischen Deutschnationalen und später der Alldeutschen Vereinigung, der starken Einfluss auf den jungen Adolf Hitler ausgeübt hat.

11 Vgl. Hamann: *Suttner*, a.a.O., S. 211.

Zur Sentimentalität

Selbst Alfred Fried wandte sich teilweise von seiner Mentorin ab, indem er ihrem sogenannten „sentimentalen Pazifismus“ einen wissenschaftlichen gegenüberzustellen suchte.

Auch hierbei findet sich ein bis heute tradierter Vorwurf, der Suttners Wirken einseitig auf einem bloß gefühlsmäßigen Pazifismus reduziert. Demgegenüber betonen Eva Kreisky und Marion Löffler, dass ihr „Friedensappell [...] nicht nur Emotionalität und Empathie [folgte], er war auch analytisch überaus zutreffend und wissenschaftlich wohlbegründet.“[12] Mit ihrem zentralen Roman *Die Waffen nieder!* wollte Suttner der Friedensbewegung bekanntlich „einen kleinen Dienst“ erweisen – und als politisches Manifest ist *Die Waffen nieder!* auch zu lesen, ein Manifest, das die Friedensbewegung weltweit erfolgreich stimuliert hat.

> „Bertha von Suttners Friedensideen als idealistisch und obendrein emotionalisiert abzutun geht am Roman *Die Waffen nieder!* völlig vorbei. Ideenhistorisch steht dieses Werk an der Schnittstelle zwischen ‚regulatorischem Liberalismus‘, der von durchaus realistischen Annahmen ausgehend auf die Notwendigkeit internationaler Normen und Organisationen zur Friedenssicherung hinwies, und ‚republikanischem Liberalismus‘, der von einem Zusammenhang zwischen innerstaatlicher Herrschaftsorganisationen (Demokratie) und Außenverhalten (Frieden) ausging. [...] Suttners Analyse galt aber vor allem den Hindernissen, die der Verwirklichung pazifistischer Ideen in modernen Nationalstaaten im Wege stehen.“[13]

Dabei habe – so Kreisky und Löffler – Suttner in ihrer Analyse und Kritik ideenhistorisches Neuland betreten, indem sie die Zusammenhänge zwischen Sozialisation, insbesondere Erziehung sowie Geschlechterrollen und imperialistische Strategien aufzeigte. Die gewählte Romanform – eine diskursorientierte Familien- und Liebesgeschichte inklusive Montagen von politischen und sozialen Reflexionen und Diskussionen sowie historischen Daten, Fakten und Dokumenten – ermöglichte dies. So hat sie wohl auch aus der Not eine Tugend gemacht, denn publizistisch wurde sie in den Bereich der Trivialliteratur und Vereinszeitschrift

[12] Kreisky und Löffler: *Friedensvision*, a.a.O., S.40.

[13] Ebd., S. 46.

abgedrängt. So beließ sie sentimentale Aspekte in ihren Texten, verzichtete aber nie auf Analyse und Interpretation.

Die Mechanismen des Ausschlusses der Frauen aus publizistischen Seilschaften und akademischen Zitationszirkeln sowie die Deutung dieser Marginalisierung politischer Denkerinnen als Beweis ihrer Unfähigkeit waren Suttner durchaus bewusst. Bezüglich der Behauptung, Frauen haben keine philosophisch relevanten Werke hervorgebracht, kritisierte sie 1889: dies wäre

> „wie wenn man ein meilenweites Becken mit Spielkarten gefüllt hätte, worunter nur zehn oder zwölf Damen enthalten sind, und dann, nachdem man durch eine Viertelstunde Karten herausgezogen, wobei keine Dame zum Vorschein gekommen wäre, in doktrinärem Tone riefe: ‚Wie Sie sehen, hat das Kartenbild der Dame die spezifische Eigenschaft, nicht gezogen werden zu können.'"[14]

Ähnliches gilt für Suttners Vereinsarbeit: wirkungslos wäre sie gewesen, liest sich der Vorwurf, denn – so die absurde Begründung – der Weltkrieg wurde durch sie auch nicht verhindert… Aber hätte sie denn mit einer politischen Partei reüssieren können? Wohl kaum, denn die damalige Gesetzeslage Österreichs erlaubte Frauen keinerlei Parteiarbeit; selbst die Mitgliedschaft war ihnen verboten; dazu hatten sie weder aktives noch passives Wahlrecht. Darum blieb Suttner nur die Arbeit in einem überparteilichen, humanitären Verein. Gerade bei der gesellschaftlichen Tätigkeit Suttners muss man Vorsicht walten lassen, um nicht die diskriminierende Gesetzeslage zu einem Vorwurf an die Diskriminierten umzumünzen.[15] Von der realen Benachteiligung zeugte die rein aus Männern zusammengesetzte Interparlamentarische Union, an deren Treffen und Erfolge Suttner jedoch tatkräftig mitarbeitete, was nicht bedeutete, dass sie zu den Abendempfängen geladen wurde oder ihr ein Sitzplatz zugewiesen wurde – wie bei der Interparlamentarischen Konferenz in Berlin 1908, wo sie sich auf der Galerie sitzen musste.[16]

Der humanitäre Verein war also die einzige Möglichkeit für die "Gschaftlhuberin" sich zu betätigen und der Sache zu dienen. In dem

[14] Bertha von Suttner: *Das Maschinenzeitalter. Zukunftsvorlesungen über unsere* Zeit, Dresden und Leipzig 1899, S. 102f.

[15] Vgl. Polt-Heinzl: *Suttner*, a.a.O., S. 16.

[16] Vgl. Hamann: *Suttner*, a.a.O., S. 405.

Vorwurf mag früh schon Neid mitklingen, denn nicht viele konnten mit Suttners Sprachkenntnissen, ihrem gesellschaftlichen Auftreten, ihrem Selbstbewusstsein und Optimismus mithalten. Alfred Fried, ihren kritischen Weggefährten im „Friedenskampf" und Nobelpreisträger 1911, profitierte mehrfach von ihrem Ratschlag – angefangen von Umgangsformen bis hin zu seinen Übersetzungen, die sie mehrfach korrigierte.

Zur Qualität ihrer Literatur

Wie schwierig es für Frauen des 19. Jahrhunderts war, seriöse Literatur zu publizieren, zeigt die häufige Verwendung von Pseudonymen. Viele Schriftstellerinnen veröffentlichten unter Namen, deren Geschlechtszugehörigkeit nicht klar erkannt werden konnte oder unter männlichen Namen. Auch Bertha von Suttner begann ihre Karriere unter falschen Namen, schrieb ab 1877 unter Pseudonymen Kurzgeschichten für österreichische Zeitungen. Unter „B. Outlet" veröffentlichte sie ihr aufschlussreiches *Inventarium einer Seele* (1883), unter „Jemand" ihre intelligenten und aufrüttelnden Geschichtsvorlesungen aus der Zukunft *Maschinenzeitalter* (1889). Erst nach der erfolgreichen dritten Auflage wird sie dabei das Geheimnis lüften.

Darüber hinaus wurden selbst die Werke viele der erfolgreichsten Schriftstellerinnen nicht aufgrund ihrer ästhetischen Qualität respektiert und gelobt. Den Frauen war es vorbehalten, gute, zärtliche und mitfühlende Menschen zu sein, nicht aber große Literatinnen und Denkerinnen. So wurden selbst der höchste zivile Orden Österreichs, das Ehrenkreuz für Kunst und Literatur, 1898 und der Ehrendoktortitel der Universität Wien 1900 für die Erfolgsautorin Ebner-Eschenbach mehr als Zeichen ihres hohen Ansehens und Verkaufserfolgs als eines für die literarische Qualität ihrer Texte gewertet. Diese Qualität wurde geflissentlich übersehen und von ihrem Ruf als hohe Dichterin des Mitleids überdeckt, zu der sie schon zu Lebzeiten stilisiert wurde. Als Frau wurde ihr zwar eine große Meisterschaft für psychologische Erzählungen zugebilligt, bei welchen die Absicht, Sittlichkeit und Humanismus zu vermitteln, und ein Bedürfnis nach harmonischen Lösungen unverkennbar mitschwingt. Doch als große Literatin wurde sie nur selten erkannt. Noch in einem neueren Lehrbuch wird sie als „gütige Dichterin" beschrieben, des Weiteren: „Sie zeichnete sich als Mensch und als Dichterin durch warme Herzlichkeit, durch eine mütterliche Haltung und tiefes soziales Verständnis aus." Ihre Dichtung stelle ein „umfangreiches Loblied auf die Macht mütterlicher Liebe und Erziehung dar."[17]

Frauen schienen häufig nicht als große Literatinnen in Frage zu kommen, sondern nur als Vermittlerinnen einer Idee, als feinfühlige Anklägerinnen von Mißständen und als engagierte Streiterinnen dagegen.

Insbesondere galt und gilt dies für Bertha von Suttner. Damals wie heute wird die vorhandene literarische Qualität ihres zentralen Romans *Die Waffen nieder!* (1789) nicht ernstgenommen, der in realistischer Schreibweise die Gräuel des Krieges eindringlich zu schildern vermag, in einer Montagetechnik geschickt Fiktion und Fakten vermengt und an manchen intensiven, an den Schlachtorten spielenden Stellen sogar die expressionistische Schreibweise vorwegnimmt, mit welcher viel später der Erste Weltkrieg verarbeitet werden sollte.[18] Die Literaturwissenschaftlerin und –kritikerin Evelyn Polt-Heinzl befindet, dass der Roman als „Roman und Zeitdokument, auch für die Lebensbedingungen bürgerlicher Frauen in der zweiten Hälfte des 19. Jahrhunderts, [...] durchaus heute noch lesbar" ist und nennt ihn komplex und differenziert gestaltet.[19] Wenn sich heute die Literaturwissenschaften nicht nur mit Höhenkammliteratur beschäftigen wollen und kulturwissenschaftlichen Fragestellungen mit Interesse gegenüberstehen, sollten manche Texte Suttners im Zentrum ihrer Aufmerksamkeit stehen, da sie für Fragen zur Literatur der Zeit, zu Lesegewohnheiten, zur damaligen Gesellschaft und zum politischen Denken höchst aufschlussreich sind.

Die angesprochenen Themen gehen weit über einen sogenannten „sentimentalen Pazifismus" hinaus und berühren Aspekte, die geeignet waren, den kriegerischen Heroismus und die dahinter stehenden Männlichkeitsbilder zu dekonstruieren, wie z.B. die Entmannung von Soldaten im Gefecht. Ernst Toller verarbeitete diese Idee in seinem *Hinkemann* (1923) gute dreißig Jahre später und sollte dafür gefeiert werden, das Defizit des dramatischen Helden sowie den männlichen Körper als

[17] Herbert Pochlatko, Karl Koweindl und Walter Thaler: *Abriß der Literatur des deutschen Sprachraums von ihren Anfängen bis zur Gegenwart.* Teil II. Wien 1987, S. 39, 38 und 39.

[18] Vgl. Sigrid und Helmut Bock: *Nachwort*, in: Bertha von Suttner: *Die Waffen nieder! Eine Lebensgeschichte*, Husum 1990, S. 403-358, hier S. 433f.

[19] Polt-Heinzl: *Suttner*, a.a.O., S. 23 und 25.

Kriegsmaschine und dessen Entwertung exemplarisch dargestellt zu haben.

Grundsätzlich kannte Suttner ihre Rolle im Literaturbetrieb und wollte sich literarisch weiter entwickeln:

> „Nur eines ist mir zum klaren Bewußtsein gelangt: daß mir durch die Ergreifung des schriftstellerischen Berufes die schwere Aufgabe erwachsen, unablässig vorzuschreiten, meinen Gedankenkreis zu erweitern, mit einem Wort – trotz des reifen Lebensalters – zu lernen, zu lernen, zu lernen!“[20]

Doch die Notwendigkeit vom Schreiben Einkünfte zu erzielen – neben der aufreibenden Kleinarbeit und der aufwändigen Organisationstätigkeiten der Friedensarbeit – hielt sie von dem erwünschten Fortschritt ab. Geld war am leichtesten mit simpler Unterhaltungsware, mit Fortsetzungsromanen und Novellen, zu lukrieren. So mag der gelungene Roman von der großen Zahl oft anspruchsloser Brotarbeit überschattet sein, die Suttner für Familienblätter und Romanzeitschriften wie *Neue Illustirte Zeitung*, für *Über Land und Meer*, die *Gartenlaube*, das *Berliner Tagblatt*, die *Deutsche Romanbibliothek*, *Deutsches Montagsblatt* und den *Salon*[21] – unter höchst unbequemem Zeitdruck und in größter Eile ablieferte. Sie verfasste ihre Texte gewerbsmäßig im Stil der damals üblichen Frauenliteratur: situiert sie in der aristokratischen Gesellschaft und beließ stets Liebe als zentrales Thema. Wechselnde Qualität ist dabei ein höflicher Ausdruck, viele der Werke sind schlicht und einfach Schemaliteratur, auch wenn anspruchsvolle gesellschaftliche Themen angesprochen werden.

Suttner machte sich aber über die Qualität der Werke keinerlei Illusionen, versuchte so beispielsweise den kritischen Freund Carneri vom Lesen abzuraten: „Aus der Novelle ist ein elender ‚Schmarrn' geworden. Man soll nichts auf Bestellung, alles nur als Herzensdrang arbeiten.“[22] Eine größere Zahl anderer selbstkritischer Kommentare bezüglich ihrer Texte sind erhalten. Hart zieht sie Bilanz: „Wenn ich denke, was ich an Romanen, die ich schreiben *könnte*, der Friedensarbeit opfere, so kann ich das pekuniär auf jährlich ziemlich viele Tausend beziffern – und an

20 Hamann: *Suttner*, a.a.O, S. 79.

21 Vgl. ebd., S. 66.

22 Zit. nach. ebd., S. 290.

literarischem Wachstum nebenbei. So gehe ich im literarischen Ruf *zurück.*“[23]

Ihre sehr direkte Auffassung des Realismus – „Es gibt nur einen obersten Grundsatz der Moral… und derselbe heißt: Wahrheit. Alle Ehr‘ und Ehrlichkeit beruht auf Wahrung des Wahren.“[24] – gepaart mit dem Interesse, Belehrungen und Ideen in der Literatur unterzubringen – man hat gerade „durch Romane mehr Chancen […], seine Ideen einzuschmuggeln“[25] – mochte im Wien des modernen Ästhetizismus dem literarischen Ruf nicht förderlich gewesen sein; dem heutigen Leser macht sie die Lektüre nicht weniger beschwerlich; daran ist wohl nicht zu rütteln.

Suttner selbst sah sich nie als qualitativ einzigartige Literatin, selbst in Sachen *Die Waffen nieder!* wusste sie selbst: „neun Zehntel des erlangten Beifalls bringe ich auf Rechnung der Tendenz meines Buches. “[26] Sie erklärte den Erfolg schlicht mit der Wirkung des Zeitgeists. Doch wenn auch kein Meisterwerk, bleibt es ein Buch mit literarischen Qualitäten, die eine entsprechende Würdigung verdienen.

Zur Ignoranz gegen andere soziale Schichten

Insbesondere der Umstand, dass Suttners Literatur in aristokratischen Milieus stattfindet und sie ihre Vereinsarbeit eher auf honorige Mitglieder der Gesellschaft ausgerichtet hat, führt zur oftmals weitergetragenen, im Lichte ihres Wirkens aber recht merkwürdigen Vorhaltung: Suttner pflege eine aristokratische Borniertheit, die zu einer Ignoranz gegenüber der sozialen Armut in ihrer Zeit führe. Als kurioses Beispiel kann hier ein Sammelbandbeitrag aus 2005 herhalten – geschrieben von Irmgard Hierdeis, Gymnasiallehrerin und Schriftstellerin, die Suttner ihrer eigenen – ebenso in Böhmen, aber in wirklich bescheidenen Verhältnissen geborenen – Großmutter gegenüberstellt.[27] In einer wilden Vermischung

[23] Ebd., S. 290. Es kam sogar dazu, dass Zeitungen, die Manuskripte der ehemaligen Bestsellerautorin nicht mehr ungeprüft abdruckten. Vgl. ebd., S. 292.

[24] Ebd., S. 79.

[25] Ebd., S. 100.

[26] Ebd., S. 136.

[27] Irmgard Hierdeis: *Gefühle und Ahnungen. Eine persönliche Revue der Tendenzromane von Bertha von Suttner*, in: *„Gerade weil Sie eine Frau sind…“*

von Werk und Leben wird Suttner – nach den ersten Erwähnungen distanziert zumeist „B.v.S." genannt – vorgeworfen, wenig Interesse konkret an Dienstboten und allgemein am Proletariat und am sozialistischen Klassenkampf aufzubringen. Vorteile der aristokratischen Herkunft wie auch die Nichtüberwachung durch die Polizei werden der Pazifistin in diesem Beitrag undifferenziert angekreidet.

Dabei beweist die Autorin übrigens wenig Gefühl für personale Erzählpositionen, Ironie und marktorientiertes Schreiben. Dass Hierdeis noch Suttners Literatur bekrittelt, da u. a. die Figuren keine Entwicklung kennen, zeigt, dass in ihrer Studie ausgerechnet *Die Waffen nieder!* nicht einbezogen wurde, da gerade dort die Entwicklung der Ich-Erzählerin Martha Althaus und anderer Protagonisten dargestellt wird. Als in diesem Roman Althaus' Sohn fragt, ob sie wohl alle Seiten des Themas beleuchtet habe, antwortet diese: „Mein Lieber, wo denkst du hin? Ich habe ja nur sagen können, was sich in *meinem* Leben – in meinen beschränkten Erfahrungs- und Empfindungskreisen abspielt. [...] Was weiß ich z.B. – ich, die Reiche, Hochgestellte – von den Leiden, die der Krieg über die Massen des Volkes verhängt?"[28]

Suttner benennt es also und war sich durchaus bewusst, dass ihre literarischen Texte vor allem auf Personenkreise in privilegierten Schichten verengt waren, die sie auch besser kannte, was ihrer Auffassung vom realistischen Schreiben entsprach. Ihr daraus einen Vorwurf zu machen, erscheint mir allein vom Ansatz her grotesk, noch dazu, weil sie die aristokratische Schicht kritisch beschrieb, wovon nicht nur ihr Roman *High life* (1886) Zeugnis gibt. Auch in *Die Waffen nieder!* wendet sie sich gegen Kastenabsonderung und –privilegien. Übrigens lernte sie selbst im Kaukasus Entbehrungen kennen: Zu dem Honorar für ihren Romanerstling sinniert sie: „Neben der Ehre ist aber auch keine geringe Freude das Geld. Solche, die niemals Entbehrungen gelitten haben, die niemals in die Lage kamen, daß sie nicht wußten, wovon sie am kommenden Tage leben, wovon sie eine dringende Schuld zahlen würden, solche Leute wissen nichts von der Wonne, die in solchen Fällen eine hereingeschneite Summe bringt".[29]

Erkundungen über Bertha von Suttner, die unbekannte Friedensnobelpreisträgerin, Wien 2005, S. 125-141.

[28] Kreisky und Löffler: *Friedensvision*, a.a.O., S. 50.

[29] Hamann: *Suttner*, a.a.O., S. 72.

Sie, die vom Schreiben lebte, stellte übrigens Karl Liebknecht den Abdruck ihres Erfolgsromans unentgeltlich im sozialistischen Blatt *Vorwärts* zur Verfügung – und respektierte die sozialistische Bewegung, wenn auch aus Distanz und mit Kritik an gewaltbereiten revolutionären Ideen. Kann man Suttner also wirklich vorhalten, der Armut des Proletariats ignorant gegenüberzustehen – und das in heutigen Zeiten, in denen eine Gattin eines sozialdemokratischen Bundeskanzlers der österreichischen Bevölkerung empfiehlt, Golf zu spielen, um Haltungsprobleme zu bekämpfen – und ein sozialdemokratischer Spitzenkandidat davon ausgeht, dass Arbeiter in Österreich ungefähr 3000 € pro Monat verdienen.[30]

Resumee

Mir scheinen die auch in akademischen Zusammenhängen tradierten Vorwürfe wie Naivität, Sentimentalität und aristokratische Borniertheit also durchwegs entkräftet, die Vorhaltung der schlechten literarischen Qualität zumindest relativiert. Suttner kann durchaus voller Respekt begegnet werden, auch wenn sie keine Literatin vom Rang Zolas oder Dostojewskis wurde, was übrigens auch andere deutschsprachige Realisten der Zeit nicht schafften. Suttner kann vorbehaltlos gewürdigt werden – für ihre intellektuellen Leistungen in ihrer Publizistik sowie für die enorme Energie, mit der sie eine gute Sache vertrat und aus mehr als komplizierten Anfängen ein beeindruckendes Leben schuf.

Kriege fanden zwar im 20. Jahrhundert nicht ihr Ende, wie Suttner gehofft hatte. Doch das erhoffte Völkerrecht ist fest etabliert. In den Lehrplänen sind interkulturelle Kommunikation – also ein Nachfahre der von Suttner gewünschten Völkerverständigung – sowie Toleranz- und Friedenserziehung vertreten. Dabei haben Suttners große Erfolge mitgeholfen: die Haager Friedenskonferenzen 1899 und 1907 stellten erste Ansätze eines verbindlichen Völkerrechts dar und hatten Vorbildwirkung für Völkerbund und für die modernen Sicherheitsorganisationen. Friedensvereine und –institutionen wie in Bern und Monaco halfen einer Verbreitung des pazifistischen Gedankens – genau wie die Stiftung

30 Vgl. z.B. und http://diepresse.com/home/politik/innenpolitik/1550739/Freund-schaetzt-ArbeiterGehalt-auf-ungefaehr-3000-Euro, letzter Zugriff 8.12.2015.

des Friedensnobelpreises, die sie mitangeregt hat. Der von ihr erträumte Staatenbund Europas ist im ganzen Kontinent entstanden und hat seine erste wahre Krise überlebt.

Mit ihrer Analyse der Zusammenhänge zwischen Sozialisation und Krieg kann sie auch heute, in Zeiten entstaatlichter Kriege und neuer Formen militarisierter und gewaltoffener Männlichkeit wichtige Anhaltspunkte liefern. Auch wenn nach der Appeasementpolitik vor dem Zweiten Weltkrieg und genauso nach dem Kalten Krieg ein idealistischer Pazifismus viel an Achtung verloren hat, sollen die Auseinandersetzung mit den Weltkriegen auch in akademischen Zusammenhängen einsichtig machen, dass vor allem die Einstellungen vieler Politiker, vieler Wissenschaftler und Schriftsteller naiv waren, nicht die Suttners!

WERNER WINTERSTEINER

Der Kampf um die Vermeidung des Weltkriegs Bertha von Suttner und die Österreichische Friedensbewegung vor 1914 aus heutiger Sicht

Bertha von Suttners umstrittenes Engagement – gestern und heute

Der Kampf um die Vermeidung des Weltkriegs – das mag, als Programm einer Friedensbewegung, anmaßend klingen und ist doch das einzige Programm, das diese Friedensbewegung rechtfertigte. *Der Kampf um die Vermeidung des Weltkriegs*, um den es hier geht, ist eine Sammlung von Kommentaren, so genannten „Randglossen zur Zeitgeschichte", die Bertha von Suttner zwischen 1892 und 1914 für die Zeitschriften *Die Waffen nieder* bzw. das Nachfolgeorgan *Die Friedenswarte* verfasst hat. Der Titel dieser Publikation stammt nicht von der Autorin selbst, sondern wurde dieser posthumen Ausgabe vom Herausgeber des Doppelbandes, ihrem Mitstreiter und Nachlassverwalter, Alfred H. Fried, verliehen. Das Werk, obwohl ausschließlich aus bereits publizierten Texten bestehend, wurde bei seinem Erscheinen (in einem Schweizer Verlag) im Jahr 1917 in Österreich-Ungarn sofort verboten. So brisant erschien dem kriegsführenden Kaiserreich, was eine einzelne, bereits verstorbene Frau, über die Vorkriegszeit anzumerken wusste.[1]

Der Titel des Werkes scheint mir glücklich gewählt, da er das 25-jährige Engagement der Bertha von Suttner für den Frieden in einer Kurzformel prägnant zusammenfasst.

Ein Einwand, der gegen dieses Engagement und die Person der Suttner regelmäßig erfolgt, ist der der Erfolglosigkeit. Ist es nicht – trotz aller Friedensbemühungen – zum Ersten Weltkrieg (und in der Folge zum Zweiten) gekommen? Mit diesem Argument ist zugleich der Vorwurf der

[1] Vgl. Brigitte Hamann: Bertha von Suttner. München 1986, S. 514.

Naivität, der Weltfremdheit, der insgesamt verfehlten Strategie verbunden. Die Tatsache, dass der Große Krieg stattgefunden hat, wird damit unter der Hand denen angelastet, die ihr ganzes Leben dem Bemühen gewidmet haben, dass es nicht so weit kommen möge – eine seltsame Umkehrung der Fakten.

Diese Praxis, gerade diejenigen zu desavouieren, die sich für den Frieden einsetzen, um dann ihre Erfolglosigkeit zu konstatieren, war zu Lebzeiten der Bertha von Suttner gang und gäbe, doch sie besteht auch heute noch, 100 Jahre später. Im Gedenkjahr 2014 brachten alle großen Tageszeitungen Österreichs Sondernummern oder Beilagen zum Weltkriegsjubiläum heraus: Dort wurde über alle möglichen Aspekte berichtet – die Friedensbewegungen allerdings wurde regelmäßig ausgeblendet.[2] Die Suttner selbst hatte allerdings schon die Ehre, porträtiert zu werden, doch sie wurde als große Ausnahmeerscheinung präsentiert, als vereinzelte Mahnerin. Jedoch wurden weder die von ihr gegründete Friedensbewegung noch der sozialdemokratische Pazifismus angemessen dargestellt. Die Tageszeitung *Die Presse* brachte im Mai dieses Jahres sogar einen Artikel mit dem doppeldeutigen Titel *Mythos Militarismus*, in dem die Meinung vertreten wird, der Militarismus sei gar kein entscheidender Faktor für den Ausbruch des Weltkriegs gewesen. Denn der „Folkloremilitarismus“ sei „bei weitem nicht die dominierende Kraft in der europäischen Politik“ gewesen.[3] Als Argument wird angeführt, dass sich die Armeen zu Kriegsbeginn keineswegs bewährt hätten und man für einen so langen Krieg auf keiner Seite ausreichend gerüstet war. Außerdem gäbe es ja andere historische Beispiele, bei denen die – unbestrittene – Hochrüstung zu keinem Krieg geführt habe. Ich übergehe die Schlichtheit dieser Argumentation und stelle die Frage, ob sich Bertha von Suttner mit ihrem friedenspolitischen Programm *Die Waffen nieder* demnach geirrt hat. Hat sie – mit ihrer unermüdlichen Kritik an Militarismus und Rüstungswettlauf – tatsächlich einen Kampf gegen Windmühlen geführt? Und sind, den Gedanken in die Gegenwart weitergedacht, die heutigen

2 Eine schöne Dokumentation von Aktivitäten gegen den Weltkrieg zwischen 1914 und 1918 findet sich in *A visual celebration of the people and movements that opposed the First World War* auf der Website der Online Zeitschrift *Peace News* unter http://theworldismycountry.info/posters/resisting-empires-call/ (2. 1. 2015)

3 Günther Haller: *Mythos Militarismus*: Die marschierende Gesellschaft 1914. In: *Die Presse*, Printausgabe 18. Mai 2014.

Bemühungen um Abrüstung, um die Abschaffung von Massenvernichtungswaffen, vor allem der Atomwaffen, dann nicht ebenso illusionär?

Bertha von Suttner galt und gilt bekanntlich als sentimental und sogar als unpolitisch; ihr bürgerlich-liberaler Pazifismus sei ebenso ehrenwert wie illusionär, von einem mechanischen Fortschrittsglauben beseelt. Wenn auch die offen sexistischen Angriffe ihrer Zeitgenossen heutigen Kritikern eher peinlich sind, wird speziell ihrem Romanwerk doch bescheinigt, dass es zwar sehr erfolgreich war, aber schon deshalb literarisch wertlos, eben weiblich-„idealistisch". So urteilt ein heutiger Autor eines Werkes über die historische Friedensbewegung über Suttners Roman *Die Waffen nieder!*

> Mit den Mitteln des poetischen Realismus werden die Kriegsgreuel geschildert, in denen nahe Verwandte und Freunde sich gegenseitig niedermetzeln. Die Rettung aber wird vom Kaiser erwartet, den die Heldin in Gedanken auffordert, seinem Volk ein sanfter Führer und der Welt ein Friedensgott zu sein. Dieser humanitäre Pazifismus blieb der Grundton der Friedensbewegung: „Es ist wahrscheinlich das Schicksal der Bewegung gewesen, daß ihr Ausgangspunkt der larmoyante Roman einer sehr feinfühligen und sehr weltfremden Frau war. Das übergewöhnliche und reine Wollen der Suttner in allen Ehren, aber sie fand für die Idee keine stärkere Ausdrucksform als die der Wehleidigkeit. Sie kämpfte mit Weihwasser gegen Kanonen, sie adorierte mit rührender Kindlichkeit Verträge und Institutionen, eine Priesterin des Gemüts, die den Königen und Staatsmännern ins Gewissen redete und die halbe Aufgabe als gelöst ansah, wenn sie freundlicher Zustimmung begegnete", schrieb Carl von Ossietzky."[4]

Die einzige Einschränkung gegenüber diesem Verdikt Ossietzkys, zu dem sich der Autor genötigt sieht, ist folgender Satz: „Diese Charakterisierung stimmt, wird aber der unermüdlichen Reise- und Vortragstätigkeit nicht gerecht."[5]

Diese Angriffe, noch dazu aus dem eigenen Lager, werden erst verständlich, wenn man sie nicht nur inhaltlich prüft, sondern wenn man sie

4 Berger, Michael: *Historische Vorläufer der Friedensbewegung. Darstellung und Kritik.* In: Initiative Sozialistisches Forum: *Frieden – je näher man hinschaut desto fremder schaut es zurück. Zur Kritik einer deutschen Friedensbewegung.* Freiburg 1984, S. 249–269, hier S. 250.

5 Ebd., S. 250.

auch im Kontext eines männlich konnotierten Militarismus begreift, gegen den die Suttner zeit ihres Lebens ankämpfte. Dann erkennt man schnell, dass die Denunzierung der Friedensbewegung als „idealistisch" und „nicht ernst zu nehmen" auf einer militaristischen Strategie und Ideologie beruht, die bis heute wirksam ist. So stellt zum Beispiel Cynthia Cockburn im Editorial zu einem Themenheft der Zeitschrift *Peace News* (2001) zu "Gender and Militarism" fest: "It is, in fact, the grotesque gender imagery of militarist discourse that permits the anti-war movement so easily to ridicule it."[6]

Angesichts dieser Vielzahl von Kritikpunkten – und man könnte noch viel mehr Kritiken anführen – wird man stutzig: Wer so viel Kritik auf sich zieht, kann so unbedeutend nicht sein. Es fällt auch auf, dass viele Angriffe sich auf die Person der Suttner beziehen und sozusagen psychologische Erklärungen für ihre Irrtümer anbieten. Es sind dies aber „Irrtümer", die genauso auf andere (meist männliche) VertreterInnen der Friedensbewegung zuträfen, die all die inkriminierten Charaktereigenschaften oder Weltanschauungen gar nicht verkörpern. Immerhin lässt sich, aller Kritik ungeachtet, folgende Bilanz ihres Wirkens ziehen:

- Sie hat den wohl einflussreichsten pazifistischen Roman (nicht nur) des 19. Jahrhunderts verfasst, der, neben *Onkel Toms Hütte* von Harriet Beecher Stowe, mit dem er oft verglichen wird, wohl auch zu den politisch erfolgreichsten Romanen gehört.
- Sie war Gründerin der österreichischen und deutschen Friedensbewegung, und führend beteiligt an der Gründung der ungarischen Friedensbewegung.
- International anerkannt als *grande dame* der Friedensbewegung, hat sie auch den Anstoß gegeben für die Einrichtung des Friedensnobelpreises, und sie war die erste Frau, der dieser Preis zuerkannt wurde.

Ich möchte hier ein wesentlich differenzierteres Bild vom Wirken der Baronin Bertha von Suttner zeichnen. Ohne die Beschränktheit mancher ihrer politischen Positionen zu leugnen, ohne ihr liberales Weltbild oder ihre Illusionen in führende Fürsten zu verteidigen, möchte ich dennoch

6 Cynthia Cockburn: *The gender dynamic.* In: *Peace News*. June–August 2001 | Issue 2443, http://peacenews.info/node/3641/gender-dynamic (2. 1. 2015)

zeigen, wie konsequent, klarsichtig und kritisch sie die politischen Entwicklungen ihrer Zeit zu erkennen und zu kommentieren in der Lage war, wie unermüdlich und beharrlich sie vor der drohenden Katastrophe des Weltkriegs gewarnt hatte.

Dabei genügt es sicher nicht, sich bei der Beschreibung ihrer Anschauungen auf die Positionen zu beziehen, die sie in ihrem Erfolgsroman *Die Waffen nieder!* den Protagonisten und Protagonistinnen in den Mund legt. Man muss bedenken, dass dieser Roman, erschienen 1889, übrigens im gleichen Jahr, als die Zweite, die Sozialistische Internationale gegründet wurde, am Beginn ihres Engagements für den Frieden steht. Vielmehr ziehe ich ihr publizistisches Werk heran, wie es sich in dem erwähnten Sammelband findet, ebenso wie in einigen umfangreicheren Studien wie *Rüstung und Überrüstung* (1909) oder *Die Barbarisierung der Luft* (1912).

Dabei stelle ich die These auf, dass Bertha von Suttner – trotz ihrer auch durch ihre Klassenherkunft beschränkten Sichtweise und mancher „ideologischer" Irrtümer des Liberalismus, trotz der Unterschätzung der Dynamik der imperialistischen Konkurrenz der europäischen Staaten (eine Fehleinschätzung, die sie allerdings mit vielen ZeitgenossInnen teilte) – im Grunde viel zu pragmatisch war, zu sehr der Anschauung der Phänomene verpflichtet, zu sehr in den Fakten geerdet, um sich beim Studium einzelner Ereignisse ganz von ihren politischen Grundanschauungen leiten zu lassen. Dieser Pragmatismus hat ihr geholfen, wesentliche Tendenzen ihrer Zeit zu erkennen und die Gefahren, die letztlich zum Weltkrieg führen sollten, großteils richtig zu benennen. Allerdings war sie weniger in der Lage, die hinter diesen Gefahren wirksamen politischen, ökonomischen und ideologischen Kräfte genau zu analysieren und gezielt zu bekämpfen. Doch muss man bedenken, dass dies auch der mächtigen internationalen Arbeiterbewegung nicht gelungen ist, die eine marxistische Kritik am Imperialismus ausgearbeitet hatte, in allen Ländern riesige Apparate unterhielt, über publizistische Organe verfügte, und in Gewerkschaften, Parteien und Vereinen Millionen Menschen direkt organisiert hatte.

Die Kritik an Rüstung und Militarismus ist ein grundlegender Zug von Suttners politischen, publizistischen und literarischen Bemühungen. Dabei wurde sie zwangsläufig immer intensiver mit den dem Militarismus zugrundeliegenden Motiven und Interessen, nämlich Nationalismus und Imperialismus, konfrontiert. Eine Beurteilung ihrer Leistungen für den Frieden muss sich daher auf diese beiden Themenbereiche konzentrieren.

In einem abschließenden Schritt wird der so genannte „sentimentale" Pazifismus resümierend dem „wissenschaftlichen" Pazifismus eines Alfred Fried gegenübergestellt.

Kritik an Rüstung und Militarismus

Die Kritik am Wettrüsten, am Einsatz der Waffen im Krieg und am Militarismus macht den Kern des Suttner'schen Pazifismus aus. Ihre Losung *Die Waffen nieder!* bedeutet dreierlei:

- Die strikte Verurteilung jeder kriegerischen Gewalt als Mittel, politische Konflikte zu lösen; stattdessen die Forderung nach internationalen Schiedsgerichten sowie nach dem Zusammenschluss der europäischen Staaten, um die Möglichkeit der Kriege auf dem Kontinent weitgehend auszuschließen;
- Die Forderung nach Rüstungsstopp und Abrüstung, um die Gefahr einzudämmen, dass Krieg als politisches Mittel eingesetzt wird;
- Und schließlich den Kampf gegen die Kultur des Militarismus, die Suttner als eine wichtige Basis für die Bereitschaft, Kriege zu führen, erkannte.

Die Kritik an der Rüstungspolitik, am angehäuften Arsenal der Waffen und an der damit verbundenen Kriegsgefahr ist schon für den Roman *Die Waffen nieder!* titelgebend und inhaltlich bestimmend. Bereits in diesem Roman, am Beginn ihrer Karriere als Friedensaktivistin, entlarvt sie am Beispiel des Kriegs Preußens gegen Österreich die Hohlheit der Begründung, man müsse rüsten, da der Gegner auch rüste, als „zweistimmigen Wechselgesang":

Meine Rüstung ist die defensive,
Deine Rüstung ist die offensive,
Ich muss rüsten, weil du rüstest,
Weil du rüstest, rüste ich,
Also rüsten wir,
Rüsten wir nur immer zu.[7]

[7] Bertha von Suttner: *Die Waffen nieder!* Dresden 1889 (Volksausgabe), S. 142.

In der heutigen Terminologie der Wissenschaft von den Internationalen Beziehungen ist der von ihr beschriebene Mechanismus als „Sicherheitsdilemma“ bzw. „Realismusfalle“ bekannt. Der Nachweis der Absurdität des Wettrüstens, bzw. der Absurdität, dieses mit Erhöhung der Sicherheit zu begründen, gehört zu den großen Stärken des Suttner‘schen Pazifismus‘. Die Kritik an jeder einzelnen Maßnahme bildet einen ständigen Schwerpunkt ihrer „Randglossen“. Die Denunzierung konkreter Schritte dient ihr vor allem zur Entlarvung und Widerlegung der Rechtfertigungen, und damit der Auseinandersetzung mit Militarismus und nationalem Chauvinismus insgesamt. Weit entfernt davon, eine Nebenfrage zu sein, konzentriert sich in der Kritik an der Rüstung die Grundüberzeugung der Suttner. Immer wieder spricht sie von einem „Kriegssystem“[8] aus „militärischen Kreisen, […] Kriegsmittelfabrikanten und Heereslieferanten“[9] – heute würde man sagen, einem militärisch-industriellen Komplex –, in dessen Interesse sowohl die Aufrüstung wie die Kriegsführung selbst liege. Dabei setzt sie, meist vergeblich, immer wieder Hoffnungen in die Sozialdemokratie als Bündnispartnerin der „bürgerlichen“ Friedensbewegung. Zwei Beispiele sollen das illustrieren.

Im zweiten Jahrgang der von ihr gegründeten Zeitschrift *Die Waffen nieder!* geht sie auf eine nicht unwichtige Episode in der deutschen Geschichte und eine Etappe in der katastrophalen Entwicklung ein, die in den Großen Krieg münden sollte – auf die Militärvorlage von 1893 im Deutschen Reichstag. Dieses Gesetz sah eine Verkürzung des Wehrdiensts von drei auf zwei Jahre (außer bei der Kavallerie) bei gleichzeitiger massiver Erhöhung des Wehrbudgets vor und wurde deshalb von mehreren Parteien, nicht nur den Sozialdemokraten, abgelehnt. Dies führte zum Sturz der Regierung Caprivi und zu Neuwahlen.[10] Die Debatte veranlasste Friedrich Engels zu seiner Schrift *Kann Europa abrüsten?*, in der er der deutschen Sozialdemokratie eine neue Strategie vorschlug, die Abrüstungsbestrebungen zu unterstützen, um auf diese Weise einen Schritt näher zum Sozialismus zu kommen – eine Strategie, die von dieser

8 Bertha von Suttner: *Der Kampf um die Vermeidung des Weltkriegs*. 2 Bde. Zürich 1917, Bd. I, S. 63.

9 Bertha von Suttner: *Rüstung und Überrüstung*. Berlin 1909, S. 10.

10 Siehe auch Rudolf Arndt: *Leo Graf von Caprivi. Die Reden des Grafen von Caprivi im Deutschen Reichstage, Preußischen Landtage und bei besonderen Anlässen. 1883–1893.* Hamburg 2011.

allerdings abgelehnt wurde.[11] Dieser Text fand allerdings kein Echo in Suttners Publizistik, obwohl sie dem ablehnenden Verhalten der Sozialdemokraten Beifall zollte.[12] Suttner ihrerseits entlarvte den verdeckten Militarismus in den Reden zur Verteidigung der Vorlage: Heuzutage „vertritt der Verteidiger des Militarismus seine Sache durch Gründe, welche dem Antimilitaristen schmeicheln sollen."[13]

Ein zweites Beispiel, 20 Jahre später, im März 1913: Gleich nach dem Ende des ersten Balkankrieges 1912, „mitten in einer Zeit, wo die ganze europäische Diplomatie angeblich damit beschäftigt ist, Schwierigkeiten und Streitfragen zu schlichten, [...] wird plötzlich in Deutschland eine neue Milliardenforderung für Heeresverstärkung gestellt, die in Frankreich augenblicklich mit dem Antrag auf Wiedereinführung der dreijährigen Dienstzeit beantwortet wird. Beiderseits zur Sicherung des Friedens natürlich", wie Suttner sarkastisch hinzufügt.[14] Sie qualifiziert dies als den Paroxysmus des „europäischen Überrüstungswahnsinn[s]", und stellt sachlich fest: „Nicht dass sie den Krieg wollen, aber die Machtstellung wollen sie."[15] Sie fasst ihr Urteil wie folgt zusammen: „Ein gewaltsames Ende muß kommen. Entweder durch Krieg oder Revolution"[16]. Das sind Sätze, die man eher bei Rosa Luxemburg als bei Bertha von Suttner vermuten würde, hätte Suttner nicht noch hinzugefügt: „[...] oder – was auch denkbar ist – ein Erwachen der Vernunft."[17]

11 Friedrich Engels: *Kann Europa abrüsten?* In: Karl Marx/Friedrich Engels: *Werke*, Bd. 22. Berlin 1972³, S. 369-399. Vgl. dazu auch: Frank Skorsetz: *Die Abrüstungskonzeption Friedrich Engels' und ihre Wirkungsgeschichte.* In: Beiträge zur Marx-Engels-Forschung Jg. 1987 (1987), H. 23, S. 189–194. Online: http://marxforschung.de/2012/wp-content/uploads/2012/05/BzMEF-23-F.-Skorsetz-189-194.pdf (29. 5. 2014)

12 Suttner: *Vermeidung Weltkrieg,* Bd. I, S. 17.

13 Ebd., S. 15.

14 Suttner: *Vermeidung Weltkrieg,* Bd. II, S. 468.

15 Ebd., S. 468/469.

16 Ebd., S. 469.

17 Ebd., S. 469. Im Übrigen hat die Suttner das Engagement der Luxemburg sehr geschätzt und sich mehrfach lobend über sie geäußert, z. B. in einem Brief an Fried vom 22. 2. 1914: „Was sagen Sie zu Rosa Luxemburg. Es müßten eben hundertausend in allen Ländern sein, die dasselbe sagen [...]". (zitiert nach Hamann: *Suttner*, S. 507.)

Am systematischsten entwickelt sie ihre anti-militaristischen Positionen in der Schrift *Rüstung und Überrüstung* (1909). Sie wurde zu einem Zeitpunkt verfasst, als die Rüstungsspirale bereits ein bedrohliches Maß erreicht hatte und die Situation auf dem Balkan nach der Annexion Bosniens und der Herzegowina 1908 sehr angespannt war. Illusionslos stellt Suttner fest, dass seit der ersten Haager Friedenskonferenz 1899 die Kriegsbudgets der europäischen Staaten um 50 Prozent zugenommen haben.[18] „Man muß die Situation ins Auge fassen, wie sie ist. Die Vorbereitungen zum Kriege sind nie in solchen Dimensionen, nie in so unaufhaltsam steigenden Progressionen betrieben worden wie eben jetzt."[19] Die Stoßrichtung ihrer Argumentation richtet sich gegen die (mediale) Rechtfertigung dieser Entwicklung, zumal auch innerhalb des pazifistischen Lagers Abrüstung als Friedensstrategie stark in Zweifel gezogen wurde.

Sehr genau setzt sie sich mit den – bis heute vorgebrachten – Argumenten für die Notwendigkeit von Aufrüstung ein: Sie widerlegt die Behauptung, dass dies der Sicherheit diene, anhand der Aussagen ihrer Gegner selbst: „Den drohenden Krieg am Horizonte braucht der Militarismus wie ein Stückchen Brot. Er wird nicht nur als bedrohend, sondern als unvermeidlich hingestellt. Doch wie? Soeben ist behauptet worden, die Rüstungen seien eine Garantie gegen den Krieg, und nun dennoch: ‚unvermeidlich'?"[20]

Sie weist auch den Einwand zurück, der vor allem von sozialdemokratischer Seite immer wieder erhoben wird, dass die Rüstung nur ein Symptom sei, und dass es deshalb sinnlos sei, dagegen anzukämpfen, solange nicht die Krankheit Kapitalismus beseitigt sei. Diese „alles oder nichts" Denkweise, nämlich das Argument, dass, da der Kapitalismus notwendig kriegstreiberisch sei, erst der Sozialismus Frieden bringen könne, hat m. E. speziell die österreichische und die deutsche Sozialdemokratie in ihren Antikriegsaktivitäten gelähmt, ihr verunmöglicht, Widersprüche der Gegner auszunutzen und einen substantielleren Beitrag gegen die Kriegsgefahr zu leisten, die vor allem von ihren eigenen Regierungen ausgegangen ist. Dazu Suttner: „Die übertriebenen Rüstungen sind selber eine Krankheit und nebstbei Erreger der Krankheit Krieg. Selbst als Symptome aufgefaßt verdienen sie unmittelbar behandelt zu werden."[21]

18 Suttner: *Rüstung und Überrüstung*, S. 7.

19 Ebd., S. 20-21.

20 Ebd., S. 14.

21 Ebd., S. 31.

Und sie folgert: „Somit lässt sich die steigende Tendenz der Rüstungen nicht als eine […] den allgemeinen Bedürfnissen angemessene […] Zweckhandlung betrachten, sondern sie entspricht dem zum Selbstzweck gewordenen Militarismus.“[22] Wenn ihr dabei auch entgeht, welche imperialistischen Zwecke die europäischen Staaten mit der Rüstung teilweise „rational“ verfolgen, so deckt sie doch den Widerspruch zu den behaupteten Zwecken des Wettrüstens klar auf. Sie zeigt im Detail, dass der Widerstand gegen Abrüstungspläne – etwa der liberalen englischen Regierung – durch die Opposition nicht einem Patriotismus entspricht, sondern dass aus parteipolitischem Kalkül eine deutsche Invasion heraufbeschworen und die Angst vor dem Gegner geschürt wird. Dies wiederum erweise sich als Wasser auf die Mühlen des deutschen Militarismus: „Die gegenseitigen Furcht- und Haßgefühle treiben die gemeinsame Schraube.“[23]

Suttner betont auch den Zusammenhang zwischen Militarismus und einer – modern gesprochen – „Kultur des Krieges“: „[…] zum Bereiten des Krieges gehört nicht nur Materialanschaffung, es gehört auch Erziehung zum Kriegsgeist, zum Fremdenhaß, zur Eroberungssucht, zum Beförderungsehrgeiz dazu.“[24] Dabei erhebt sie schwere Vorwürfe gegen die Presse, die zwar nicht die Eleganz, sicher aber die sachliche Schärfe eines Karl Kraus erreichen. Ihre Kritik richtet sich nicht nur gegen die nationalistische Hetze der „gelben Presse“, sondern noch mehr gegen die „so genannte gemäßigte, liberale Presse“,[25] die „das ganze herrschende System des bewaffneten Friedens als etwas Unverrückbares, Selbstverständliches“ hinstelle. „Es ist die Luft, die man atmet, der Boden, auf dem man steht, und alles, was dagegen gesprochen, geschrieben, getan wird, ist entweder Träumerei, Utopie oder Intrige.“[26]

Sie tritt, wie die gesamte internationale Friedensbewegung, für schrittweise und kontrollierte Abrüstung ein, entwickelt also sehr wohl eine politische Strategie, um ihre Ziele durchzusetzen – eine Strategie, die auf einer genauen Beobachtung der politischen Möglichkeiten ihrer Zeit beruht. In diesem Zusammenhang zeichnet sie die vergeblichen Versuche der Staatenwelt seit Beginn der 1890er Jahre nach, zu einem Rüstungsübereinkommen zu kommen. Man muss sich vor Augen halten, dass dies

22 Suttner: *Rüstung und Überrüstung*, S. 22.

23 Ebd., S. 23.

24 Ebd., S. 12.

25 Ebd., S. 25.

26 Ebd., S. 26.

ja kein Wunschdenken der PazifistInnen war, sondern der realen politischen Agenda des ausgehenden 19. Jahrhunderts entsprach.

Als Zar Nikolaus II. den Vorschlag für eine weltweite Abrüstungskonferenz macht, ist sie eine begeisterte Unterstützerin. Sie berichtet ausführlich, wie es zum „Zarenmanifest" und damit zur ersten Haager Konferenz gekommen war, und wie sowohl die erste Haager Konferenz 1899 wie auch die zweite 1907 vor allem am Widerstand des Deutschen Reiches und Österreichs, Abrüstungsfragen auch nur auf die Tagesordnung zu setzen, gescheitert sind. Man hat der Suttner in diesem Zusammenhang vorgeworfen, Illusionen bezüglich eines Despoten wie des russischen Zaren zu hegen, und man hat dies als Beweis für die mangelnde Seriosität ihrer Ansichten genommen.[27] Es besteht kein Zweifel, dass sie in ihrer Begeisterung anlässlich der Haager Friedenskonferenz tatsächlich falsche Hoffnungen sowohl in die Friedenswilligkeit des Zaren Nikolaus II. wie auch in die Möglichkeiten einer Abrüstungsvereinbarung gesetzt hat. In ihrer m. E. an sich berechtigten Verteidigung des Manifests hat sie sich dazu hinreißen lassen, die Politik des Zaren insgesamt schönzureden. Sie hat dafür viel Kritik von allen Seiten einstecken müssen.[28] Zehn Jahre später klingt die Suttner allerdings wesentlich nüchterner. Sie verteidigt aber nach wie vor die Idee der Haager Konferenz, ein internationales Übereinkommen zur Rüstungsbeschränkung zu erzielen. Der (deutschen) Sozialdemokratie, die aus Prinzip die Initiative des Zaren abgelehnt und keine VertreterInnen nach Den Haag entsandt hat, wirft sie immer noch vor, damit der Sache keinen guten Dienst erwiesen zu haben.[29]

Im Unterschied zu ihren Gegnern, die ihr Kurzsichtigkeit vorwerfen, ist sie nämlich weitsichtig genug, das historisch Neue und bis dato Einmalige dieser Konferenz zu erkennen: Erstmals wurde eine repräsentative Konferenz aller führenden Staaten veranstaltet, bei der es nicht um die Beendigung eines Krieges oder die Neuaufteilung einer Kriegsbeute ging, sondern um gezielte Schritte in Richtung auf Frieden – durch Abrüstung und durch die Einsetzung von Schiedsgerichten, die die Anarchie der Staatenwelt – eine wesentliche Kriegsursache – in einem entscheidenden

27 Vgl. dazu auch ihre eigene Darstellung in: Bertha von Suttner: *Memoiren*, Bremen 1965, (Achter Teil, S. 364 ff.).

28 Dies alles ist vielfach dokumentiert und z. B. von Brigitte Hamann (*Suttner*, Kapitel 8) sehr genau und plausibel dargestellt worden.

29 Vgl. Markus Bredendiek: *Die Haager Friedenskonferenzen von 1899 und 1907*. 1994, Abschnitt 1.1.2.3 und 3.2; sowie Hamann: *Suttner*, S. 224-245.

Punkt einschränken sollte. Sie vertrat diese Auffassung sehr prononciert, doch war die keineswegs die einzige, ihre Position wurde von vielen fortschrittlichen Politikern ihrer Zeit geteilt, z.B. von Léon Bourgeois, führender Politiker des *parti radical* und Präsident der französischen Delegation in Den Haag, der als geistiger Vater des Völkerbundes gilt.[30] Auch Jean Jaurès, späterer Präsident der französischen Sozialdemokraten (SFIO), unterstützte vehement den Haager Kongress (wofür er allerdings in den eigenen Reihen stark kritisiert wurde).[31] 100 Jahre später, im Mai 1999, hat eine internationale Konferenz der Zivilgesellschaft mit rund 10.000 TeilnehmerInnen die Intentionen der ersten Haager Konferenz wieder aufgenommen (Hague Appeal for Peace).[32]

Auch in ihren letzten Lebensjahren verfolgt Suttner sehr aufmerksam neue militärische und politische Entwicklungen. Als eine der ersten beschreibt sie in der Dokumentation *Die Barbarisierung der Luft* (1912) genau und detailreich die neue Qualität von Rüstung und Kriegsführung durch die Erfindung des Luftkriegs. Sie beschreibt den Einsatz dieser neuen Waffe durch die italienische Armee im italienisch-türkischen Krieg („Guerra di Libia") von 1911/1912, warnt, unter Zuhilfenahme eines Zukunftsromans von H. G. Wells,[33] vor den noch weithin unbekannten Möglichkeiten und Folgen des Krieges. Sie macht sich zur Anwältin der Bemühungen, die Rüstung für den Luftkrieg zu begrenzen und geht auch auf die damals noch kaum diskutierte Gefahr von biologischen Waffen ein.

Wieso jemand, der vor diesen Entwicklungen nicht nur von Anbeginn warnte, sondern auch den Widerstand dagegen anfeuerte und beförderte, gerne als weltfremd und rückwärtsgewandt hingestellt wird, ist schwer nachzuvollziehen. Wenn man sich die Vorschläge ansieht, die Suttner und ihre pazifistischen Mitstreiter entwickelten, um die Rüstung einzudämmen und die Kriegsgefahr zurückzudrängen, so müssen wir gestehen: Auch wir haben 100 Jahre danach keine besseren Rezepte.

30 Vgl. dazu: *Marie-Adélaïde Zeyer: Léon Bourgeois, père spirituel de la Société des Nations. Solidarité internationale et service de la France (1899-1919*). http://theses.enc.sorbonne.fr/2006/zeyer (30.05.2014).

31 Diese Kritik wurde auch nach dem Tode von Jaurès von kommunistischer Seite weitergeführt: vergleiche Grigori Zinoviev: *Les socialistes français et la guerre* (1921). http://www.marxists.org/francais/zinoviev/works/1916/00/socialistesfrancais.htm (3.01.2015)

32 http://www.haguepeace.org/index.php?action=history&subAction=conf§ion=when (31.12. 2014)

33 H. G. Wells: *The War in the Air*. London 1908 (Deutsch: *Luftkrieg* 1912).

Mit der Kritik am Rüsten und Wettrüsten ist die Kritik am Militarismus verbunden, den sie als eine starre und bereits unzeitgemäße Ideologie begreift, deren Vertreter aber aus wirtschaftlichen Eigeninteressen um ihren Fortbestand kämpfen. Sie macht gewisse Kreise der Industrie, die militärische Kaste und deren Ideologen als die eigentlichen Gegner aus, sieht aber nicht die gesamte politische Klasse bzw. die (in Österreich-Ungarn herrschende) Adelsschicht selbst als die Feinde des Friedens. Diese Haltung ist ihre Stärke und Schwäche zugleich: Stärke, weil sie dadurch ihr Gegenüber sehr differenziert betrachten und auch taktische Unterschiede zwischen politischen Parteien publizistisch nützen kann; und Schwäche, weil sie grundsätzlich der Meinung ist, das Herrscherhaus wolle ebenso wie das Volk im Grunde keine Kriege. Dessen ungeachtet häuft sie ununterbrochen „belastendes Material" von militaristischem Gedankengut an, bei deutschen Kronprinzen wie beim russischen Zaren, in Italien ebenso wie in Österreich-Ungarn. Dass dies im Widerspruch steht zu ihrer Hoffnung auf Vernunft und Einsicht der herrschenden Schicht, macht sie sich nicht wirklich klar. Jedenfalls führt es bei ihr zu keiner grundsätzlichen Kritik am politischen System bzw. – in Analogie zur Sozialdemokratie – am Kapitalismus.

Richtig hat sie hingegen erkannt, dass bei Kriegen wirtschaftliche Interessen zwar eine wesentliche Rolle spielen, dass es aber nicht ausschließlich um Zweckrationalität geht, sondern dass immer auch Gefühle und Leidenschaften im Spiel sind. Heute drücken wir das so aus, dass Kriege auch dazu dienen, bestimmte psychosoziale Bedürfnisse zu befriedigen.[34] Somit erweist Suttner sich in ihrer strikten (und angeblich sentimentalen) Opposition gegen jede Spielart des Militarismus als die schärfste Kritikerin dessen, was wir heute in der UNESCO-Diktion die Kultur des Krieges und der Gewalt nennen.

Immer wieder kommentiert Suttner die Gräueltaten, über die die einzelnen Kriegsparteien berichten, um die Grausamkeit ihrer Gegner zu beweisen. Sie wendet aber das Argument gegen jene, die es aufgebracht haben. Wenn etwa im zweiten Balkankrieg der griechische König Konstantin gegen bulgarische Kriegsverbrechen protestiert und feststellt, „daß ich mich zu meinem Bedauern gezwungen sehen werde, Rache zu üben, um den Unholden Schrecken einzuflößen", da die Bulgaren „alle Greuel der vergangenen barbarischen Zeiten" überträfen und „beweisen, daß sie kein

34 Stavros Mentzos: *Der Krieg und seine psychosozialen Funktionen*. Frankfurt 1993.

Recht mehr haben, sich unter die zivilisierten Völker zu rechnen",[35] erteilt sie dieser Rechtfertigung eigener Gewalt eine klare Absage:

> Dieses Recht, Ew. Majestät, hat keines der zeitgenössischen Völker, solange diese barbarische Institution des Krieges beibehalten, solange man, um Unholden Schrecken einzuflößen, sich gezwungen sieht anzukündigen, daß man selber – um Rache zu üben – als Unhold auftreten will.[36]

Auch den Zusammenhang zwischen Militarismus und der Geschlechterproblematik diskutiert Suttner sehr ausführlich, am anschaulichsten im Roman *Die Waffen nieder!*, einem Werk, dem bescheinigt wird, „eine fast revolutionäre Revision der zeitgenössischen Geschlechterordnung" zu bieten.[37] Weit davon entfernt, an einen natürlichen weiblichen Pazifismus zu glauben, führt sie vielmehr vor, wie die unterschiedliche Erziehung beider Geschlechter doch insgesamt eine Kultur des Krieges und der Gewalt hervorbringt: Die jungen Männer sollen zu Helden erzogen werden, den Mädchen hingegen wird die Aufgabe zugeschrieben, diese Helden anzufeuern, zu belohnen und zu trösten. Somit tragen auch die unpolitisch gehaltenen, angeblich friedfertigen Frauen ihren Teil zur Aufrechterhaltung des Kriegssystems bei. Dieses Faktum wird heute als ein Phänomen der "sexual division of violence" diskutiert.[38] Mit der Beziehung von Martha zu Friedrich von Tilling wird hingegen ein Alternativmodell einer kameradschaftlichen, gleichberechtigten Beziehung der Geschlechter im Dienste eines friedlichen Zusammenlebens gezeichnet.
Am heftigsten attackiert Suttner in *Die Waffen nieder!* den traditionellen Militarismus, wie er in Marthas Vater verkörpert wird:

> Da hatte mein Vater so ein paar Lieblingsbeweise zugunsten des Krieges, die nicht umzubringen waren.
>
> 1. Kriege sind von Gott, – dem Herrn der Heerscharen, – selber eingesetzt, siehe die Heilige Schrift.

[35] Suttner: *Vermeidung Weltkrieg,* Bd. II, S. 507.

[36] Ebda.

[37] Gunilla Bude: *„Kein Blaustrumpf – Gott bewahre!"* In: Johann Georg Lughofer (Hg.): *Im Prisma: Bertha von Suttner „Die Waffen nieder!"* Wien 2010, S. 99-113, hier S. 99.

[38] Cockburn: *The gender dynamic.*

2. Es hat immer welche gegeben, folglich wird es auch immer welche geben.

3. Die Menschheit würde sich ohne diese gelegentliche Dezimierung zu stark vermehren.

4. Der dauernde Friede erschlafft, verweichlicht, hat – wie stehendes Sumpfwasser – Fäulnis, nämlich den Verfall der Sitten zur Folge.

5. Zur Betätigung der Selbstaufopferung, des Heldenmuts, kurz zur Charakterstählung sind Kriege das beste Mittel.

6. Die Menschen werden immer streiten, volle Übereinstimmung in allen Ansprüchen ist unmöglich, – verschiedene Interessen müssen stets aneinanderstoßen, folglich ewiger Friede ein Widersinn.[39]

Dies sind tatsächlich Argumente, die auch noch zur Rechtfertigung des Ersten Weltkriegs vorgebracht wurden. Allerdings ist Marthas Vater derartig loyalistisch und ritterlich in einem fast mittelalterlichen Sinne gezeichnet, dass man sich fragt, ob er tatsächlich den *zeitgenössischen* Militarismus verkörpert. War nicht der Militarismus, aufgefasst als eine Kultur und Ideologie der kriegerischen Gewalt, im 19. Jahrhundert in einem starken Wandel begriffen? Hat nicht die intellektuelle Jugend, die den Futuristen zujubelte und den Frieden als Faulbett einer sterbenden Gesellschaft betrachtete, bereits eine ganz andere, modernere Spielart des Militarismus hervorgebracht? Hat nicht der aufstrebende Imperialismus den alten, religiös verbrämten Militarismus um eine offen rassistische Variante ergänzt?

Es stimmt, dass Suttner diese moderneren bzw. avantgardistischen Tendenzen kaum registrierte, aber es stimmt auch, dass die Argumente, wie sie die gewaltbereite Avantgarde propagierte, doch wieder auf die alte Gewaltverherrlichung hinausliefen. In ihrem ideologischen Gehalt sahen diese ästhetischen Erneuerer auf einmal wieder sehr alt aus, etwa wenn die Verweichlichung durch den Frieden zwar nicht mehr als Problem des Sittenverfalls, aber dafür als Verlust der männlichen Vitalität gefürchtet

[39] Suttner: *Die Waffen nieder!*, S. 135-136.

wird.[40] Und immer wieder finden sich in den Publikationsorganen der damaligen Friedensbewegung Beispiele für militaristische Äußerungen von Politikern und Intellektuellen, die in sehr traditioneller Weise die Notwendigkeit, Unvermeidlichkeit und den sozialen Wert von Kriegen propagieren.

Es spricht somit einiges für die Vermutung, dass die Suttner den Militarismus ihrer Zeit überwiegend als ein Überbleibsel einer halbfeudalen Zeit eingeschätzt (wofür es in Österreich-Ungarn tatsächlich einige Indizien gab[41]) und ihn kaum als ein auch neues Phänomen eines entwickelten Imperialismus erkannt hat. Dieses nur begrenzte Verständnis des Imperialismus ist, wie ich auch im nächsten Abschnitt zu zeigen versuche, die größte analytische Schwäche der „bürgerlichen" Friedensbewegung.

Was in diesem Zusammenhang ebenfalls auffällt, ist die Kluft, die Suttner vom sozialdemokratischen und anarchistischen Antimilitarismus trennte, der in Böhmen zum Beispiel durch die Nationale Sozialistische Jugend (Zeitschrift *Mladé Proudy*) vertreten war. Diese Organisation veranstaltete mit dem antimilitaristischen Kongress in Prag im September 1907 nach Einschätzung des *Prager Tagblatts* „die erste größere antimilitaristische Kundgebung nicht nur in Prag, sondern in ganz Österreich".[42] 1909 wurden die tschechischen Militäreinheiten, die nach der Annexion Bosniens an die serbische Grenze beordert wurden, offen zur Desertion aufgefordert. Die österreichische Friedensbewegung und Bertha von Suttner hingegen haben solche – zweifelsohne illegalen – Aktivitäten niemals unterstützt und nicht einmal in ihren Publikationsorganen registriert. Das

40 Vgl. das Manifest des Futurismus: http://www.kunstzitate.de/bildendekunst/manifeste/futurismus.htm (3. 1. 2015).

41 Beispiele dafür gibt es in der Zeitschrift *Die Waffen nieder!* bzw. im Nachfolgeorgan, der *Friedens-Warte*, zuhauf: So kommt in Heft 1/1892 (S. 29-30) ein Kriegsverteidiger namens Baumert zu Wort, der die Vorteile und guten Seiten des Krieges hervorhebt. An den Argumenten und an der Verherrlichung und Ästhetisierung kriegerischer Gewalt ändert sich bis zum Ersten Weltkrieg nur wenig, wie etwa ein Lied ans Maschinengewehr aus dem Jahr 1913 aus der Danzer'schen Armeezeitung beweist, das Bertha von Suttner kritisch kommentiert (Suttner: *Vermeidung Weltkrieg*, Bd. II, S. 482-483).

42 Jan Havránek: *Der tschechische Pazifismus und Antimilitarismus am Vorabend des Ersten Weltkriegs*. In: *Wiener Beiträge zur Geschichte der Neuzeit* 11/1984, Wien: Verlag für Geschichte und Politik 194, S. 114-135, hier S. 124.

liegt wohl nicht nur am strikten Legalismus der „bürgerlichen“ Friedensbewegung, sondern auch an ihrem Festhalten an der Staatsräson der Doppelmonarchie, letztlich in einem Unverständnis der treibenden Kräfte, die zum Weltkrieg führten. Suttner erkannte klarer als die meisten ihrer ZeitgenossInnen die Kriegsgefahr, doch sie unterschätzte wohl manche der Tendenzen, die zu dieser Gefahr führten.

Kritik an Nationalismus, Chauvinismus und Imperialismus

Suttner stand dem Nationenstreit und jeder Form von Chauvinismus in der Habsburgermonarchie eindeutig ablehnend gegenüber. Noch vor der Gründung der Österreichischen Friedensgesellschaft und der Interparlamentarischen Gruppe gründete sie 1891 zusammen mit ihrem Mann den „Verein zur Abwehr des Antisemitismus“. Sie empfand das Aufkommen dieser rassistischen Strömung als „Rückfall in das Mittelalter“ und unterschätzte wohl anfangs die ihr innewohnende Dynamik.[43] Sie entlarvte auch den scheinbaren Widerstand der eigenen Regierung gegen den Anti-Semitismus der anderen als scheinheilig: Man bekämpft im Ausland, was man im Inland selbst praktiziert oder duldet. Denn „überall herrscht ja der Rassendünkel, die Gewalt- und Zwangsanbetung“. Sie kritisierte, dass die Westeuropäer, die sich über russische Pogrome ereifern, selbst dem Antisemitismus huldigen, oder die Russifizierungen anprangern, aber selbst nicht anders handeln: „Wer darf die in Ländern tadeln, wo gewaltsam germanisiert, magyarisiert und tschechisiert wird?“[44]

Zahlreich sind Suttners Verurteilungen jedes nationalen Chauvinismus, gerade auch bei den „deutschen“ ÖsterreicherInnen. Mit viel Energie hat sie ab 1895 versucht, in ihrer Heimat Böhmen eine binationale und zweisprachige Friedensgesellschaft aufzubauen, scheiterte jedoch am deutschen Nationalismus. Im Deutschen Haus auf dem Graben in Prag hat sie Ärger beim Publikum hervorgerufen, als sie Verse der tschechischen Dichter von Svatopluk Čech und Jaroslav Vrchlický (die sie extra hat

43 Suttner: *Memoiren*, S. 174.

44 Tagebuch 21. 5. 1903, zitiert nach Hamann: *Suttner*, S. 279.

übersetzen lassen) zitierte.[45] Sie unterhielt aber zeitlebens enge Beziehungen zu tschechischen PazifistInnen, ein klares anti-nationalistisches Statement.[46]

Kritisch und konsequent zeigte sich die Suttner immer in einzelnen Fragen, wie etwa der Verurteilung der italienischen Invasion von Libyen, das einen Bestandteil des Ottomanischen Imperiums bildete, in den Jahren 1911 und 1912. Erbittert kritisierte sie auch die Haltung der italienischen Pazifisten um den Friedensnobelpreisträger Theodor Moneta, die ihre Regierung im Krieg unterstützten.[47] In diesem Krieg setzten die Italiener erstmals Bomben ein, die von einem Flugzeug abgeworfen wurden – übrigens nicht gegen militärische Ziele, sondern als Vergeltungsaktion gegen die Zivilbevölkerung, mit einer Maschine des österreichischen Erfinders Igo Etrich (Etrich-Taube). Diese neue Entwicklung der Waffentechnik veranlasste Suttner zu ihrer erwähnten Streitschrift *Die Barbarisierung der Luft*. Suttner verurteilte die italienische Politik scharf, womit sie sich noch durchaus im Mainstream der öffentlichen Meinung Österreichs und der westeuropäischen Politik bewegte. Doch als sich allerorts Proteste gegen die „italienischen Grausamkeiten" in Libyen erhoben, antwortete sie entschlossen: „Ich protestiere gegen diese Proteste. Nämlich gegen ihre Form, die den Hauptakzent auf das Wort ‚italienische' legt. Grausamkeiten des Krieges sind es, nicht der Italiener."[48] Und sie fuhr fort: „Der Krieg selbst ist grausam und kann nicht anders als grausam geführt werden. Betrachtet man die Kriegshandlungen vom bürgerlich-moralischen [übersetze: zivilgesellschaftlich-moralischen WW] Standpunkt, so erscheint jede seiner ‚Operationen' als barbarisch; betrachtet man sie vom strategischen Standpunkt der militärischen Nützlichkeiten und Notwendigkeiten, so sind sie eben nichts als: kriegerisch."[49] Mit der gleichen Verve kritisierte die Suttner, dass sich Italien bei seinem Anspruch auf die Beute Tripolitanien und Cyrenaika auf das Haager Kriegsrecht berief und

45 Vgl. auch: http://www.radio.cz/de/rubrik/geschichte/berta-von-suttner

46 Vgl. dazu Hamann: *Suttner*, S. 187 ff. und Josef Haubelt: *Bertha von Suttner against war*. 2000. Ms. Den slowakischen, von Tolstoj beeinflussten Pazifismus, etwa eines Albert Škarvan, nimmt sie nicht wahr. Vgl. Mária Bátorová: *Die Kämpfer unter der weissen Fahne. Bertha von Suttner und die slowakischen Tolstoisten in Oberungarn.* In: OPERA SLAVICA, XVIII, 2008, S. 1.

47 Suttner: *Vermeidung Weltkrieg,* Bd. II, S. 359.

48 Ebd., S. 368.

49 Ebd., S. 365.

meinte, dass „die zur Einsetzung des Friedensrechts einberufenen Konferenzen sich von den gegnerischen Elementen auf den Abweg drängen ließen, die Kriegsbräuche zu kodifizieren."[50]

Suttner verstand sich selbst als Kosmopolitin und war es, nach den Maßstäben ihrer Zeit, wohl auch.[51] Sie bekämpfte, wie die Beispiele zeigen, den Nationalchauvinismus als Ideologie, aber sie erkannte wohl nicht seine Bedeutung als *zeitgemäßes* politisches Programm. Sie spürte sozusagen seinen Zusammenhang zum Militarismus, konnte aber, viel wichtiger, keinen Gesamtzusammenhang zur bürgerlichen Gesellschaft insgesamt herstellen, genauso wenig wie zu deren Kolonialismus und Imperialismus. Die Nationalitätenfrage in Österreich hat sie, obwohl sie die Ausbrüche der Gewalt immer scharf kritisierte, dennoch unterschätzt. Vielleicht zeigte sich die politische Schwäche der Friedensbewegung – die keineswegs einfach auf eine persönliche Unfähigkeit einzelner ProtagonistInnen reduziert werden kann – nirgends deutlicher als in der Nationalitätenfrage.

(Inkonsequente) Kritik des Imperialismus

Eindeutig wandte Suttner sich gegen die imperialistische Aufteilung Chinas unter die Großmächte – ein Vorschlag, den sogar ihr Mitstreiter Alfred H. Fried begrüßte, da er meinte, dadurch innerhalb Europas den Frieden eher erhalten zu können.[52] Gegen diese kolonialistischen Anwandlungen verfasste Bertha von Suttner gemeinsam mit Henry Dunant, dem Begründer des Roten Kreuzes, 1897 einen Aufruf *An die Völker im fernen Osten*, in dem sie betonen, dass die europäische Zivilisation ihre Entstehung dem Orient verdanke, und selbstkritisch eingestehen, „daß unsere Ahnen jahrhundertelang sich allzu oft Ihnen gegenüber wie Barbaren benommen haben". Sie bitten sogar um Verzeihung für die vergangenen Untaten der Europäer. Ihre Kritik wäre noch treffender gewesen, wenn sie statt dem Perfekt das Präsens eingesetzt hätten. Denn mit keinem Wort wird auf den aktuellen Imperialismus eingegangen, auf die Tatsache, dass

50 Ebd., S. 389.

51 Siehe dazu die kritischen Anmerkungen von Johann Georg Lughofer: *Bertha von Suttner: A Prototypical European Writer*. In: *Letter - Journal for Linguistics and Literary Studies* (*Pismo - Časopis za jezik i književnost*), issue: 09 /2011, S. 186–209, vor allem S. 206 ff.

52 Vgl. Hamann: *Suttner*, S. 255.

der Kolonialismus gerade eine Hochblüte erlebte und die europäischen Großmächte sich aggressiv wie nie zuvor zeigten. Dies alles wird mit dem Hinweis auf die aufstrebenden Friedensbewegungen, die auch Verbündete in den europäischen Parlamenten hätten, weggewischt. So bleibt dieses Dokument ein naiver Akt, der den guten Willen der PazifistInnen zeigt. Doch ohne deren Bereitschaft, sich der Realität des Imperialismus zu stellen und diesen konsequent zu kritisieren, bleiben alle Hinweise auf die „neue Ära", die angeblich anbricht, reiner Voluntarismus.[53]

Im März 1908 beschloss Österreich-Ungarn, die Revolte der Jungtürken gegen Sultan Abdülhamid II. ausnützend, die Einverleibung der beiden staatsrechtlich zum Osmanischen Reich gehörenden Balkanprovinzen Bosnien und Herzegowina in die Habsburgermonarchie. Die beiden Provinzen waren schon bei der Berliner Konferenz 1878 unter österreichisch-ungarische Verwaltung gestellt worden, verblieben aber formell beim Osmanischen Reich. Die österreichische Begründung für diesen Schritt war klassisch imperialistisch – die Verbreitung der europäischen Kultur: „So gesellte sich dem imperialistischen Vorgehen im österreichischen Staatsinteresse eine missionarische Idee hinzu, die das Vordringen der Monarchie auch geistig rechtfertigen sollte." [54] Diese Aktion brachte Europa bereits an den Rand eines Weltkriegs.

Bertha von Suttner qualifiziert diese Annexion als einen „Bruch internationaler Verträge", der eine „nahe Kriegsgefahr"[55] bedeute und verurteilt das Vorgehen. Dennoch ist ihre Haltung enttäuschend. Ihre Kritik gilt weniger der Annexion selbst als der dadurch ausgelösten Gefährdung des Friedens. Sie analysiert die Aktion gerade nicht von dem „moralisch-sentimentalen Standpunkt", den man ihr so gerne vorgeworfen hat, sondern vor allem unter dem Gesichtspunkt, was sie für die Stabilität des Friedens in Europa bedeute. Sie bedauert im gleichen Atemzug den Nationalitätenstreit an anderen Ecken der Monarchie. Sie hebt also den Aspekt des in

[53] Henry Dunant/Bertha Suttner: *Adresse aux Nations de l'Extrême-Orient*. Août 1897. In: Collection Suttner-Fried, BvS/17/201/a23 Copy of Dunant-Suttner "Adresse", 1897.08 (Document) http://biblio-archive.unog.ch/detail.aspx?ID=36881 (3. 1. 2015)

[54] Angermeier, Heinz: *Der österreichische Imperialismus des Feldmarschalls Conrad von Hötzendorf*. In: Dieter Albrecht (Hrsg): *Festschrift für Max Spindler zum 75. Geburtstag*. München 1969, S. 777–792, hier S. 784.

[55] Suttner: *Vermeidung Weltkrieg,* Bd. II, S. 399.

ihren Augen sinnlosen Nationalismus hervor und spielt zugleich den Aggressionsakt gegenüber den ehemals osmanischen Provinzen herunter. Insofern ist der Vorwurf, dass Suttner Illusionen in die Monarchie hegte und bestimmte politische Entwicklungen nicht in ihrer vollen Bedeutung erkannt hat, sicher zutreffend. Dass es kaum konsequente Kritiker an der Annexion Bosniens in Österreich gegeben hat, ist allerdings ebenfalls eine Tatsache. So hat auch die österreichische Sozialdemokratie, die die Okkupation von 1878 noch rückhaltlos verurteilt hat, zur Annexion eine viel diffusere Haltung eingenommen. Zwar lehnt sie die Annexion, ähnlich wie die „bürgerliche" Friedensbewegung, als friedensbedrohend ab, überlegt aber im gleichen Atemzug, wie durch den Ausbau von sozialen und politischen Rechten die Annexion doch noch gerechtfertigt werden könnte.[56] Und sogar ein Teil der slowenischen Sozialdemokraten begrüßt die Annexion als Stärkung des südslawischen Elements in der Monarchie, ähnlich wie die kroatischen Sozialdemokraten. Sie erhoffen sich ein Gegengewicht gegen die deutsche und magyarische Dominanz.[57] Die so genannte *Tivoli Resolution* der südslawischen sozialdemokratischen Parteien von 1909 (nach dem Kongress im Laibacher Tivoli benannt) findet auch in Prag ein großes Echo, wird aber von der Friedensbewegung nicht weiter kommentiert.[58] Dies zeigt immerhin den Kontext, in dem sich die Suttner'sche Kritik bewegte.

[56] Enver Redžić: *Die österreichische Sozialdemokratie und die Frage Bosniens und der Herzegowina.* In: Hitchins, Keith (Hg.): *Studien zur Geschichte Osteuropas.* Brill 1977, S. 94-120.

[57] Vgl. Wolf Dietrich Behschnitt: *Nationalismus bei Serben und Kroaten 1830-1914: Analyse und Typologie der nationalen Ideologie.* Oldenbourg 1980, S. 194–195, sowie Franc Rozman: *Der Austroslavismus und die Sozialdemokratie in Südosteuropa.* In: Andreas Moritsch (Hg.): *Der Austroslavismus, ein verfrühtes Konzept zur politischen Neugestaltung Mitteleuropas.* Wien: Böhlau 1998, S. 195–204, hier S. 201 ff.

[58] Vgl. Rozman: *Austroslavismus und die Sozialdemokratie* S. 202, sowie Redžić: *Die österreichische Sozialdemokratie und die Frage Bosniens und der Herzegowina.*

Vereintes Europa

Suttner und die Europaidee (bzw. die Europa-Idee der Friedensbewegung vor dem Ersten Weltkrieg) wäre einen eigenen Aufsatz wert. Hier sollen nur ein paar Anmerkungen das Bild der Suttner abrunden.

Die Idee eines Vereinten Europas und die Friedensidee haben sich im 19. Jahrhundert insgesamt parallel bzw. in enger Verschränkung entwickelt. Bereits auf dem internationalen Friedenskongress in Paris 1849 hat Victor Hugo seine berühmte Rede *Un jour viendra* („Ein Tag wird kommen") gehalten, in der er die Vereinten Staaten von Europa herbeiwünscht, weil nur sie ein Garant für den Frieden sein könnten.[59] Die Friedensbewegungen im ausgehenden 19. Jahrhundert haben diese Idee geerbt und konkretisiert, als Projekt einer Föderation der Staaten und einer ständigen internationalen Justiz.[60] Bertha von Suttner war ebenfalls von dieser Idee erfüllt. Schon 1892, also wenige Jahre nach Beginn ihres pazifistischen Aktivismus, hat sie auf dem vierten *Universal Peace Congress* in Bern zusammen mit Theodor Moneta und Samuel J. Capper einen Antrag „Europäischer Staatenbund" gestellt, der auch angenommen wurde. Darin werden die Friedenbewegungen aufgefordert, „als höchstes Ziel ihrer Propaganda einen Staatenbund auf Grundlage der Solidarität ihrer Interessen anzustreben." Zugleich sollte ein „dauernder Völkerkongress" geschaffen werden, „welchem jede internationale Frage zu unterbreiten wäre, damit jeder Konflikt durch Gesetz, nicht aber durch Gewalt seine Erledigung finde."[61] So ist es auch kein Zufall, dass ihre Memoiren (von 1908) mit Sätzen schließen wie: „Die nächste Etappe steht als etwas

[59] Ausschnitte aus Hugos Rede unter: http://lesartistes.pagesperso-orange.fr/Victor_Hugo.html, vgl. auch Proceedings in englischer Sprache unter: https://ia600508.us.archive.org/2/items/reportproceedin02goog/reportproceedin02goog.pdf

[60] Vgl. z.B.Yakov Novicows *Fédération de l'Europe* von 1901 (online unter: https://archive.org/details/lafdrationdeleu00novigoog) (20. 5. 2014)

[61] Zitiert nach Suttner: *Memoiren*, S. 227. Vgl. auch Monika Grucza: *Bedrohtes Europa. Studien zum Europagedanken bei Alfons Paquet, André Suarès und Romain Rolland in der Periode zwischen 1890 und 1914.* http://d-nb.info/1063111730/34 (3. 1. 2015), S. 100-101. Wie dem *Bulletin officiel du IVième Congrès universel de la paix* (https://archive.org/stream/bulletinofficie00buregoog#page/n5/mode/2up, S. 85) zu entnehmen ist, wurde der Antrag bereits zuvor beim Kongress in Rom gestellt, seine Behandlung aber auf Bern vertagt.

ganz Konkretes, ganz Erreichbares, von aller theoretischen und ethischen Allgemeinheit Losgelöstes da: Die Bildung einer europäischen Staatenunion."[62] Sehr genau beobachtet sie die Entwicklung der Kooperation der europäischen Mächte, auch dort, wo andere nur die Rivalität beobachten. Dies lässt sie, im Jahre 1913, von der „Entstehung von ‚Europa' als politische[m] Begriff"[63] sprechen, als eine Flottendemonstration der europäischen Mächte gegen Montenegro auffährt, um die Kriegsgefahr auf dem Balkan zu bannen. Die Medien sprechen bereits von einer „europäischen Friedenspolizei". Suttner kommentiert die Aktion, die sie gutheißt, so: „Freilich ist diese Union nur eine temporäre, provisorische; aber warum sollte sie, nach dem herrlichen Ergebnis, das sie hatte – die Verhütung des Weltbrandes –, sich nicht als positiv und dauernd einsetzen".[64] Die Aktion hat zweifelsohne einen gegenseitigen Krieg oder Stellvertreterkrieg verhindert. Die imperialistische Dimension des konzertierten Vorgehens der europäischen Großmächte auf dem Balkan sieht Suttner allerdings nicht. Sie versucht vielmehr, den prinzipiell friedenserhaltenden Aspekt, und sogar die darin im Keim vorhandene Europa-Idee, aufzugreifen und die Chancen für den Pazifismus auszuloten. Es ist die Idee einer „völkerrechtliche[n] Polizei gegen ‚völkerrechtliche Unmöglichkeiten'",[65] die sie fasziniert. Sie spricht in diesem Zusammenhang von einem „embryonale[n] Europa", das sich noch nicht wirklich gefunden habe.[66] Und sie betont: „Wenn Europa es will, es fest und ernstlich will, so wird der Balkankrieg der letzte Krieg auf europäischem Boden gewesen sein. Dass es jedoch noch viele gibt in Europa, die den Krieg wollen, ihn fest und ernstlich wollen, das wissen wir Pazifisten nur zu gut."[67] Die Ambivalenz eines vereinten Europa als Friedensmacht im Inneren und zugleich als potentiell imperiale Macht ist hier bereits sichtbar.

„Organisiert die Welt!" oder „Die Waffen nieder!"?

Bereits zu ihren Lebzeiten wurde Suttner als Vertreterin eines „sentimentalen" Pazifismus" eingeordnet. Um diesem Vorwurf, der die gesamte

62 Suttner: *Memoiren*, S. 514

63 Suttner: *Vermeidung Weltkrieg*, Bd. II, S. 475.

64 Ebda.

65 Ebd., S. 370.

66 Ebd., S. 509.

67 Ebd., S. 476.

Friedensbewegung schwächte, zu begegnen, versuchte Alfred H. Fried einen so genannten „wissenschaftlichen Pazifismus" zu lancieren. „Er möchte den Pazifismus aus der Zone des Gefühlsmäßigen heraus auf den sicheren Boden wissenschaftlicher Erkenntnis führen", wie Albert Fuchs ihn treffend charakterisierte.[68] Für Alfred H. Fried führe der Gang der gesellschaftlichen Entwicklung mit naturgesetzlicher Notwendigkeit in Richtung Frieden. Diese Entwicklung habe bereits zu einer derartig engen Verflechtung der Ökonomie und Politik der großen Staaten geführt, dass Kriege nun widersinnig und kontraproduktiv seien. Aufgabe der Pazifisten sei es, diesen Gang zu beschleunigen, indem sie Hindernisse in der Erkenntnis dieses Gangs wegräumen.[69]

> Die Friedensbewegung will die Erkenntnis eines durch Naturgesetze bedingten Organisationsvorganges der Gesellschaft erwecken, um durch die bewußte Mitwirkung der Menschheit in der Richtung der natürlichen Entwicklung, sie möglichst schnell zum möglichst höchsten Ertrag ihrer Arbeit gelangen zu lassen.[70]

In diesem Sinne sieht Fried die Arbeit der PazifistInnen in der „Internationalen Organisation", wie auch der Titel einer Schriftenreihe des Verlags der *Friedens-Warte* lautet. „Organisiert die Welt!" ist nicht zufällig Frieds Credo. Es ist ein Argument, wie wir es heute in abgeschwächter Form in der Interdependenztheorie finden, die ebenfalls besagt, dass angesichts der Globalisierung und der damit verbundenen gegenseitigen Abhängigkeiten internationale politische Gewalt und Krieg zwar nicht obsolet, aber sinnlos würden. Nun bedürfe es einer *Global Governance*, einer effizienten und rationalen Verwaltung der Weltgesellschaft. Dass damit das reale Machtgefälle und objektiv bestehende Interessensgegensätze ignoriert

68 Fuchs, Albert: *Geistige Strömungen in Österreich. 1867–1918*. Wien 1996, S. 262.

69 In ähnlicher *Weise* versuchte übrigens Rudolf Goldscheid mit seiner Schrift *Friedensbewegung und Menschenökonomie* (Berlin 1912) nachzuweisen, dass die Entwicklung moderner Gesellschaften automatisch zum Frieden führen müsse, da dies die ökonomisch effizienteste Produktionsform sei.

70 Alfred Fried: *Handbuch der Friedensbewegung*. Berlin und Leipzig 1911, S. 4.

werden, wird nicht beachtet.[71] Somit erweist sich der „wissenschaftliche Pazifismus“ als ein letztlich unpolitisches Konzept, das die gesellschaftlichen Differenzen leugnet oder herunterspielt und – gegen alle Evidenz – von im Grunde gleichen Interessen aller gesellschaftlichen Klassen und Gruppierungen ausgeht.[72] Damit stellt sich die Frage, was der „wissenschaftliche Pazifismus“ der so genannten „sentimentalen“ Variante einer Bertha von Suttner wirklich voraushat. Die Zuschreibung der Sentimentalität, die etwa Theodor Herzl vorgenommen hat (und die er bisweilen durchaus zustimmend als erfolgreiche Strategie gewürdigt hat),[73] hat Suttner selbst immer zurückgewiesen: „Sie behaupten stets, dass ich nur aus sentimentalen Gründen den Krieg bekämpfe. Das ist *nicht* so.“[74] Was aber stimmt, ist, dass Suttner *ethische Gründe* für ihren Pazifismus nennt und eine ethische Haltung des Humanismus als Maßstab verwendet. Das macht aber sicher nicht ihre Schwäche, sondern ihre Stärke aus: „Die von [sic] Fried beliebte Hintansetzung ethischer zugunsten ökonomischer Betrachtungen macht den Eindruck der Zaghaftigkeit“, hat schon Alfred Fuchs zu Recht in seiner Darstellung der geistigen Strömungen in Österreich vor dem Ersten Weltkrieg konstatiert.[75] Anders als ethisch – etwa durch Hinweis auf angebliche naturgesetzliche Entwicklungen der menschlichen Gesellschaft oder durch die Behauptung der ökonomischen Vorteile für die bürgerliche Klasse – lässt sich eine pazifistische Haltung nämlich überhaupt nicht begründen. Die heute kodifizierten und allgemein anerkannten Menschenrechte sind auch nichts anderes als eine Setzung, zu der sich eben eine sehr große Zahl von Menschen bekennt. Eine Letztbegründung hingegen ist unmöglich. Somit erweist sich Suttners ethischer Pazifismus als das schärfere Instrument der Analyse und Kritik als die Fried’sche Variante, zumal die Suttner ja auch nicht müde wird,

[71] Zur Kritik an Global Governance siehe etwa: Ulrich Brand: *Order and regulation: Global Governance as a hegemonic discourse of international politics?* In: *Review of International Political Economy* 12(1), 2005, S. 155–176.

[72] Auch die Friedensbewegungen späterer Zeit waren vor ähnlichen Illusionen nicht gefeit. Ein Beispiel wäre der Mythos von der angeblich gleichmacherischen Wirkung der Atomkriegsgefahr, die alle Interessensunterschiede einebne.

[73] Hamann: *Suttner*, S. 261.

[74] ebda.

[75] Fuchs: *Geistige Strömungen*, S. 264.

die eigenen Ansprüche der sich selbst als „Kulturnationen“ bezeichnenden europäischen Staaten immer wieder gegen sie selbst zu wenden.[76] Mit dem Nachweis seiner Barbarei kratzt sie immer wieder am Selbstbild des Vorkriegs-Europa. So zitiert sie nicht zufällig gerade die Äußerung eines amerikanischen Pazifisten, dass sich die europäischen Mächte so verhalten, als würden sie „noch in den anarchischen Zuständen barbarischer Zeiten“[77] leben.

Ihr zumindest in den 1890er Jahren sichtbarer notorischer Optimismus, der ihr als Mangel an Realitätssinn vorgeworfen und gegen ihr Anliegen gewendet wurde, führte sie immerhin dazu, jede Manifestation von Friedenswillen akribisch zu registrieren und damit zu verstärken, und ständig nach Möglichkeiten Ausschau zu halten, die anti-militaristische Front zu verbreitern. Es ist unbestreitbar, dass sie sich dabei immer wieder von Wunschdenken verführen ließ, aber man darf bei der Beurteilung ihres Wirkens nicht in den Fehler verfallen, aus der empirischen Tatsache, dass es den Pazifisten nicht gelang, den Krieg zu verhindern, eine historische Notwendigkeit zu machen. Der Lauf der Geschichte steht nicht von vornherein fest, und gerade beherzte Minderheiten vom Schlag einer Suttner haben immer wieder eingegriffen, um die Laufrichtung zu ändern. Daran ließ sie sich von keiner vorgefertigten Ideologie, nicht einmal von ihrer eigenen, hindern. Nur im Hinblick auf diese relative Unabhängigkeit von ihren eigenen weltanschaulichen Überzeugungen, die immer hervortrat, wenn es um eine konkrete Gewalttat oder Rüstungsmaßnahme ging, kann dem Urteil von Albert Fuchs zugestimmt werden. Er hat gemeint:

> Ein wenig einsichtsvoller als die mit Scheuklappen behafteten österreichischen Liberalen, war sie doch die typische Liberale im west-europäischen Sinn. […] Daß zwischen den Mächtigen der Erde und den Völkern Interessensgegensätze walten, sah sie nicht. […] Doch wäre es höchst ungerecht, ihre weltanschauliche Begrenztheit zum Maßstab für die Bewertung ihrer Lebensarbeit zu machen.[78]

Bertha von Suttner hat ihr ganzes politisch aktives Leben vor Kriegsgefahren und vor der Gefahr des großen Krieges gewarnt, und sie hat publi-

[76] Vgl. Suttner: *Rüstung und Überrüstung*, S. 25/26.
[77] Suttner: *Rüstung und Überrüstung*, S. 46.
[78] Fuchs: *Geistige Strömungen*, S. 259-260.

zistisch und organisatorisch alles ihr Mögliche unternommen, diese Gefahren abzuwenden. Sie hat nicht alle politischen Entwicklungen in ihren vollen Konsequenzen erkannt, und sie hat sich in der Einschätzung der Versöhnbarkeit der Interessen der verschiedenen Gesellschaftsklassen oder nationalen Gruppierungen geirrt, aber sie hat immer konkret am Beispiel jedes einzelnen Konflikts aufgezeigt, wohin ein Handeln führt, das der tief verwurzelten Kultur der Gewalt folgt, und sie hat dazu Alternativen angeboten. Deswegen muss auch der Einschätzung Stefan Zweigs über die Suttner in manchem widersprochen werden. Ich beziehe mich auf Zweigs selbstkritische Würdigung in einer Ansprache beim *Internationalen Frauenkongress für Völkerverständigung* in Bern 1917:

> In den drei Worten, die sie als Titel ihrem ersten Buche voransetzte, hat sie alles gesagt, was sie sagen wollte. [...] Als sie das erste Mal dieses Wort „Die Waffen nieder!" in die Welt schrie, liefen ihr die Leute zu und horchten auf. Aber als sie immer wieder nur dasselbe sagte: ‚Die Waffen nieder! Die Waffen nieder!' begann sich die Neugier zu langweilen. Man nahm diese leidenschaftliche Monotonie des Gedankens für Armut, seine Sinnfälligkeit für Banalität.[79]

Als Beschreibung des Phänomens mag Zweig wohl Recht haben. Doch meine ich ausreichend ausgeführt zu haben, dass bei Suttner zwar eine ethische Prinzipienfestigkeit vorherrschte, aber von einer „Monotonie des Friedensgedankens" keine Rede sein kann. Immer ist sie auf die jeweiligen Konflikte genau eingegangen und hat, am konkreten Beispiel, gezeigt, in welche Katastrophe die Kriegspolitik führt. „Die Waffen nieder!" war die Maxime, aus der heraus sie ihre Gedanken entwickelte, keineswegs ihr gesamtes Gedankengut.

Mit Blick in die Zukunft hat Alfred Fried, als Vollstrecker ihres politischen Testaments, noch während des Großen Krieges geschrieben:

> Die Zeit hatte kein Verständnis für ihre Mahnungen und Warnungen. Aber das Geschlecht, das nach diesem Krieg die Welt bevölkern wird, wird ein besseres Verständnis für ihr Wirken haben und wird unter dem Lichtschein der Brandfackeln, die der Krieg entzündet hat, unter dem Schatten

[79] Stefan Zweig: *Berta von Suttner*. In: Beatrix Müller-Kampl (Hg.): *„Krieg ist Mord auf Kommando". Bürgerliche und anarchistische Friedenskonzepte. Bertha von Suttner und Pierre Ramus*. Nettersheim 2005, S. 145-154, hier S. 147 und 148.

> der Trümmer, die er zurückgelassen hat, ihre Worte besser erfassen […]. Dann wird die Zeit der toten Mahnerin gekommen sein.[80]

Wie wir heute wissen, brachten auch die Schrecken des Ersten Weltkriegs keine Einsicht, und es folgte ein weiterer, noch verheerenderer Krieg. Die Frage, ob die Zeit der toten Mahnerin nun endlich gekommen ist, muss angesichts der gegenwärtigen Weltlage auch heute – 100 Jahre nach Suttners Tod – immer noch offenbleiben.

80 Suttner: *Vermeidung Weltkrieg,* Bd. I, Einleitung des Herausgebers, S. V.

Alexandra Millner
Katalin Teller

Auf Reisespuren in Bertha und Arthur Gundaccar von Suttners Literatur

> Wir haben neulich in einer Schreibtischlade – erinnerst du dich? – einen alten Brief von mir gefunden, den ich mit 13 Jahren schrieb, zur Zeit, wo ich durchaus Seemann werden wollte. Darin stand der Satz: „Ich weiß, ich fühle es – ich bin ein geborener Weltumsegler, und ich will nicht ruhen, nicht rasten, bis ich nicht ein neues Land entdeckt, oder im Ozean ein nasses Grab gefunden." – Wie haben wir über den Brief gelacht, ego und ich! Hat doch dieser begeisterte Marineur nicht nur keinen Zoll Landes entdeckt, sondern niemals einen Fuß an Bord gesetzt.[1]

Was Bertha von Suttner hier in ihrem essayistischen Kompendium *Inventarium einer Seele* (1883) als Selbstbild der Erzählerfigur suggeriert, trifft auf deren Schöpferin keinesfalls zu, denn Zeit ihres Lebens war Bertha von Suttner auf Reisen. Ihre Jugend brachte sie im saisonalen Lebensrhythmus der österreichisch-ungarischen Aristokratie zu: Im Sommer zog es sie mit ihrer Mutter nach Paris, Nizza oder in die berühmten Bäder, im Herbst auf Jagdschlösser in Südböhmen und in der Karnevalsaison nach Wien.[2] Außergewöhnlicher sind ihre Reisen, die sie ab 1876 tätigt: Es beginnt damit, dass sie, um Alfred Nobels Sekretärin zu werden, nach Paris fährt. Nach nur zehn Tagen muss sie die französische Metropole aufgrund von „Heimweh, […] Sehnsuchtsweh, […] Trennungsweh"[3] allerdings wieder verlassen. Unmittelbar darauf folgen die geheime Hochzeit

1 Suttner, Bertha von: *Inventarium einer Seele.* 3. verb. Aufl. Dresden, Leipzig 1891, S. 5.

2 So beschrieben etwa in *High-life*, *Erzählte Lustspiele* oder diversen Erzählungen der Autorin.

3 Suttner, Bertha von: *Memoiren*. Stuttgart, Leipzig. 1909, S. 132.

mit Arthur Gundaccar von Suttner in einer „entlegenen Vorstadtkirche“[4] in Wien und ihre gemeinsame Reise nach Mingrelien im heutigen Georgien als Flucht vor und Bruch mit einer Gesellschaft, die diese Verbindung nicht goutiert hätte,[5] oder – wie Bertha es standhaft nennt – als Hochzeitsreise,[6] die sich von Juni 1876 bis in den Mai 1885, also zu einem 9-jährigen Aufenthalt, ausdehnt.[7] Danach unternahm sie zahlreiche Vortragsreisen im Dienste der Friedensbewegung, die sie bis in die USA brachten.

Eine einschlägige Reisetätigkeit von Arthur von Suttner abseits der gemeinsamen Aktivitäten mit Bertha ist allerdings nicht dokumentiert: Mangels autobiografischer Schriften einerseits und infolge der fast ausnahmslosen kulturwissenschaftlichen Ignoranz gegenüber seiner Laufbahn[8] andererseits bieten nur verstreute Hinweise in Zeitungsartikeln sowie die Memoiren von Bertha von Suttner einen spärlichen Einblick in

4 Ebd., S. 136.

5 Vgl. Cohen, Laurie R.: *Aussteiger. Arthur und Bertha von Suttners entscheidende Jahre im russischen Kaukasus, 1876–1885.* In: dies. (Hg.): *„Gerade weil Sie eine Frau sind...“. Erkundungen über Bertha von Suttner, die* unb*ekannte Friedensnobelpreisträgerin.* Wien 2005, S. 15–54, hier S. 16.

6 Suttner: *Memoiren*, S. 137.

7 Man beachte dazu die besonderen Umstände der Georgien-Reise: Bereits im Jahre 1864 hatte die damals 21-Jährige die Fürstin von Mingrelien, Ekaterina Aleksandrovna Dadiani, in Bad Homburg kennengelernt. Es entspann sich eine enge Freundschaft mit der gesamten Familie, es folgte eine Einladung nach Mingrelien nach Fertigstellung des Schlosses. 1876 nimmt das nunmehrige Ehepaar Suttner die Einladung endlich an – in der Hoffnung, eine Anstellung am Hofe des Zaren, dem Nikolaus als Adjutant dient, zu erhalten. Immerhin hatten die beiden ohne Zustimmung der Familie Suttner geheiratet, und Arthur war deshalb enterbt worden. Vgl. Suttner: *Memoiren*, S. 73, 126, 135.

8 Eine Ausnahme davon ist Laurie R. Cohen, s. o. Bemerkenswert ist allerdings, dass die literarische Tätigkeit des Gatten eher in zeitgenössische Überblicksdarstellungen journalistischen Charakters Eingang fand. Vgl. bspw. Katscher, Leopold: *Bertha von Suttner, die „Schwärmerin“ für Güte.* Dresden 1903, S. 6 und 11-13, und Groller, Balduin: *Das Ehepaar von Suttner* (1898), Kopie ohne Angaben zur Publikation aus der Collection Suttner-Fried. Darüber hinaus sind Bezüge zu Theodor Herzls Initiativen auch dokumentiert: Nussenblatt, Tilo: *Ein Volk unterwegs zum Frieden.* Wien 1933, S. 75-91 und 98-99.

seine eigene Reisebiografie. Dort wird Arthur von Suttner als „wenig Bereiste[r]“ bezeichnet und in Bezug auf die Hochzeitsreise 1876, „des Meinen erste Seefahrt im Leben“, heißt es über ihn nur: „Er war erst sechsundzwanzig Jahre alt, und diese war seine erste Fahrt ins Unbekannte.“[9] Was sich aber nicht leugnen lässt, ist die Tatsache, dass Arthurs schriftstellerische Produktion sehr stark, auf jeden Fall stärker als die von Bertha, vom Aufenthalt in Georgien geprägt wurde.

Im vorliegenden Beitrag wollen wir uns auf die Suche nach jenen Spuren im literarischen Werk dieses symbiotischen Schriftstellerpaares machen, welche ihre zahllosen Reisen und ihr langjähriger Aufenthalt in Georgien hinterließen. Um diese zu inventarisieren, sollen erstens der Aspekt der Begegnung mit dem Fremden und das ethnografische Interesse bzw. die Interesselosigkeit, zweitens die unterschiedlichen Entwürfe von Frauen- und Männerbildern angesprochen und im dritten Punkt die Schnittstellen zwischen Exotisierung, Zivilisationskritik und Fortschrittsglaube unter die Lupe genommen werden. Interessant ist dabei, wie unterschiedlich die auf diese Weise identifizierbaren Spuren im jeweiligen Werk ausfallen. Darauf wies bereits Balduin Groller 1898 hin, indem er – etwas zugespitzt – die Schriften der beiden meilenweit voneinander entfernt situierte, als hätten „diese beiden starken Talente emsig neben einander“ gearbeitet, „ohne sich gegenseitig auch nur im mindesten zu beeinflußen“.[10] Mit unserer Analyse bezwecken wir demnach eine vergleichende Untersuchung der Werke von Bertha und Arthur von Suttner und nicht zuletzt eine Akzentverschiebung in der Auseinandersetzung mit dem Werk von Bertha von Suttner, die sich bisher vorwiegend auf ihre Tätigkeit als Friedensaktivistin konzentriert hat: Hier sollen ihre belletristischen Texte im Fokus stehen.

Fremderfahrung

In ihren *Memoiren* (1909) inszeniert Bertha von Suttner ihre Ankunft in Mingrelien in Anlehnung an die Argonautensage, indem sie auf kürzestem Raum drei Mal den Argonautenführer Jason erwähnt: „Unser Ziel war das Land, wo sich Jason das goldene Vließ geholt. Ich glaube, in uns bei-

[9] Suttner: *Memoiren*, S. 137f.

[10] Groller: *Das Ehepaar von Suttner,* o. S.

den war damals viel von der Jasonstimmung: eine Mischung von Abenteuerlust, von Eroberungszuversicht, von Hoffnungsrausch."[11] Der Begriffsverdichtung „Jasonstimmung", die in der Apposition mit der kolonialen Geste der Eroberungsabsicht – zumindest in der abgeschwächten Form der touristischen Vereinnahmung fremder Orte – verknüpft wird, ist eine heimatliche Bewährungsprobe inhärent, deren Bewältigung eine erfolgreiche Reise impliziert. Der Erfolg bemisst sich daran, ob es Jason gelingt, das Goldene Vließ aus Kolchis zurückzuholen. Es ist demnach eine Reiseunternehmung, die von Anfang an unter dem Druck des Erfolges steht und teleologisch auf diesen Erfolg in der Heimat ausgerichtet ist. Bertha von Suttner fährt dementsprechend fort: „Im Triumph würden wir einst heimkehren; aber nach der Heimkehr würden wir noch lange nicht begehren, vorläufig hinaus in die weite, schöne, reiche, merkwürdige Welt – wir holen uns das goldene Vließ."[12] Aus diesen Worten spricht die große Hoffnung auf eine erfolgreiche Aufnahme durch die befreundete Fürstenfamilie im fremden Land, auf deren gute Verbindung zum Zarenhof und auf die sich daraus ergebenden Verdienstmöglichkeiten. Denn Arthur von Suttner war wegen der unerwünschten Hochzeit mit Bertha von Kinsky von seiner Familie nicht nur verstoßen, sondern auch enterbt worden, und das frisch vermählte Paar musste nun sein eigenes Auskommen finden. Der Triumph, von dem hier die Rede ist, würde zum Zeitpunkt ihrer Ankunft also vor allem darin bestanden haben, als finanziell unabhängige Familie zurückzukehren. Doch ist mit dem Goldenen Vließ, als Symbol für die reichen Goldvorkommen in Georgien, nicht nur finanzieller Reichtum gemeint, sondern auch der bisher verweigerte Zugang zu jenem Amt im Staate bzw. in der Gesellschaft, das dem Heimkehrer legitimerweise zusteht. Insofern stellt diese Reise eine Probe dar, die Initiation in ein erfolgreiches, eigenverantwortlich geführtes Leben.

Dass dem verliebten Paar bei seiner Ankunft auf jeden Fall anderes vorschwebt als die Anhäufung von materiellen Gütern, beweist die Fortsetzung der Jason-Analogie in den *Memoiren*: „– wir holen uns das goldene Vließ. Und brauchten es nicht einmal – das war das Schönste dran. Was immer uns die Welt für Schätze gewähren oder verweigern wollte –

[11] Suttner: *Memoiren.* S. 137. An anderer Stelle wird Mingrelien nicht nur mit dem alten Kolchis in Verbindung gebracht, sondern auch als Ort des Paradieses genannt. Vgl. Suttner, Bertha von: *Mingrelische Erinnerungen.* In: *Über Land und Meer* 29/1887, hier S. 283.

[12] Suttner: *Memoiren,* S. 137.

wir hatten unermeßlichen Reichtum aneinander […].“[13] Dieser immateriellen Auffassung von Reichtum im Sinne eines inneren oder symbolischen Reichtums entspricht auch die oben zitierte Beschreibung des fremden Landes als „weite, schöne, reiche, merkwürdige Welt“,[14] der sie mit großer Neugier entgegensehen. Es wird denn auch ein Erfahrungsschatz sein, mit denen die beiden neun Jahre später in ihre Heimat zurückkehren werden.

Auffällig an diesem mehrfachen Verweis auf die Argonautensage ist jedoch, dass Medea und der damit einhergehende Fremdheitsdiskurs völlig unerwähnt bleiben. Das mag einerseits daran liegen, dass für Bertha von Suttner, die sich seit ihrer ersten Begegnung mit der Ekaterina Dadiani, der Fürstin von Mingrelien, in Homburg 1864 für das ferne Land interessiert und sich darüber in Lexika und in Alexandre Dumas’ *Le Caucase* (1859) eingelesen hat,[15] das Land die Erfüllung ihrer bisherigen Reisesehnsüchte darstellt und sie deshalb nicht das Gefühl hat, in die Fremde zu kommen. Andererseits stellt die Reise eine Art Lebensmission dar, nämlich als „gemachte“, d.i. in diesem Fall verheiratete, Frau die Einladung an den mingrelischen Hof nun endlich annehmen und dadurch und zusätzlich durch die erhoffte Anstellung ihres Mannes in steter Verbindung zum Zarenhof stehen zu können – eine Hoffnung, die freilich enttäuscht wurde. Ihre Hochzeitsreise macht sich unter diesem Aspekt als eine zentrale Mission aus, die mit ähnlich großem Erwartungsdruck wie bei Jason unternommen wird. Symbol für das Begehren ist das Goldene Vließ.[16]

Dass sich Bertha von Suttner durch den Vergleich mit Jason auf den Spuren der Helden des klassischen Altertums wähnt, dass sie dabei nur eine Seite der Mythen, nämlich jene der Griechen, die sich auf einer höheren Zivilisationsstufe wähnten als die als Barbaren bezeichneten Kolcher, dafür in Anspruch nimmt, darauf deutet die dritte Erwähnung Jasons hin: „Der Strom […] rauschte in unseren Ohren vielleicht noch einmal so stark, weil er uns als der ‚Hippos‘ der Alten bezeichnet worden; was für klassische Fahrzeuge – wohl auch Jasons Barke selber, als dieser das gol-

13 Ebd.

14 Ebd.

15 Vgl. ebd., S. 81f.

16 Vgl. Stephan, Inge: *Medea. Multimediale Karriere einer mythologischen Figur*. Köln, Weimar, Wien 2006, S. 80-82.

dene Vließ zu erbeuten ausging – mochte er auf seinen Wellen geschaukelt haben!“[17] Zwar weist sie in ihren Beschreibungen immer wieder auf die einfachen und hygienisch fragwürdigen Verhältnisse und das „wilde“ Erscheinungsbild der einfachen Leute hin,[18] aber sie enthält sich einer Bewertung und betont die große Gastfreundschaft der Menschen. Von Barbarischem spricht Bertha von Suttner in ihren *Memoiren* nur in Zusammenhang mit Kriegen. Und auch Grillparzer, auf dessen Trilogie *Das goldene Vließ* (1822) sie sich beziehen könnte, verwendet den Begriff „Barbaren“ im Sinne der alten Griechen grundsätzlich als neutrale Bezeichnung für Nichtgriechisches und attribuiert ihn nur dann negativ, wenn Jason sich auf den fremdenfeindlichen Kolcherkönig Aietes bezieht, der ihn offensichtlich zu töten beabsichtigt.[19] Aber natürlich wird der Begriff im Fortgang der Handlung der Trilogie durch wiederholte Akte der Blutrache negativ aufgeladen.[20]

Die belesene Bertha von Suttner ist sich jedenfalls dessen bewusst, dass sie sich auf geschichtsträchtigem Boden befindet. Und sie beschreibt ihre Ankunft im Großen und Ganzen als warmherzigen Empfang durch die Gastgeber, wiewohl sie die allmähliche Annäherung an ihr Reiseziel mit der Hochzeitsreise von Prinz Niko und Mary, der Tochter des Grafen Adlerberg, 1874 verbindet. Wenige Seiten vor der eigenen Hochzeitsreise zitiert sie nämlich die genaue Beschreibung des märchenhaften Empfangs des jungen Paares in Gordi aus einem Brief der mingrelischen Fürstin.[21]

17 Suttner: *Memoiren*, S. 141. In einer Fußnote ebd., S. 129, heißt es über diesen Fluss: „Obenerwähnter Fluß, der Tzchenitz-Atzchali (der Hippus der Klassiker), bildet die Grenzscheide Mingreliens und Imerethiens.“

18 Vgl. Suttner: *Memoiren*, S. 138f.

19 Vgl. Franz Grillparzer: *Das Goldene Vließ*. Wien: 1822; Zur historischen Verwendung des Begriffs: *Brockhaus Bilder-Conversations-Lexikon.* Bd. 1. Leipzig 1837, S. 182: „Barbaren nannten die Griechen alle Ausländer, welche das Griechische nicht rein und geläufig sprachen oder sich überhaupt durch Sprache und Sitte von ihnen unterschieden.“ Vgl. dazu Winkler, Markus: *Von Iphigenie zu Medea: Semantik und Dramaturgie des Barbarischen bei Goethe und Grillparzer.* Tübingen: 2009, S. 23.

20 Vgl. Brockhaus *Bilder-Conversations-Lexikon*, S. 21: „Beide [die Griechen und die Römer] waren die gebildetsten der alten Welt und so verknüpfte sich von selbst mit diesem Namen der Begriff des Rohen und Wilden, den die neuere Zeit fast allein beibehalten hat und daher Handlungen unmenschlicher Grausamkeit Barbarei und barbarisch nennt.“ Vgl. Stephan: *Medea*, S. 70-79.

21 Vgl. Suttner: *Memoiren,* S. 129f.

Nun führt sie in Zusammenhang mit der eigenen Ankunft einen Vergleich an:

> Das war die Stelle, so erinnerte ich mich aus Dedopalis Briefen, wo das junge Fürstenpaar auf seiner Heimreise aus dem Wagen gestiegen, wo die Brücke mit einem Teppich bespannt war und ein Triumphbogen aus Blumen die Grenzlinie von Mingrelien bezeichnete. Unserer harrte an der Pompejusbrücke kein Triumphbogen, aber doch eine schöne Ueberraschung: Fürst Niko, von einem großen Gefolge begleitet, war uns bis zur Schwelle seines Reiches entgegengeritten, um die ‚Contessina' und deren Gatten zu bewillkommnen. Unter einem Zelt war eine Tafel mit Erfrischungen aufgestellt.[22]

Mit diesem Vergleich, der für sie schlechter ausgeht als für die Vergleichsgröße, rührt Bertha von Suttner an ihrer lebenslangen Wunde der niederen Geburt, welche ihr den Zugang zu den höchsten Adelskreisen verwehrte – eine Tatsache, die sie in vielen autobiografischen Anekdoten und literarischen Geschichten mehr oder weniger direkt thematisiert.[23]

In der zeitgenössischen Ausgabe des Brockhaus wird die Grenze zwischen Europa und Asien entlang des Kaukasus-Gebirges gezogen, somit rücken die beiden mit ihren Worten das in Transkaukasien gelegene Georgien in eine exotischere Ferne, als es tatsächlich der Fall war: „Der Meine setzte den Fuß auf den außereuropäischen Boden mit dem Hochmut eines Eroberers. ‚So', sagte er frohlockend, ‚da wären wir in Asien!'"[24] Diese First-Contact-Inszenierung entspricht dem, was Klaus Scherpe anhand von anthropologischen und ethnografischen Berichten als eine Urszene der Begegnung mit dem Fremden, als eine der „operativen Ebene[n]", der „*situativen Praktiken*" der Fremderfahrung beschreibt.[25] Die erste buchstäbliche Berührung mit dem neuen Land geht mit dem Gestus der Eroberung einher.

22 Ebd., S. 141.

23 Vgl. Hamann, Brigitte: *Bertha von Suttner. Ein Leben für den Frieden.* München, Zürich 1991, S. 13-15.

24 Suttner: *Memoiren*, S. 138.

25 Scherpe, Klaus: *Die First-Contact-Szene. Kulturelle Praktiken bei der Begegnung mit dem Fremden.* In: Neumann, Gerhard / Weigel, Sigrid (Hg.): *Lesbarkeit der Kultur. Literaturwissenschaften zwischen Kulturtechnik und Ethnographie.* München 2000, S. 149-166, hier S. 150.

In dermaßen direkter Form finden sich indessen bei Arthur von Suttner keine Indizien für die Art und Weise der ersten Begegnung mit Georgien. In den seltenen Fällen, in denen die Texte Arthurs von einem Ich-Erzähler getragen werden, tritt der aus Europa stammende Mann stets als eine Figur mit fundiertem Insiderwissen auf den Plan, wie z. B. in der unbetitelten Eröffnungserzählung im ersten Band von *Kinder des Kaukasus* (1890): Auf die beruhigenden Worte des einheimischen Übersetzerfreundes Gudja, in Mingrelien werde alles – in diesem Fall vor allem das schlechte Wetter – anders werden, antwortet der ironisierende Erzähler: „Natürlich, in Mingrelien ist alles anders! Wenn ich das Land nicht selbst kenne und einem Mingrelier glauben wollte, so müßte dort eine ganz andere Welt sein: alles schöner, besser, ausgezeichneter, klüger, kurz ein Stückchen Paradies, das an dieser elenden, verderbten Welt hängen geblieben!“[26]

Festzuhalten ist dabei, dass diese Passage nur hinsichtlich der Figur des gut informierten, reisenden Fremden für die Werke Arthurs charakteristisch ist, nicht aber in Bezug auf die einzigartige Ironie: In Arthur von Suttners belletristischen Auseinandersetzungen dominiert weitgehend ein historisch-ethnografisches Interesse, das sich der Gattungsmerkmale der Abenteuerromane, der leichten Liebeslektüre oder des Sittenbildes bedient. Dabei wird ein Narrativ entwickelt, das durch eine Außenperspektive beherrscht wird, jedoch nicht im Sinne einer isolierten, bewusst objektiven Stimme: Die Sachverhalte werden vielmehr vom allwissenden Erzähler in einer Art und Weise präsentiert, die für die populäre volkskundliche Abenteuerliteratur und für die Liebesromanzen der Zeit weitgehend bezeichnend ist. Der Effekt dieser Präsentationsform besteht vor allem darin, dass – mit wenigen Ausnahmen[27] – die Sitten und Gebräuche sowie die Geschichte des fremden Landes eben nicht als fremd geschildert werden, sondern mit ihrer Hilfe ein authentisch und neutral wirkender Erzählkontext geschaffen wird. So werden bspw. die fremdartigen sozialen und familiären Hierarchien und die sich daraus ergebenden Konflikte

[26] Suttner, Arthur G. v.: *[o. T.]*. In: ders.: *Kinder des Kaukasus*. Dresden, Leipzig 1890, S. 1–54, hier S. 4.

[27] Suttner, Arthur Gundaccar von: *Die Adjaren. Roman*. Stuttgart, Wien 1888, S. 40-42, ders.: *Mingrelische Hochzeit*. In: ders.: *Die Kinder des Kaukasus. Neue Folge*. Dresden, Leipzig 1891, S. 67-87. In *Mingrelische Hochzeit* wird dieser Effekt durch die Subjektposition des stark individualisierten Erzählers zusätzlich gesteigert.

oder die unterschiedlichsten Verbrechen und die daraus resultierenden Strafmaßnahmen stets motiviert in den Erzählfluss integriert, ohne markierte, das heißt einem objektiv-ethnografischen Blick ausgelieferte Fremdkörper in der Handlung darzustellen. In der langatmigen Erzählung *Khetevan* (1890) heißt es bspw. von dem „Entführer" einer sehr jungen verheirateten Frau, die die gemeinsame, aus Liebe begangene Flucht bis zum Wahnsinn bereut:

> Je mehr ihr Verstand abnahm, um so ängstlicher suchte er ihre Grillen zu befriedigen mit der den Mingreliern angeborenen Scheu vor Geistesschwachen, die in ihnen Wesen einer anderen Welt sehen, Wesen, mit übernatürlicher Macht ausgestattet, bald Engel, bald Teufel, und denen man in allem ihren Willen thun muß, wenn man nicht selbst elendiglich zu Grunde gehen soll.[28]

Während also in Arthurs literarischen Texten sein ethnografisches Wissen über Georgien deutlich zutage tritt, ein Wissen, über das Bertha ihrem Zeitungsartikel über *Kaukasische Frauen* (1885) zufolge nicht verfüge,[29] beschränkt sich diese Art der direkten Reflexion bei Bertha auf wenige Zeitungsartikel und einige Spuren in belletristischen Texten – etwa in Form von einzelnen Figuren. Dies mag, wie Brigitte Hamann meint, am unterschiedlichen Erfahrungswissen der beiden über Land und Leute liegen, eine Differenz, die sich zwangsläufig aus den Genderrollen der damaligen Zeit ergibt: Arthur musste beruflichen Tätigkeiten außer Haus nachgehen, während es sich für eine Dame wie Bertha nicht geziemte, das Haus zu verlassen.[30] Dass in Arthurs Texten ethnografische Beschreibungen dominieren, mag auch daran liegen, dass – wie Bertha in ihren *Me-*

28 Suttner, Arthur Gundaccar: *Khetevan.* In: ders.: *Die Kinder des Kaukasus,* S. 175-267, hier S. 244. Ähnliches findet sich im Roman *Die Adjaren,* wobei dieser Glaube von der Protagonistin Thamar bewusst strategisch ausgenützt wird, um sich von dem unerwünschten Freier fernzuhalten: „Wahnsinnige sind bei den Orientalen gefeite Wesen, denen man am besten aus dem Weg geht, wenn man nicht selbst ein schweres Unglück erleiden will" (Suttner: *Die Adjaren,* S. 270).

29 Suttner, Bertha von: *Kaukasische Frauen.* In: *Deutsche Revue über das gesamte nationale Leben der Gegenwart* 10/1885, Bd. III, S. 173-179, hier S. 174.

30 Vgl. Hamann: *Bertha von Suttner*, S. 73.

moiren den Qualitätsunterschied ihrer Romane und ihrer Erfolge zu erklären versucht – Arthurs Schwäche die „Charakterschilderung, Handlungsführung, Erfindung" betraf, während ihm Beschreibungen sehr gut gelangen: „Die Landschaften, die den Hintergrund seiner Romane ‚Daredjan' und ‚Aznaour' bildeten, waren mit glühenden, leuchtenden Farben gemalt [...]."[31]

Der ethnografische Beitrag von Bertha wirft mit seinem Titel *Kaukasische Frauen* das Grundproblem ungenauer Terminologie auf: Es verwundert, dass eine politisch so genau denkende und äußerst differenziert formulierende Frau wie Bertha von Suttner die so unterschiedlichen Bezeichnungen „Mingrelien/Megrelien", Georgien und Kaukasien synonym und diffus gebraucht. Von georgischer Seite wurde ihr diese Ungenauigkeit und ihre hartnäckige Verwendung der russischen Bezeichnungen für georgische Angelegenheiten, ihre Unkenntnis des Georgischen und Mingrelischen/Megrelischen und seiner Literatur als prorussische Haltung bzw. Eurozentrismus vorgehalten.[32] – Die prorussische Tendenz war laut Bertha auch der Grund dafür, warum Arthurs Kriegsberichterstattung über den russisch-osmanischen Krieg 1877 nach nur zwei Beiträgen von der *Neuen Freien Presse* nicht weiter erwünscht war.[33] – Über die literarischen Kenntnisse von Bertha sollte man sich kein vorschnelles Urteil anmaßen, aus ihrem Interesse an einer Nahbeziehung zum Zarenhof macht Bertha an keiner Stelle einen Hehl, und was ihre eurozentrische Einstellung betrifft, so kann diese nicht verleugnet, muss aber im Zusammenhang mit dem Zivilisationsdiskurs der Zeit, ihrer Zugehörigkeit zum Adel, ihrem zunehmenden internationalen Engagement für Demokratie und Friedenspolitik und ihrer damit einhergehenden Wandlung, relativiert werden.

[31] Suttner: *Memoiren,* S. 155.

[32] Für das Erste vgl. Amaschukeli, Nelly: *Bertha von Suttner und Georgien.* In: Staatliche Ilia Tschavtschavadze Universität für Sprache und Kultur Tbilissi (Hg.): *Bertha von Suttner. Mit Georgiern und in Georgien. Materialien der wissenschaftlichen Konferenz vom 12. Oktober 1999.* Tbilissi 2001, S. 14–20; für das Zweite vgl. Kabadse, Nordar: *Was die Suttners in Georgien sahen und was sie nicht sehen konnten.* In: ebd., S. 21–27. Für das Material danken wir Johanna und Helmut Kandl.

[33] Vgl. Suttner: *Memoiren,* S. 146; Cohen: *Aussteiger,* S. 29.

Berthas überaus bewusster Umgang mit Stereotypen und rassistischen Theoremen, den Johann Georg Lughofer in seiner differenzierten Auseinandersetzung mit *Die Waffen nieder!* (1889) bemerkt hat,[34] lässt sich auch in diesem Essay feststellen: Die Autorin beginnt den Beitrag mit einer Kritik des damals sehr populären Genres des ethnografischen Schreibens: Sie treibt die Stereotypenbildung in Bezug auf fremdländische Frauen auf die Spitze[35] und hinterfragt die Abbildungsqualität von Verallgemeinerungen: „Je größer das Feld, dessen Abbildung man in einen kleinen Rahmen zwängt, desto mehr Einzelheiten müssen darin verschwinden, und desto unexakter wird das Ganze."[36] Die profunde Landeskenntnis der Verfasser landläufiger ethnografischer Texte stellt sie grundsätzlich in Frage, wenn sie die (fiktive) Verfasserin eines solchen Beitrags behaupten lässt: „Ich habe weder den ganzen Kaukasus bereist, noch daselbst besondere ethnographische oder historische Studien gemacht."[37] Schließlich ironisiert sie die Mode männlicher Weiblichkeitskonstruktionen, welche die Frau unaufhörlich als Alterität hervorbringt: „ich bin selber Frau, und es fehlt mir daher der souveräne Überblick, mit welchem die Herren der Schöpfung unser ganzes Geschlecht als etwas Apartes, Nebenmenschliches zusammenzufassen gewohnt sind."[38] In einem nur 6-seitigen Artikel ist ihr diese Genrekritik immerhin ein Sechstel des Textumfangs wert. Diese Autoreflexivität ist ein Charakteristikum von Berthas Literatur; sie bricht dadurch die Illusion und stellt die Diegese als etwas Gemachtes aus, das aus der Beschränkung auf die mimetische Funktion befreit werden kann. Dies ermöglicht nicht nur ironische Distanz, sondern auch analytische Lesarten.

Genau auf solche Brüche scheint indessen Arthur von Suttner zu verzichten: Den Regeln der Trivialliteratur bewusst oder unbewusst folgend erlaubt er sich nur sporadisch derart direkte selbstreflexive Äußerungen.

34 Vgl. Lughofer, Johann Georg: *Bertha von Suttner: A Prototypical European Writer.* In: *Letter – Journal for Linguistics and Literary Studies* 9/2011, S. 186–209, hier S. 196–199; www.ceeol.com (26.5.2014).

35 Die Aufzählung umfasst die kleinen Füße der Chinesinnen, die Fischtranpomade der Lappländerinnen und die Koketterie der Pariserinnen, an deren Spitze stellt sie die Schönheit der Georgierinnen (vgl. Suttner: *Kaukasische Frauen,* S. 173).

36 Ebd., S. 174.

37 Ebd.

38 Ebd.

Die bereits zitierte Stelle und weitere ironische Passagen aus der erwähnten unbetitelten Erzählung können höchstens um einen kritischen Aspekt ergänzt werden, der jedoch weniger das ethnografische Erzählen als vielmehr die populärliterarischen Gattungen selbst betrifft: In der Erzählung *Ein Abenteuer* (1895), die die Geschichte eines Jagdausfluges in den Karpathen rekonstruiert, wird bspw. ausgerechnet die Pointe, auf die eine ganze Stammtischgesellschaft in der Manier des Publikums der Klatschpresse gespannt wartet, ausgespart.[39] Die Erzählung *Hie Wisent – hie Urochs*, die sowohl in die Illustrierte *Über Land und Meer* (1884/85) als auch in die neue Folge der *Kinder des Kaukasus* (1891) Eingang gefunden hat, parodiert an einer Stelle die Gattung der Briefnovelle, indem die Störungen im Postverkehr lächerliche Missverständnisse zwischen den Korrespondierenden verursachen.[40] Von solchen Seitenhieben und solchem Reflexionsanspruch bleibt das vorwiegend ethnografisch interessierte Erzählen in den Texten von Arthur von Suttner jedoch im Allgemeinen unberührt.

Um wie viel gedämpfter und abgeklärter liest sich Berthas Reisebrief *Von Batum nach Odessa* (1897), den sie auf ihrer Heimreise Anfang Mai 1885 an Bord des russischen Dampfers „General Kotzebue“[41] – angeblich, so die Erzählstimme – aus Langeweile verfasste.[42] „Auf dem Verdeck ist es zu kalt; das Klavier ist zu arg verstimmt […]; die Bordbibliothek enthält nur russische Bücher in unbequemem Format.“[43] Die Erste-Klasse-Reisenden bilden eine Enklave im warmen Salon, in welcher die

[39] Vgl. Suttner, Arthur Gundaccar von: *Ein Abenteuer.* In: ders.: *Nichts Ernsthaftes. Kleine Geschichten.* Dresden, Wien 1895, S. 105-113.

[40] Vgl. Suttner, Gundaccar von: *Hie Wisent – hie Urochs.* In: ders.: *Kinder des Kaukasus. Neue Folge,* S. 1-66 und in drei Teilen als Fortsetzungsnovelle in: *Über Land und Meer,* 27/1884-1885, S. 117-119, S. 137-142 und S. 161-163. Vgl. im Gegenzug dazu Berthas kritischen Kommentar der allzu beschleunigten Kommunikation in Europa, wo die Post bis zu viermal täglich ausgetragen wird. Suttner, Bertha von: *Über – Über.* In: dies.: *Schmetterlinge. Novelletten und Skizzen.* Dresden, Leipzig 1897, S. 175–184.

[41] Paul Dimitrius von Kotzebue (1801–1884), deutschbaltischer russischer General im Krimkrieg, 1874–1880 General-Gouverneur von Warschau.

[42] Suttner, Bertha von: *Von Batum nach Odessa. Ein Reisebrief an den Herausgeber einer Illustrierten Zeitung.* In: dies: *Schmetterlinge*, S. 92-106, hier S. 92.

[43] Ebd.

restlichen Fahrgäste auf dem Verdeck dritter Klasse nur in Form entfernter Laute wahrnehmbar sind. Dennoch vergisst die Reisejournalistin nicht, sie zu erwähnen: „auf dem Verdeck, wo die Passagiere dritter Klasse – griechische Auswandererfamilien, arme Mönche, Soldaten und Landleute – dicht gepfercht die finstere und nasse Nacht ausharren müssen, da mischt sich wohl mancher Seufzer mit dem kalten Winde und drückt die stille Klage aus, daß das Leben doch gar schwer zu tragen sei…“[44]

Der Text enttäuscht insgesamt die Erwartungshaltungen an das Genre des Reiseberichts: Suchumi kann die Erzählerin nicht beschreiben, da sie um fünf Uhr morgens noch zu schlafen pflegt, über Sotchi weiß sie nichts weiter zu berichten, als dass hier ein altes russisches Ehepaar von Bord geht. Ihr Versäumnis spielt sie mit einer lässigen Bemerkung herunter: „schließlich läßt sich auch ohne diese klare Vorstellung leben“.[45] – So wenig motiviert stellt man sich Reisekorrespondenz nun wirklich nicht vor. Von Kertsch hebt sie nur den melancholischen Charakter und die korrespondierende graue Farbe hervor; völlig ungerührt erwähnt sie dessen Zerstörung im Krimkrieg. Am berühmten Hügelgrab aus dem 4. Jh. v. Chr.[46] zeigt sie sich von den antiken Knochenresten in den Steinurnen wenig beeindruckt, ja hält sie sogar für Fälschungen; und das Einzige, das sie im wiederaufgebauten Sevastopol zu erwähnen weiß, ist ihre Trauer über die im Krimkrieg gefallenen Franzosen, Engländer und Russen, die hier am Friedhof begraben sind.[47] Vielleicht zeichnet sich hier aber bereits auch Bertha von Suttners Fokussierung auf das Kriegsgeschehen ab. Auf jeden Fall mischt sich kein bisschen Wehmut in den erzählten Abschied von einem Land, in dem die Autorin immerhin beinahe ein Jahrzehnt verbracht hat; vielmehr amüsiert sich die Erzählerin über Gespräche zwischen zwei Briten, die sich mit kolonialem Gestus über die schönsten Kathedralen und die Shawl-Webereien in Kaschmir unterhalten und bezüglich der Witwenverbrennungen in Indien vor allem eines bemängeln: „die

44 Ebd., S. 105; vgl. im Gegensatz dazu Hamann: *Bertha von Suttner,* S. 89.

45 Suttner: *Von Batum nach Odessa,* S. 97.

46 Den Zarenkurgan bezeichnet sie fälschlicherweise als Zarski Kurpan, vgl. ebd., S. 98.

47 Ebd., S. 101.

Unsitte, mit den Leichen der Großen zugleich die kostbarsten Kaschmirshawls zu verbrennen“.[48] An solchen Zuspitzungen lässt sich allerdings Bertha von Suttners ironischer Unterton festmachen, was die Doppelbödigkeit vieler ihrer Ausführungen bestätigt. Deshalb kann man hier weniger von einem enttäuschenden Reisebericht die Rede sein als vielmehr von einer Parodie auf eine an fremden Kulturen und nichtadeligen Menschen völlig desinteressierten Reiseschriftstellerin. Damit lässt sich dieser Beitrag nicht als Reiseliteratur subsumieren: Weder wurde die Kaukasus-Reise mit dem Zweck unternommen, Reisetexte zur Publikation zu verfassen,[49] noch erhebt der Text explizit Anspruch auf Authentizität oder weist Motive wie „das Fremde als Projektionsfläche“ oder die „Aneignung durch Negation“ auf.[50]

Frauen- und Männerbilder

Während das Gesamtbild der Fremdwahrnehmung bei den beiden Suttners unterschiedlich ausfällt und diese Differenzen auch in den Entwürfen von Frauen- und Männerbildern vorwiegend beibehalten werden, lassen sich in Bezug auf die Geschlechterrollen gewisse Akzentverschiebungen feststellen. Den Ausgangspunkt für Berthas Text über *Kaukasische Frauen* jeder Alters- und Klassenzugehörigkeit bildet ihre sprichwörtliche Schönheit, welche die Verfasserin nur deshalb ironisch bestätigt, um sie sofort wieder relativieren zu können: „Natürlich will ich mit dieser Schilderung nicht berichtet haben, daß der Kaukasus Mohameds Paradiese gleichkomme und nur von Houris bevölkert ist; es giebt genug mittelhübsche und auch häßliche Geschöpfe da; aber wenn man die Allgemeinheit betrachtet, so notiert man nur die typischen Züge und die Züge der Mehrheit.“[51]

48 Ebd., S. 104.

49 Vgl. im Gegensatz dazu: Paul, Janina Christine: *Reiseschriftstellerinnen zwischen Orient und Okzident. Analyse ausgewählter Reiseberichte des 19. Jahrhunderts, weibliche Rollenvorstellungen, Selbstrepräsentationen und Erfahrungen der Fremde.* Würzburg: 2013, S. 118, und im Zusammenhang mit dem Legitimationsdruck reisender Frauen S. 402.

50 Vgl. im Gegensatz dazu: Kramer, Fritz: *Verkehrte Welten. Zur imaginären Ethnographie des 19. Jahrhunderts.* Frankfurt am Main 1977, passim.

51 Suttner: *Kaukasische Frauen,* S. 174.

Die „natürliche Grazie“ wird der Künstlichkeit einer anerzogenen Anmut gegenübergestellt und als essenzialistische Qualität der Aristokratie behauptet: „[…] alles das, was in andern Ländern als ein Resultat sorgfältigster Erziehung oder als blaublütiger Rasseneigenschaft gilt, das ist hier jedem Landmädchen angeboren.“[52] Der Begriff der „blaublütigen Rasseneigenschaft“ bestätigt, was Lughofer über Suttners Denken in sozialen Kategorien sagt, dass Bertha nämlich weniger zwischen nationalen bzw. ‚Rassen'-Zugehörigkeiten als vielmehr zwischen sozialen Schichten differenziert.[53] Der Grund liegt wohl in dem zunehmenden Kosmopolitentum und der supranationalen Vernetzung der Aristokratie, die weit über die jeweiligen Reichsgrenzen, ja sogar über Europa hinausreicht.

Was die exotische Schönheit der Georgier betrifft, so sind in den biografischen, ethnografischen sowie literarischen Texten Berthas Männer wie Frauen damit gleichermaßen und großzügig ausgestattet. Prinz Diamant, ein aus Abchasien stammender Prinz in *High-life* (1886), wird dafür sogar mit einigem Neid durch die männliche Gesellschaft bedacht.[54]

Bertha lässt in ihrem Beitrag über die Frauen auch kritische Worte ertönen: Die „edle Ruhe“ der Damen der höheren Tifliser Gesellschaft wird als „zuviel Ruhe…“, „diese nimmerwankende Korrektheit“ als „langweilig“ und „auf eine geistige Trägheit“[55] zurückführbar kritisiert: „man könnte den Mangel an Lebhaftigkeit und Heiterkeit beklagen“.[56] Dieser Beitrag von Bertha, der im August 1885, also im Jahr ihrer Rückkehr in die Heimat, veröffentlicht und höchstwahrscheinlich gegen Ende ihres Aufenthalts in Mingrelien geschrieben wurde, wird hier offensichtlich zum Ausdruck einer langjährigen Langeweile in der isolierenden Fremde und einer nachgetragenen Kritik an der Aufnahmegesellschaft ihrer freiwilligen Emigration.

In Arthur Suttners Texten verlagern sich diese Akzente: Der Roman *Daredjan* (1896) – mit dem Untertitel *Mingrelisches Sittenbild*[57] – schildert die Geschichte eines Moralverfalls, indem die Laufbahn der durch aristokratische Pracht und Flirtserien verblendeten Protagonistin sowohl

52 Ebd.

53 Vgl. Lughofer: *Bertha von Suttner,* S. 203.

54 Suttner, Bertha von: *High-life.* München 1886, S. 12 (als B. Oulot).

55 Suttner: *Kaukasische Frauen,* S. 174.

56 Ebd., S. 175.

57 Vgl. Suttner, Arthur Gundaccar von: *Daredjan. Mingrelisches Sittenbild.* 2. durchgearb. und verb. Aufl. Dresden 1896.

den schädlichen ausländischen, vor allem französischen Einfluss auf Bildung und Lebensführung wie auch die Geldgier und die unmoralischen Handlungen der Einheimischen veranschaulicht. Der Roman nimmt, wie der Großteil der Erzählungen, vorwiegend die höheren und die mittleren Schichten in Stadt und Land aufs Korn, wobei weder der fremdländische noch der einheimische, weder der männliche noch der weibliche Part eine eindeutig negative oder positive Sinnzuweisung erfährt. Es geht vielmehr darum, je nach Inszenierungsbedarf die weiblichen oder die männlichen, die mingrelischen, armenischen, türkischen, deutschen usw. ProtagonistInnen als geistreicher, standhafter und intelligenter oder umgekehrt als unbegabter, korrumpierter und dümmer darzustellen, und zwar unabhängig vom jeweiligen sozialen Status. In der Erzählung *Herr Gregor* (1891) bspw. verspottet der Titelheld die Hörigkeit und Titelsucht seiner mittelständischen und aristokratischen Landsleute ebenso wie das landläufige „Niederdonnerungssystem" im Umgang mit Frauen.[58] In der bereits zitierten unbetitelten Erzählung aus *Kinder des Kaukasus* kommt es hingegen zu folgender stereotyper Gegenüberstellung mingrelischer und europäischer Frauenbilder: „Diese Weiber! Ueberall sind sie am Unglück schuld: im Paradies haben sie begonnen, um seither ihre Verführungskünste fortzusetzen und die Männer ins Unglück zu stürzen!" Worauf der Erzähler, wie folgt, reagiert: „Ja, wahrlich, arme Männer! Nur sonderbar, daß wir uns das ‚starke Geschlecht' zu nennen lieben, wenn wir in den Händen der Frauen nichts als gebrechliches Schilf oder knetbares Wachs sind!"[59] In der Erzählung *Die Nachbarn* (1891) wiederum, die im provinziellen, ärmlichen Umfeld spielt, trifft die Kritik am unmoralischen Handeln die ganze Gesellschaft, indem vom Protagonisten das folgende Pauschalurteil geäußert wird: „Ich glaube, die Bibel irrt sich, wenn sie behauptet, der Mann, der unseren Herrn verrathen, sei ein Hebräer gewesen; hier in diesem Lande ist er geboren worden!"[60]

In ihren ethnografischen Texten hebt indessen Bertha von Suttner die Tapferkeit der mingrelischen Frauen hervor und zeigt sie damit als würdige Nachfolgerinnen der mythischen Gestalt der Medea: So beschreibt

[58] Vgl. Suttner, Arthur Gundaccar von: *Herr Gregor.* In ders.: *Die Kinder des Kaukasus,* S. 73-149, hier v. a. S. 77-87.

[59] Suttner: *[o. T.],* S. 34.

[60] Suttner, Arthur Gundaccar von: *Die Nachbarn.* In: ders.: *Die Kinder des Kaukasus,* S. 55-71, hier S. 64.

sie in ihrem Beitrag *Mingrelische Erinnerungen* die von ihr verehrte Fürstenmutter Ekatherina als mutige Feldherrin und umsichtige Herrscherin:

> [Fürst Davids] Witwe, Ekatherina [...] übernahm im Namen ihres unmündigen Sohnes Nikolaus die Regierung. Von den Türken bekriegt, hat die energische Frau ihre Truppen selber gegen den Feind geführt und dafür von ihrem Schutzherrn, dem Zaren, die Tapferkeitsmedaille erhalten. Doch stelle man sich in der schönen Mingrelierfürstin darum keine mythenhafte Amazone vor, die von Jugend auf nur mit Speerwerfen sich beschäftigt hätte; Ekatherina war das Bild einer großen Dame, europäisch erzogen, voll weiblicher Anmut und Würde, und wenn sie einst als Befehlshaberin mit ihren Soldaten gegen den Feind ritt, so geschah dies in dem Geiste lebenverachtender Kühnheit, mit der ja auch so manche unserer modernen Schloßfrauen und Ballköniginnen hinter der Meute über die Gräben der Jagdfelder setzen.[61]

Im Gegensatz zu ihren späteren Texten kommentiert die Autorin das Kriegsgeschehen hier keineswegs kritisch, sondern vergleicht die weibliche Kampfbereitschaft mit der Teilnahme europäischer Adelsfrauen an dem bisher den Männern vorbehaltenen Jagdtreiben. Als egalitärer, nicht als kriegerischer Akt wird ihre militärische Verteidigungsmaßnahme dargestellt.

Im Text über *Kaukasische Frauen* erzählt Bertha eine Episode über eine Frau, die in einem Krieg dem Heer nachfolgte – ein unerhörter Vorfall, der von ihr in *Die Waffen nieder!* wiederaufgegriffen wird: „sie sah hintereinander ihre drei Söhne fallen, welcher einer nach dem andern die Fahne getragen. Als der dritte sank, sprang sie herbei, und die Fahnen ergreifend rief sie: ‚Nein, noch ist das Feuer nicht erloschen in meinem Hause!'"[62] Auch hier verwundert die fehlende Kritik am kriegerischen Geschehen.

Demgegenüber steht der in *Mingrelische Erinnerungen* erwähnte verstorbene Mann von Ekatherina, Fürst David, der „bestrebt war, seinem Lande die Wohltaten europäischer Kultur zukommen zu lassen" und „sein Residenzschloss in Zugdidi mit allem westländischen Luxus ausgestattet"[63] hat.

61 Suttner: *Mingrelische Erinnerungen,* S. 283.

62 Suttner: *Kaukasische Frauen,* S. 179; vgl. Suttner: *Die Waffen nieder!*, S. 169.

63 Suttner: *Mingrelische Erinnerungen,* S. 283.

Ein Protagonist aus ihrem satirisch angelegten Gesellschaftsroman *High-life*, nämlich Aslan, der Fürst von Abchasien, auch Prinz Diamant genannt, ähnelt in seinen Erneuerungsbestrebungen bezüglich seiner um 200 Jahre rückständigen Heimat[64] nicht nur Fürst David, sondern in seiner Eigenschaft als Adjutant des Zaren auch dessen Sohn Nikolaus. Allerdings wird Aslan von den übrigen ProtagonistInnen aufgrund seiner hochtrabenden wirtschaftlichen und technischen Neuerungsplänen und fehlenden Umsetzungen, aufgrund seiner „Großsprecherei",[65] im Laufe des Romans als „Industrieritter" immer mehr ins Lächerliche gezogen.[66] Doch scheint er sich selbst auch nicht sonderlich ernst zu nehmen, wenn er behauptet: „Ich sollte eigentlich, wenn ich ein vernünftiger Mensch *wäre*, mich dauernd auf meinen Gütern niederlassen und in meinem herrlichen Land alle die Verbesserungen einführen, die ich in Europa kennen gelernt …"[67] Dieses „herrliche Land" im Kaukasus, der auch als Ort des biblischen Paradieses bezeichnet wird, soll laut Aslan erst „unter seinen Händen zum Paradies" werden.[68] An anderer Stelle wird Abchasien von ihm in seinem Status quo zwar als paradiesisch dargestellt, dennoch soll es besser ein zweites Nizza werden. Aslan verstrickt sich in seiner Rede vor erstaunten und unwissenden Italienern in Widersprüche: „[…] … ein Paradies, ich versichere Sie, ein Paradies. Nizza ist ja ganz reizend – aber was die landschaftliche Szenerie anbelangt, weit hinter meinem Gebirge […] zurück. Ich gehe mit dem Plane um, in einer meiner Besitzungen am Rande des Schwarzen Meeres eine Art Nizza anzulegen …"[69]

Diese Parodie bringt – ähnlich wie jene in *Es Löwos* (1886)[70] – Berthas allgemeine Skepsis gegenüber Ursprungsmythen zum Ausdruck, die im Zeitalter des Nationalismus eine Hausse erlebten. Zugleich wird darin

[64] Vgl. Suttner: *High-life,* S. 22.

[65] Ebd., S. 24.

[66] Ebd., S. 48. Auch wird Aslan durch die eigene Figurenrede als hohler Rhetoriker entlarvt: „Die riesigen Wälder, die minenhaltigen Berge, die unbebauten Flächen kann ich zu großartiger Exportation, Exploration und Fruktifikation benützen […]." (Suttner: *High-life,* S. 22.)

[67] Ebd., S. 21 [Hervorhebungen d. Verf.].

[68] Ebd., S. 22.

[69] Ebd., S. 247.

[70] Vgl. Suttner, Bertha von: *Es Löwos* [1886]. Dresden 1894, S. 307.

die Unwissenheit der EuropäerInnen über ferne Länder aufs Korn genommen: Aslan wird etwa als „Russe oder Mongole“, sein Heimatland als „Asien oder Abchasien“[71] bezeichnet.

Die beiden Romane von Arthur von Suttner, die noch während des Georgienaufenthalts verfasst, jedoch erst 1888 bzw. 1890 veröffentlicht wurden, *Die Adjaren* und *Schamyl*, zeugen wiederum davon, wie unterschiedlich sich die Geschlechterdarstellungen vor dem Hintergrund von kriegerischen Auseinandersetzungen bei den beiden Suttners gestalten. Hier fehlen heldenhafte Töchter oder Mütter und mit einer Ausnahme, nämlich der der despotischen Verwandten von Thamar in *Die Adjaren*, spielen die weiblichen Figuren eine ausgesprochen passive Rolle: Sie, die Ehrlichen und moralisch Unbeugsamen, werden schikaniert, entführt, um schließlich und natürlich durch den liebenden Helden gerettet zu werden. Der Krieg scheint, um es banal auszudrücken, Männersache zu sein: In diesem Muster werden, wie dies die Gattung verlangt, die Bösen bestraft und die Guten nach unzähligen halsbrecherischen Prüfungen belohnt. Hinsichtlich solcher Personenkonstellationen lassen sich diese und weitere Texte nahtlos in die Gattungstradition der Abenteuerromane einfügen: Nach der Etablierung dieses bürgerlichen Genres auf deutschsprachigem Gebiet im 18. Jahrhundert kommt es Mitte des 19. Jahrhunderts zu einer „Sättigung“ und zu Epigonentum.[72] Und damit scheint auch jenes utopische Surplus verloren zu gehen, das, durch Ernst Blochs Kolportagen-Essay angeregt, zahlreiche ForscherInnen den während der Blütezeit entstandenen Abenteuerromanen zuschreiben:

> [Das Abenteuer] schärft das Bewußtsein des Widerspruchs und nährt die Sehnsucht nach einer Freiheit, die aus den geordneten Verhältnissen des bürgerlichen Lebens ausgeklammert ist. [...] Zwar spricht aus seinen [des Abenteurers] Handlungen, seiner Ideologie, der Art und Weise, *wie* er das Abenteuer besteht, deutlich die bürgerliche Herkunft, seine Suche nach Abenteuern, die Ausfahrt, der weite Ritt sind Zeichen seines Austritts aus der bürgerlichen Gesellschaft. Gegen das Gewohnte und Organisierte

[71] Suttner: *High-life,* S. 48.

[72] Vgl. Becker, Susanne Helene: *Gattungskonstruktionen in der Geschichte der zirkulierenden Literatur. Rekonstruktionsverfahren am Beispiel des abenteuerliterarischen Netzes 1840 bis 1935.* Trier 2000, S. 17-21. Vgl. auch Schott-Tannich, Sabine: *Der ethnographische Abenteuer- und Reiseroman des 19. Jahrhunderts im Urteil der zeitgenössischen Rezensenten.* Kassel, Diss. 1993, S. 72f.

> setzt er das Fremde und Zufällige, die Gleichförmigkeit und Öde des bürgerlichen Daseins tauscht er gegen Spannungsreichtum und Abwechslung jenseits ihrer.[73]

Bei Arthur von Suttner handelt es sich nicht mehr um eine solch dezidierte Ablehnung der bürgerlichen oder viel eher: bestehenden Wertemoral, ja, nicht einmal um einen Wiederherstellungsversuch der „bürgerlich-humanistische[n] Bildungsideologie“, wie dies bspw. bei Karl May noch diagnostizierbar wäre,[74] geschweige denn um eskapistische oder entschieden zivilisationskritische Impulse. Die Abenteuer finden vor allem aus Liebesmotiven statt, selbst wenn dies vor der Folie des gesellschaftlichen Verbesserungswillens (wie in *Die Adjaren*) oder des nationalen Befreiungskampfes (wie in *Schamyl*) geschieht. Dies bewirkt letztendlich die Annäherung dieser Texte an triviale Liebeslektüren. Was hier jedoch für uns relevanter ist, ist Arthur von Suttners dezidierter Pazifismus: Die Nationalitätenfrage in *Die Adjaren* und die daghestanischen Unruhen in *Schamyl* werden sowohl auf politischer als auch auf privater (sprich: liebesgeschichtlicher) Ebene durch den Friedenswillen der Guten und durch das Eingreifen der russischen zaristischen Macht aufgelöst. Dabei kommt es weniger auf den Umstand an, dass es russische Truppen und Machthaber sind, die den Konflikten ein Ende bereiten, sondern darauf, dass bspw. der ehrliche und demokratisch gesinnte Djambek in *Die Adjaren* oder der militärisch und moralisch genial handelnde daghestanische Heeresführer und Imam Schamyl in ihren Bestrebungen erfolgreich sind und den Frieden durch ihre Ausdauer und Toleranz gegenüber dem Anderen etablieren

[73] Ueding, Gert: *Glanzvolles Elend. Versuch über Kitsch und Kolportage.* Frankfurt am Main 1973, S. 76-78. Vgl. auch Steinbrink, Bernd: *Abenteuerliteratur des 19. Jahrhunderts in Deutschland. Studien zu einer vernachlässigten Gattung.* Tübingen 1983, S. 4 und Klotz, Volker: *Abenteuer-Romane. Sue, Dumas, Ferry, Retcliffe, May, Verne.* München, Wien 1979, S. 212: Aufgabe der Abenteuerromane sei es, „eine restlos greifbare und begreifbare Welt und vollständige Menschen, die, aufgrund sicherer Wahrnehmungen, sich handelnd darin durchsetzen, von allen Hemmnissen und Trübungen zu befreien.“ Im Gegensatz zu Klotz sieht Eggebrecht das Versprechen des Abenteuerromans, eine quasi utopische Antwort auf die gesellschaftliche Repression geben zu können, noch im 19. Jahrhundert als verbürgt (vgl. Eggebrecht, Harald: *Sinnlichkeit und Abenteuer. Die Entstehung des Abenteuerromans im 19. Jahrhundert.* Berlin 1985, S. 35f.).

[74] Vgl. u. a. Ueding: *Glanzvolles Elend,* S. 115.

können. Die gängigen Rollenmuster der Geschlechter bleiben bei Arthur also unangetastet und sind den Notwendigkeiten der jeweiligen Romanhandlung unterworfen.

Zivilisationskritik, Exotik und Fortschrittsglaube

Die fortschreitende Technisierung und Industrialisierung – beides Errungenschaften der Zivilisation – sind durch die erhöhte Mobilität und die dadurch angekurbelte Vermittlungstätigkeit ambitionierter Herrscher und Unternehmer selbst in die „entlegensten Weltgegenden" vorgedrungen. Gemeinsam mit Bildungsreformen hat dies zur Veränderung gesellschaftlicher Grundstrukturen beigetragen: Deshalb werden die Unterschiede zwischen den Damen der „Tifliser ‚Societé'" und den „Standesgenossinnen anderer Länder" immer geringer, oder wie es Bertha von Suttner in *Kaukasische Frauen* darlegt: „Die alles nivellierende Zivilisation hat auch hierzulande Trachten und Sitten nach europäischem Muster gemodelt – das Nationale verschwindet immer mehr."[75] Die Fürstentöchter hätten französische und englische Gouvernanten, russische Ehemänner und Pariser Toiletten. Durch die „Vermischung mit dem russischen Element" werde auch das letzte „Rassezeichen", der „orientalische Typus", in einigen Generationen verschwunden sein. Dasselbe behauptet Bertha über die Wirkung der Gymnasien und russischen Mädchenschulen auf die Töchter der unteren sozialen Schichten.[76] Die Autorin stellt hier die Ausbreitung der Zivilisation dem allgemeinen eurozentrischen Verständnis gemäß als tendenziell von Westen nach Osten, von Norden nach Süden verlaufend dar. Doch Bertha relativiert diese Haltung in *High-life*, indem sie das West-Ost-Gefälle über den Atlantik fortsetzt und den Amerikaner Walgrave über das Alte Europa sagen lässt: „Mir, dem Amerikaner, dem Demokraten, dem freien Mann und freien Denker, mir erscheint der Kronen- und Tiarenpomp wie ein orientalisches Ausstattungsstück."[77]

Auch in dem Roman *Ein schlechter Mensch* (1885)[78] wird diese Ansicht relativiert: Baron Frank Myltus kehrt nach zehn Jahren aus Australien zurück, wohin er sich nach einer tragisch gescheiterten Liebe und der damit einhergehenden Verschuldung selbst zu Zwangsarbeit verbannt hat.

[75] Suttner: *Kaukasische Frauen,* S. 174.

[76] Vgl. ebd., S. 175.

[77] Suttner: *High-life,* S. 121.

[78] Suttner, Bertha von: *Ein schlechter Mensch.* München, Leipzig 1885.

Entgegen aller Erwartungen trifft er in Niederösterreich nicht als verrohter Wilder, sondern als gemachter Mann und Modernisierer des landwirtschaftlichen Know-how ein. Seine Kenntnisse über den Stand der Dinge habe er sich über Zeitschriften und neueste Bücher erworben:

> Diese Schule war mir sogar in meiner Wildnis zugänglich; ein Buchhändler in Melbourne ließ mir die wichtigsten [...] neu erschienenen Werke [...] zukommen, und so war ich in meiner von Eukalyptussträuchern umschatteten Schafzüchterei wohl tiefer in den Geist der Zeit eingeweiht, als so mancher Pandektengrübler und Foliantenwühler einer Universitätsstadt [...].[79]

In dieser Schilderung sind wohl auch Anklänge an die Suttner'schen Studierstube in Mingrelien verarbeitet.

In *Donna Sol* (1883)[80] wird die Richtung der Einflussnahme ebenso umgekehrt: Hier geht die Zivilisierung, Domestizierung und elegante Überformung des Wiener Mittelstands gerade von einer spanisch-peruanischen Adligen aus, deren Exotismus über ihre Fortschrittlichkeit nicht hinwegtäuschen kann. Die Wiener Tante dekoriert für die als Gast erwartete junge Dame aus spanischem Kolonialadel ein bescheidenes Zimmer, ihren Vorstellungen von der spanischen Kultur entsprechend, mit rotem Damastvorhang, einer mit Schleifen geschmückten Gitarre und Granatblüten: „Damit es darin auch an das Tropische und Urwaldige mahne, wird Plumpi, mein Kakadu, hinübersiedeln."[81] Doch übertrifft Donna Sol bei ihrer Ankunft jegliche Vorstellungen von Vornehmheit und Fremdheit, indem sie mit vier Fiakern vorfährt, unter ihren Gefolgsleuten auch „ein[en] Neger und eine Negerin" mitführt und sich mit exotischen Tieren umgibt. Die Herzensgüte Donna Sols entkräftet die negativen Vorurteile der Tante und der naiven Bedienerin, deren Wortmeldungen von Nestroy'sche Qualität und Komik sind. Damit wird aufgezeigt, wie sehr sich Ablehnung aus Angst und Angst sich aus Unwissen speist, und auf die Dringlichkeit eines stets aktualisierten Wissenstands hingewiesen. Mit diesem Urgedanken der Aufklärung zeigt sich Bertha von Suttner einmal mehr dem liberalen Gedankengut verpflichtet und straft alle auf Exotisierung basierenden Bedrohlichkeitsphantasien Lügen.

79 Ebd., S. 146.

80 Suttner, Bertha von: *Donna Sol* (1883). In: dies.: *Verkettungen. Novellen.* Leipzig 1887, S. 143-207.

81 Ebd., S. 150.

Der aufklärerische Impetus, wie er hier vor der Folie des Exotismus eingesetzt wird, tritt in der Belletristik von Arthur von Suttner eher in den Hintergrund und vollzieht damit eine Modifikation sowohl des exotisierenden als auch des ethnografischen Romans, was zugleich im Einklang mit der Gattungsentwicklung steht: Die exotisierenden Topoi in populärliterarischen Werken des späten 19. Jahrhunderts werden nämlich zunehmend klischeehaft[82] und dienen vielmehr als atmosphärische Ausstattungsdetails der Fiktion.[83] Einen gewissen exotisierenden Effekt erzielen lediglich die nicht seltenen Worterklärungen und -übersetzungen von Fremdwörtern im Fließtext oder in den Fußnoten.[84] In diesem Kontext weitaus relevanter erscheinen jedoch zwei Verfahren, die das volkskundliche Interesse unterstreichen und den Drang nach Exotisierung geradezu abschwächen: Es handelt sich zum einen um die Beschreibung von Volksbräuchen und abergläubischen Praktiken bspw. in der Erzählung *Khetevan,* in der einheimische Beschwörungs- und Zauberformeln mit weitgehend rationalistischen Griffen kombiniert sind, um die über einen Konflikt erzürnten Nachbarn zu besänftigen. Dabei ist es aber – wie dies auch der Erzähler anmerkt – gleichgültig, welche der Praktiken letztendlich zum erfolgreichen Abschluss der Zwistigkeiten führt.[85] Hierzu gehören aber auch die Schilderungen der Trachten und Inneneinrichtung, die je-

[82] Vgl. Grasmug, Kathrin: *Exotismus und Orientalismus. Eine Untersuchung Pierre Lotis Perzeption fremder Zivilisationen.* Graz, Dipl. 2007, S. 25-30.

[83] Vgl. Schott-Tannich: *Der ethnographische Abenteuer- und Reiseroman,* S. 109, und mit dem Hinweis auf die zunehmende Fiktionalisierung der Reiseerfahrungen: Maler, Anselm / Schott, Sabine: *Einleitung.* In: dies. (Hg.): *Galerie der Welt. Ethnographisches Erzählen im 19. Jahrhundert.* Frankfurt am Main 1988, S. 9-11, hier S. 9.

[84] Dieses Verfahren kann allerdings, wie dies von Sabine Schott-Tannich im Kontext der zeitgleichen Abenteuer- und Reiseromane nachgewiesen wurde, als anachronistisch bezeichnet werden: Die angenommene Kenntnis der beschriebenen fremden Kulturen erübrigte die bis in die Mitte des 19. Jahrhunderts üblichen Authentifizierungsstrategien (Schott-Tannich: *Der ethnographische Abenteuer- und Reiseroman,* S. 13). Vgl. auch Steinbrink: *Abenteuerliteratur,* S. 134. Zur populärwissenschaftlichen und Reiseliteratur über Georgien vgl. die verblüffend vielen Publikationen aufzählende Bibliografie von Rohrbacher, Heinrich: *Georgien. Bibliographie des deutschsprachigen Schrifttums.* Wiesbaden 2008.

[85] Vgl. Suttner: *Khetevan,* S. 196.

doch, gerade weil der fremde Blick außen vor bleibt, nicht in ihrem Exotismus, sondern in ihrem logisch-alltäglichen Kontext zum Tragen kommen, wie bspw. bei den Vorbereitungen zum Empfang des Cherif-Paschas in *Die Adjaren* oder beim Auftakt der Erzählung *Margaliti.*[86] Hier steht die Beschreibung der kunterbunten Osterfeierlichkeiten, in denen christliche und heidnische Elemente eigenartig kombiniert werden, nicht für sich, sondern hat den Zweck, das unbemerkte Auftauchen des alten Verehrers zu ermöglichen, woraus sich erst die weiteren Konflikte der Erzählung ergeben. Noch gravierender fällt die Irrelevanz vom Exotismus im Roman *Ein Dämon* (1895)[87] ins Auge: Die Handlung, die größtenteils im Umfeld des ungarischen Landadels mit dazugehörigen Requisiten spielt, kreist um die mehrheitlich verdorbene Moral der Aristokratie und des aufstrebenden Bürgertums, ohne die Spezifik des gewählten Milieus, sei es historisch, ethnisch oder sozial bedingt, anzusprechen. Ein zweites Verfahren für die Abschwächung des Exotismus kann in der bereits angesprochenen Anwendung der Ironie identifiziert werden, die neben dem erwähnten unbetitelten Text auch in der Erzählung *Herr Gregor* deutlich zur Geltung kommt. Die Protagonistin, eine aus Deutschland importierte Erzieherin, und der Protagonist, ein Armenier, parodieren gleichermaßen ihre eigenen anerzogenen Verhaltensmuster und erzielen damit einen nicht uninteressanten und vor allem auf geistreich entworfenen Dialogszenen basierenden Verfremdungseffekt. In Arthur von Suttners Romanen und Erzählungen ist demnach eine stete Relativierung der thematischen Bausteine wie Kolonisierung, Zivilisation und Exotismus vorhanden, was die Texte von jenen Berthas abhebt.

In deren Romane *Donna Sol,* in *Kaukasische Frauen* und in *Ein schlechter Mensch* kommt der Innovationsschub, kommen die „demokratischen, revolutionären, emanzipierten Ideen“[88] von außen, aus der Fremde. Ausschließlich über die Figuren des Fremden gelingt es der Autorin, Kritik an der eigenen Gesellschaft, am deutsch-österreichischen Adel und dessen Modernisierungsphobie zu üben. Diese Figuren bestätigen jene supranationale Zugehörigkeitsmöglichkeit, die in *High-life* folgendermaßen beschrieben wird: „Der Mensch hat verschiedene Heimaten, nicht nur diejenige des Bodens; es gibt eine solche des Herzens, der

[86] Vgl. Suttner: *Die Adjaren,* S. 23-27 und auch S. 40-42, ders.: *Margaliti.* In: ders.: *Die Kinder des Kaukasus. Neue Folge,* S. 269-314, hier S. 271f.

[87] Suttner, Arthur Gundaccar von: *Ein Dämon. Roman.* Dresden, Wien 1895.

[88] Suttner: *High-life,* S. 48.

Intelligenz, der gesellschaftlichen Lage."[89] In diesem Kontext kritisiert Bertha die Ignoranz der österreichischen Aristokratie, die – als „Zigeuner des Luxus"[90] – zwar viel herumreisen, doch überall nur dasselbe sehen wollen: Menschen aus den eigenen Reihen. Diese Befürwortung strikter Segregation wird in einer rassistischen Figurenrede heftig kritisiert:

> „Ja, es ist vielleicht ein sündhaftes Gefühl, aber ich kann mich dessen nicht erwehren, daß ich gegen Ausländer das Bewußtsein einer Trennung, eines Unterschiedes empfinde, ähnlich wie die Scheidewand, die zwischen Negern und Weißen liegt."
>
> „Du brauchst nicht so weit zu greifen: nicht nur Ausländer, sondern alles, was nicht zu unserer Welt gehört, ist uns mehr oder minder schwarzhäutig; oder steht dir ein Ladendiener oder *so etwas* viel näher als ein Neger?"[91]

Die meisten der literarischen Texte von Bertha von Suttner sind in der Welt des europäischen Adels Ende des 19. Jahrhunderts angesiedelt. Viele ihrer Texte spielen auf südböhmischen Jagdschlössern oder im Pariser High Life. Dabei lassen sich bestimmte Deutungsmuster herauslesen: Die Pariser Gesellschaft, die Bertha als durchlässig für Nicht-Adlige und offen gegenüber allen Nationalitäten zeigt, dient als Folie für die Kritik der xenophoben, altmodischen und antidemokratischen österreichisch-ungarischen Aristokratie, die auf alles Neue und Unbekannte mit Intoleranz und Desinteresse reagiert. Im Roman *Ein schlechter Mensch* wird in einer Gegenüberstellung zwischen konservativem und liberalem Bildungssystem wiederum auf den kausalen Zusammenhang zwischen Unwissen und Ablehnung hingewiesen: „Die Quelle aller Uebel ist die Ignoranz, dieser echteste,böse Geist'. Allem Haß liegt etwas unverstandenes zu grunde und an allem Unglück ist – nicht der Satan – sondern etwas nicht gewußtes schuld."[92] Während Paris als Wiege der Demokratie dargestellt wird, zugleich aber auch als Stadt extensiver Vergnügungssucht gilt, wird die Realisierung dieser Ideen in die USA verlagert, was von der

89 Ebd., S. 135.

90 Ebd., S. 150.

91 Ebd., S. 49 [Hervorherbungen d. Verf.].

92 Suttner: *Ein schlechter Mensch*, S. 146; vgl. auch dies.: *High-life,* S. 12, 48, 145.

Figur Walgraves in *High-life* verkörpert wird. Walgrave erkennt den europäischen Ursprung des Demokratiegedankens an und erklärt, dass die Implementierung des neuen Systems in Europa aufgrund der Präsenz der alten Form nicht funktionieren kann: „Wie kann z. B. die demokratische Idee durchdringen, wenn ringsum Throne stehen […]?“[93] Auch wenn Bertha also soziale Zugehörigkeiten strikter trennt als staatliche, so implementiert sie in ihre literarischen Universen eine Diversität politischer Wertesysteme, die eine eindeutige global-geografische Verortung erfährt: je weiter im Westen, desto demokratischer die Gesellschaften. Umgekehrt wird die fiktive Welt je nach Gegend unterschiedlich symbolisch aufgeladen.

Die Werke von Arthur hingegen beschränken sich meistens auf lokale Schauplätze und wollen im trivialen Sinn moralisierend wirken: Am Ende siegt beinahe immer das Gute, das Schlechte aber – darin gibt sich Arthur nicht wertend – ist überall gleichermaßen zu finden: „Nenne mir ein Land, das von Unkraut frei ist.“[94] In Analogie dazu spielt die Auseinandersetzung mit global zivilisatorischen Einwirkungen in der Belletristik des Verfassers eine weitaus geringere Rolle und beschränkt sich vorwiegend auf das – auch biografisch belegbare – landwirtschaftliche Projekt des Autors,[95] indem dieses motivisch in das Erzählen eingefügt wird.[96] Dieses figuriert aber auch in dem 1900 für die *Neue deutsche Rundschau* verfass-

[93] Ebd., S. 124.

[94] Suttner: *Die Adjaren,* S. 257.

[95] Die regen Baupläne Arthur von Suttners für Mingrelien (s. Cohen: *Aussteiger*) – er wollte eine deutsche landwirtschaftliche Kolonie schaffen – sind sinnbildlich zu verstehen als ein Vordringen des zivilisatorischen Geistes in eine naturbelassene Landschaft, als eine bauliche Vereinnahmung, einer Übernahme im klassischen kolonialen Stil. Mit mehr oder weniger diplomatischen Briefen hat André Dadiania sich, so hat Laura Cohen die Korrespondenz interpretiert, sanft von einem weiteren drohenden Joch zu befreien gewusst. Das Projekt kam nie zustande.

[96] So bspw. in *Schamyl*: „[…] die Gefangenen, die in großer Menge den Leuten Schamyls in die Hände gefallen waren, hatte man sogleich tiefer in die Berge hinein gebracht, woselbst der Imam Kolonien zu errichten gedachte, die als Muster für seine im Ackerbau auf primitiver Stufe stehenden Glaubensgenossen dienen sollten.“ (S. 238); oder die Figur des Weinbauers Samson Thamadischwilli in der Erzählung *Am Berge Urta* (in Suttner: *Die Kinder des Kaukasus. Neue Folge,* S. 111-267).

ten, äußerst kritischen Artikel mit dem Titel *Die europäische Civilisationsarbeit* an einer prominenten Stelle: Nach der Aufzählung der im Namen der Zivilisationsarbeit begangenen Gräueltaten der afrikanischen Kolonisatoren und nach deren schärfster Kritik (die Rede ist von pathologisch und moralisch abnormalem Verhalten des demoralisierten Militärs, von durch Spekulanten unterwanderter Regierungspolitik, von unmenschlichen und usurpatorischen Praktiken der Unterwerfung) wird die russische Kolonisierung der kaukasischen Gebiete als mustergültig dargestellt. Hier hätten nämlich die Eroberer „die Eingebornen [...] menschenwürdig behandelt" und ihnen die Kolonisierung mit Konzessionen und gezielten Förderungen schmackhaft gemacht.[97] Das stärkste Argument liegt dabei im Humanitären bzw. Kulturellen und weniger im Technischen oder Infrastrukturellen. Aber selbst wenn in diesem Aufsatz die von der russischen Regierung geförderten deutschen landwirtschaftlichen Kolonien für modellhaft erklärt werden, ist der Autor in seiner Erzählung *Am Berge Urta* (1891) weit davon entfernt, auf die mit dem Ausbau solcher Siedlungen Beauftragten ein Hohelied zu singen: Der deutsche Weinbauer, der dem Einheimischen Samson Thamadischwilli die einschlägigen Techniken beibringt, entpuppt sich als geldgieriger und arroganter Alkoholiker, der später allerdings den Weg der Besserung und der Integration beschreitet. In einer ähnlichen zweifachen Brechung wird die Fortschrittsgläubigkeit der Mingrelier angesprochen: Der aus Mingrelien stammende Protagonist der unbetitelten Erzählung in *Kinder des Kaukasus* verspottet die Erwartungen seiner Landsleute, die ihn in den unmöglichsten Angelegenheiten um Rat fragen, darauf hoffend, dass er mit seinen europäischen Erfahrungen „eine Art ambulanter Encyklopädie"[98] verkörpere. Somit wird hier der Zivilisations- und Fortschrittsglaube, der in Berthas Texten eindeutig für die westlichen Demokratien reklamiert wird, kritisch hinterfragt und relativiert. Und gerade in diesem Sinne verabschieden sich die belletristischen Texte Arthur von Suttners von dem gängigen Muster der populärwissenschaftlichen oder literarischen exotischen oder ethnografischen Abenteuerromane, selbst wenn sie mit diesen das Element der „ohnmächtigen Sozialkritik"[99] teilen: Hier werden Exotis-

[97] Suttner, A. Gundaccar von: *Die europäische Civilisationsarbeit.* In: *Neue deutsche Rundschau* 1900, S. 561-583, hier S. 582.

[98] Suttner: *[o. T.],* S. 29.

[99] Ueding: *Glanzvolles Elend,* S. 120.

mus und Zivilisations- bzw. Kolonialismuskritik stets relational eingesetzt[100] das Fremde ist weit entfernt davon, „als Projektionsfläche der Wünsche nach vollkommener, unsublimierter Existenz Bestand zu haben“.[101]

Resümee

Die Gegenüberstellung von Bertha und Arthur von Suttners Schriften lässt sich auf der Grundlage unserer auf Reisespuren fokussierenden Lektüre folgendermaßen zusammenfassen:

Genres: Während Bertha sich auf das Genre des Gesellschafts- und Liebesromans konzentriert, verfasst Arthur vorwiegend Abenteuer- und historische Romane, die ebenfalls von Liebeshändel dominiert werden. Die unterschiedlichen Genres haben unterschiedliche Textgestaltungen zur Folge. Landschaften etwa dienen in Arthurs Abenteuerromanen dazu, die Gefahrenlage der ProtagonistInnen zu unterstreichen, die sich inmitten reißender Flüsse, hoch aufragender Felsen und undurchdringlicher Wälder zu behaupten haben. Im Gesellschaftsroman ist natürliche Landschaft kaum vorhanden, allerhöchstens müssen die ProtagonistInnen in der kultivierten Natur des Parks oder eines Gartens erfahren, dass sich verheimlichte Gefühle im Freien nicht länger unterdrücken lassen.

Themen: Während Arthur in einigen seiner Texte die Prozesse der Kolonialisierung veranschaulicht, wird dieser Aspekt bei Bertha marginal behandelt. Diese konzentriert sich vielmehr auf die Demokratisierung und den Weltfrieden, das Freidenkertum und die Hinterfragung konventioneller Geschlechterrollen. Sie spricht diese gesellschaftskritischen Themen in zunehmendem Maße mit expliziten Worten an, was ihre Romane in der Nähe der Tendenzliteratur rückt. In Arthurs Romanen sind diese Themen nur implizit vorhanden.

Sind Bertha und Arthur am Ende doch mit Jason zu vergleichen? – Vielleicht hat sie der Aufenthalt im ehemaligen Kolchis für immer zu Fremden gemacht, zu Fremden in einer rückwärtsgewandten Welt des

[100] Im Zusammenhang mit Exotismus vgl. Gosetti-Ferencei, Jennifer Anna: *Exotic Spaces in German Modernism.* Oxford 2011, S. 2f.

[101] Koebner, Thomas / Pickerodt, Gerhart: *Der europäische Blick auf die andere Welt.* In: dies. (Hg.): *Die andere Welt. Studien zum Exotismus.* Frankfurt am Main 1987, S. 7-9, hier S. 7.

feudalen Adels, welche stur an den konventionellen Werten wie militärische, politische und wirtschaftliche Macht sowie dem Konkordat mit der Kirche festhielt und neuen Entwicklungen und Modernisierungsbemühungen wie Friedens-, Demokratisierungs- und Emanzipationsbestrebungen entgegenstand. Die Kraft des politischen Engagements gegen Krieg und gegen Antisemitismus setzte im literarischen Schaffen Berthas wie im praktischen Tun der beiden unmittelbar nach der Rückkehr aus Mingrelien ein. Es war ihr Goldenes Vließ, das sie aus Kolchis mitgebracht hatten.

Dietmar Goltschnigg

„Kriegsberichterstatter" und „Friedensfreund" Alice Schalek und Bertha von Suttner im Visier der *Fackel*

Alice Schalek (1874-1956) und die eine Generation ältere Bertha von Suttner (1843-1914) im Visier der *Fackel* vergleichen zu wollen, ist ein asymmetrisches Unterfangen. Einigen wenigen Dutzend Äußerungen über Suttner stehen hunderte über Schalek gegenüber, die zudem in den *Letzten Tagen der Menschheit* wiederholt als widerwärtige Figur in groteske Erscheinung tritt. Und doch lohnt sich ein Vergleich der beiden Frauen, die aus der Sicht von Karl Kraus mit einer Reihe von Makeln behaftet waren: nicht als Frauen natürlich, sondern als *schreibende* Frauen, schlimmer: als Journalistinnen, noch schlimmer: als Mitarbeiterinnen der *Neuen Freien Presse*, die sich mit Krieg und Frieden befassten, und die nicht zuletzt – im Falle *„der"* Schalek – jüdischer Herkunft waren. All das traf freilich mehr oder minder auch auf Kraus selbst zu, sogar hinsichtlich der verhassten *Neuen Freien Presse*, für die er in jungen Jahren von 1894 bis 1900 insgesamt neun Artikel verfasst hatte.

Als emanzipierte, schreibende Frauen widersprachen Bertha von Suttner und Alice Schalek diametral jenem Frauenideal, das Kraus vielfach, vor allem im ersten Band seiner gesammelten Schriften, *Sittlichkeit und Kriminalität* (1908), propagierte und schon in seiner aphoristischen Reaktion auf den misogynen, antisemitischen Geschlechterdualismus in Otto Weiningers „prinzipieller Untersuchung" *Geschlecht und Charakter* (1903) bekundet hatte:

> „Ein Frauenverehrer stimmt den Argumenten Ihrer Frauenverachtung mit Begeisterung zu", schrieb ich an Otto Weininger, als ich sein Werk gelesen hatte. Daß doch ein Denker, der zur Erkenntnis der Anderswertigkeit

> des Weibes aufgestiegen ist, der Versuchung nicht besser widersteht, verschiedene Werte mit dem gleichen intellektuellen und ethischen Maß zu messen! Welch systematische Entrüstung! Aber wo Hirn- und Hemmungslosigkeit so hohe Anmut entfalten, Mangel an Verstand und Mangel an Gemüt sich zu ästhetischem Vereine paaren und die Resultante der schlechtesten Eigenschaften die Sinne berückt, darf man vielleicht doch an einen besondern Plan der Natur glauben, wenn man überhaupt an Pläne der Natur glauben darf (K 8, S. 51f.).[1]

An welchen „Plan der Natur" glaubte der selbstdeklarierte „Frauenverehrer" Kraus? Seine Wunschvorstellung war unmissverständlich: „Die Natur hat dem Weib die Sinnlichkeit als den Urquell verliehen, an dem sich der Geist des Mannes Erneuerung hole" (*Sittlichkeit und Kriminalität*, K 1, S. 250). Wo jedoch Frauen „beiderlei und keinerlei Geschlechtes" (F 324, 2. Juni 1911, S. 14)[2] sich männliche Attribute wie „Hirn" und „Verstand" anmaßen und diese gar öffentlich durch lateinische Bildungsphrasen wie „pars pro toto" ornamentieren wollten, verspürte er instinktiv den Wunsch, „daß sie es fünfundzwanzigmal auf ihrem pars pro toto zu spüren bekämen" (F 345, 31. März 1912, S. 3). Hier brach aus dem „Frauenverehrer" der „Dämon" durch, wie Walter Benjamin ihn treffsicher charakterisierte,[3] der Dämon in seiner männlich-sexistischen, sadistischen Spielart. Die soziale Emanzipation von Frauen durch bürgerliche Berufe brandmarkte Kraus als Frevel an ihrer ‚naturgegebenen' Weiblichkeit, die in der modernen Gesellschaft nur durch Prostituierte oder Schauspielerinnen gewahrt werden könne.

Seine erste längere *Fackel*-Glosse über Bertha von Suttner wurde mit dem harmlos anmutenden Stichwort *Friedensfreund* und der hinzugesetzten Apostrophierung „Ja, die Suttner!" eingeleitet (F 151, 4. Jänner 1904, S. 24). Es handelt sich hier um die kürzeste sprachliche, grammatikalische Form zur Stigmatisierung einer schreibenden – und daher aus der Sicht der *Fackel* – geschlechtlich denaturierten Frau. Im maskulinen Genus

1 K = Karl Kraus: *Schriften*. Bd. 1-20. Hrsg. von Christian Wagenknecht. Frankfurt/M.: Suhrkamp 1986-1994.

2 F = *Die Fackel* (Wien) 1899-1936.

3 Walter Benjamin: *Karl Kraus*. In: Frankfurter Zeitung und Handelsblatt, 10., 14., 17., 18. März 1931 (W. B.: Gesammelte Schriften. Bd. 2/1. Unter Mitwirkung von Th. W. Adorno und Gershom Scholem hrsg. von Rolf Tiedemann und Hermann Schweppenhäuser. Frankfurt/M.: Suhrkamp 1972, S. 334-367.

wird sie ihres natürlichen, biologischen Geschlechts beraubt, sie wird schlicht entsexualisiert, ihre Weiblichkeit wird in Männlichkeit pervertiert, und mit dem bloßen Artikel vor dem Namen wird „*die* Suttner" spöttisch herabgesetzt.

Was Kraus hier im Falle „*der* Suttner" grammatikalisch nur andeutet, brandmarkte er dann im Weltkrieg an Alice Schalek als evidente, abscheulichste Manifestation ‚entarteter' Weiblichkeit.[4] Kraus brauchte dabei nur an Schaleks offizielle Dienstbezeichnung anzuknüpfen: Seit 1915 trug sie auf ausdrücklich eigenen Wunsch den „Untertitel" der „ersten und bisher einzigen vom Kriegspressequartier als Berichterstatterin zugelassenen Dame" (F 406, 5. Oktober 1915, S. 15). „Militärisch verkleidet", so heißt es in einer der „Kriegsfackeln", vollzog sich hier der „Mißbrauch der Weiblichkeit" – ein „schaler Ulk", der ihr „jetzt auf realen Leichenfeldern Zugkraft" verleiht. Alice Schalek figuriert als „*der* glaubwürdige Gewährs*mann* dieses Kriegs" (kursiv: D. G.), ein Kompositum, das per se mit entsprechendem grammatikalischen Genus die Entweiblichung indiziert. Als bogenspannende Amazone und „stärkstes Monstrum dieser Ausnahmszeit" verkörpert sie in den Augen von Kraus den „ganzen tragischen Karneval" „dieser welthysterischen Zerrüttung" (F 426, 15. Juni 1916, S. 36f.). Kürzeste, aber umso effektvollere, schlagende Wort- und Lautspiele wie „*schale*r Ul*k*" trug er auch in seinen Kriegsvorlesungen vor, z. B. 1917 in Berlin. Das Publikum, darunter Siegfried Jacobsohn, der pazifistische Bundesgenosse und verdienstvolle Herausgeber der *Weltbühne*, war begeistert: Kraus „sagt zunächst nichts weiter als: ‚Die Schalek'. Er sagt nicht, wie er in der *Fackel* schreibt: ‚Die wackere Schalek forcht sich nit'[5] – nein, bloß: ‚Die Schalek'. Und seine Sprechkunst, die Beherrschung schon des Klangs von wenigen Silben ist so eminent, daß man zu hören meint: schal, Ekel, Speichelleckerei."[6] Kraus ließ in

4 Siehe das von Sigurd Paul Scheichl prägnante und konzise Porträt Alice Schaleks in: *„Was wir umbringen". ‚Die Fackel' von Karl Kraus.* Hrsg. von Heinz Lunzer, Victoria Lunzer-Talos, Marcus G. Patka. Wien: Mandelbaum 1999, S. 120f.

5 F 406, 5. Oktober 1915, S. 15; vgl. Ludwig Uhlands Heldenballade *Schwäbische Kunde* (1814, später auch unter dem Titel *Der wackre Schwabe*).

6 Siegfried Jacobsohn: *Antworten.* In: Die Schaubühne. Wochenschrift für Politik, Kunst, Wirtschaft (Berlin-Charlottenburg) 13 (1917), Nr. 7 (15. Februar), S. 167f. (F 454, 1. April 1917, S. 31-33).

seiner misogynen, antisemitischen Schalek-Schelte freilich auch die Männerwelt nicht ungeschoren: Die Kriegsberichterstatterin der *Neuen Freien Presse* finde „ihr Gegenstück etwa in den entmannten Männern der Wissenschaft, die dort, wo sie nur schießen hören, gleich mit einem Ehrendoktorat zur Stelle sind, und noch eine Begründung hiefür bereit haben“ (F 426, S. 37).

Nur eine einzige schreibende Frau seiner Zeit blieb vom Bannstrahl der *Fackel* verschont: Else Lasker-Schüler, obwohl er auch ihr mit dem grammatikalischen Maskulinum die Weiblichkeit raubte, indem er sie als „den größten Lyriker des heutigen Deutschlands“ rühmte (F 454, 1. April 1917, S. 37). In diesem Ausnahmefall bedeutete das grammatikalische Maskulinum aber eine Auszeichnung, die ihr, Else Lasker-Schüler, den Einbruch in die vermeintlich genuin männliche, künstlerische und geistige Domäne der Dichtkunst nicht nur verzieh, sondern sie sogar über die zeitgenössischen Reimpoeten stellte, vor allem der „modernen“, „expressionistischen Dichterschule“. Kraus ließ Else Lasker-Schüler als Lyrik*er* gelten, ausdrücklich nicht als Lyriker*in*! – vorzugsweise mit ihrem Gedicht *Ein alter Tibetteppich*, das er in „dieser taubstummen Zeit“ „zu den entzückendsten und ergreifendsten“ Gedichten zählte, die er „je gelesen habe“, wohl auch dank der auf ihn gemünzten dreizeiligen Schlussstrophe: „Süßer Lamasohn auf Moschuspflanzenthron / Wie lange küßt dein Mund den meinen wohl / Und Wang die Wange buntgeknüpfte Zeiten schon“. Der obligate Seitenhieb auf seinen längst toten, nichtsdestoweniger angefeindeten Vorgänger Heine durfte auch in diesem überschwänglichen Lob nicht fehlen: „Daß ich für diese neunzeilige Kostbarkeit den ganzen Heine hergebe, möchte ich nicht sagen. Weil ich ihn nämlich, wie man hoffentlich jetzt schon weiß, viel billiger hergebe“ (F 313, 31. Dezember 1910, S. 36).

Im Falle „*der* Schalek“ scheute sich Kraus nicht, noch ein weiteres Persönlichkeitsmerkmal ins Spiel zu bringen. Analog zu seiner, von dem Theaterdirektor Alfred Freiherr von Berger übernommenen und unzählige Male verwendeten Wortkreuzung der „Journaille“ schuf er zur Charakterisierung der Kriegsberichterstatterin das provozierende „Novum einer Jourjüdin“, in dem sich „das Monstrum eines Bramarbas mit Lorgnon“ offenbare (F 423, 5. Mai 1916, S. 18). Kraus bediente sich zur Charakterisierung „der“ Schalek auch antisemitischer Stereotype, etwa durch den Hinweis auf ihre verräterisch lange Nase – dies freilich im Zitat, denn sie selbst hatte in einer ihrer abenteuerlichen Kriegsreportagen einen Leutnant zitiert, der ihr bei der Inspektion eines Schützengrabens aufgeregt zugerufen hatte: „Ducken!“, „die drüben wissen ja nicht, wo wir Beobachter sitzen, ein Stück Nase kann uns verraten!“ (F 406, 5. Oktober 1915, S. 18).[7] Es gleicht einer tragikomischen „Retourkutsche“, dass der antisemitelnde Kraus von seinen jüdischen Feinden noch viel unflätiger mit ebenfalls judenfeindlichen psychophysischen Stereotypen als bösartiger, buckliger „Gnom“, „Krüppel“ und „Papierzwerg“ verhöhnt wurde.

Das verächtliche „Novum der Jourjüdin“ hatte übrigens ein gerichtliches Nachspiel. Alice Schalek reichte Ehrenbeleidigungsklage ein und veranlasste überdies ihren Bruder Norbert Schalek, Kraus zum Duell zu fordern. Der Geforderte reagiert unbeeindruckt: Er übersandte dem Fordernden kurzerhand seine „Visitkarte“ mit dem Aufdruck „Karl Kraus Herausgeber der *Fackel*“ und dem handschriftlichen Zusatz: „empfängt, wie er wiederholt bekannt gegeben hat, grundsätzlich keine Besuche und ertheilt die von Ew. Wohlgeb. gewünschte Antwort: daß seine Vertretung die Kanzlei des Hof- und Gerichtsadvokaten Dr. Viktor Kienböck, I. Plankengasse 7 innehat. 13. Mai 16.“[8] Damit war die Duellforderung erledigt. Der Ehrenbeleidigungsprozess zog sich allerdings länger hin, zweieinhalb Jahre, über den Weltkrieg hinaus, bis in den Jänner 1919, als das Verfahren „zufolge Rückziehung der Anklage“ durch „die“ Schalek eingestellt wurde. Schlusssatz des Urteils: „Die Privatanklägerin hat gemäß § 390 STPO. die Kosten des Strafverfahrens zu tragen“ (F 521, Januar 1920, S. 24).

Dass die militante, den Krieg impressionistisch verklärende, Reporterin Alice Schalek ins polemische Visier der *Fackel* geriet, ist nicht weiter verwunderlich, wohl aber die herablassende Ironie, mit der Kraus die Pazifistin Bertha von Suttner verspottete, statt sich mit ihrem Friedensengagement zu solidarisieren. Kraus wollte den Pazifismus für sich als singuläre Leistung monopolisieren, was im Gegensatz zur Kriegsbegeisterung vieler seiner Schriftstellerkollegen wie Hermann Bahr, Hofmannsthal oder Alfred Kerr durchaus berechtigt war. Die pazifistischen Gesinnungen anderer Zeitgenossen, mit denen er sich öfter kritisch und polemisch auseinandersetzte, wie Stefan Zweig, Hugo Sonnenschein, Albert Ehrenstein, Anton Kuh, Max Brod u. a. schmälerte er jedoch oder sprach sie ihnen rundweg ab. Eine der wenigen Ausnahmen bildete Arthur Schnitzler, dem er – wenn auch nur halbherzig – zugestand, „sich während des Krieges

7 Vgl. auch *Die letzten Tage der Menschheit* I/26 (K 10, S. 188).

8 Siehe den Abdruck der „Visitkarte“ in „Was wir umbringen“ (Anm. 4), S. 121.

anständig benommen [zu] haben, was man zum Beispiel von seinem Mitklassiker einer unteren Klasse, dem Herrn von Hofmannsthal, nicht sagen" könne (F 595, Juli 1922, S. 90). Die hier angesprochene Wertschätzung von Schnitzlers friedfertiger Zurückhaltung während des Ersten Weltkriegs hatte Kraus bereits Ende 1917 in einer seiner *Inschriften*, festgehalten: „Sein Wort vom Sterben wog nicht schwer. / Doch wo viel Feinde, ist viel Ehr: / er hat in Schlachten und Siegen / geschwiegen" (K 8, S. 154).

Die zitierte erste *Fackel*-Glosse unter dem ironischen Stichwort *Friedensfreund* berichtete von der Verleihung des Friedensnobelpreises 1903 an den Engländer William Randal Cremer, der der ebenfalls nominierten Baronin Bertha von Suttner vorgezogen worden war – zum Leidwesen der *Neuen Freien Presse*, die ihrer Mitarbeiterin den Nobelpreis gewünscht hätte, zugleich aber nicht minder an der Hochkonjunktur der Rüstungsindustrie und der Hausse ihrer Aktienkurse interessiert war: „Mancher gute Patriot ist ob solcher Zurücksetzung einer verdienten österreichischen Frau gekränkt. Nur die Wiener liberalen Zeitungsleser wissen jetzt nicht, was eigentlich mehr zu bedauern ist: daß nicht eine Österreicherin den Friedenspreis erhielt, oder daß Österreich nicht neue Kanonenrohre aus Stahl erhält" (F 151, 4. Jänner 1904, S. 24). Diese widersprüchliche, opportunistische und moralisch indifferente Berichterstattung der „Journaille" – oft sogar innerhalb ein und derselben Zeitungsnummer – hat Kraus schon seit den allerersten *Fackel*-Heften scharf verurteilt, insbesondere wenn es sich um die *Neue Freie Presse* handelte, der er anhand konkreter Zitate vorwarf, einerseits „an den Flammen des Völkerstreites im eigenen Lande ihr – so lautet doch wohl der journaltechnische Ausdruck – ‚Süpplein [zu kochen]'" und sich andererseits „als internationale Friedensstifterin" zu betätigen (F 11, Juli 1899 S. 18). Der 19. Juli 1899, so fuhr Kraus fort, „bringt ein journalistisches Curiosum. Auf Seite 2 ein flammender Abrüstungsartikel von Bertha Suttner, auf Seite 1 ein Artikel, der ‚voll und ganz' der Stimmungsmacherei für neue Panzerschiffe gilt" (F 11, Juli 1899, S. 19). Kraus hielt die Friedensbemühungen „der höchst ehrenwerten Amateurpolitikerin Bertha v. Suttner und all der anderen Friedensdilettanten" für unrealistisch und aussichtslos. Naive „Friedenssalbadereien", an die keiner ernstlich geglaubt habe – „wenigstens keiner von denen, die sie concipiert oder Leitartikel daraus gemacht haben": „Philanthropische Privatresolutionen vermögen gegen den grimmen und zur Nothwendigkeit ausgewachsenen Militarismus etwa soviel, wie die freiwilligen Wohlfahrtseinrichtungen einzelner Unternehmer zur Beseitigung socialer Gegensätze“ (F 13, August 1899, S. 4f.).

Einem konkreten, geradezu grotesken Beispiel einer solch fruchtlosen philanthropischen Wohlfahrtseinrichtung widmete Kraus im darauffolgenden Jahr eine beißende Glosse (F 42, Mai 1900, S. 22). Laut Zeitungsmeldungen vom Frühjahr 1900 sei ein „Verein zum silbernen Kreuz“ gegründet worden, dem sich auch Bertha von Suttner anschloss. Es ging um die „Fürsorge für Näherinnen, Schneiderinnen“ und andere Handarbeiterinnen, „die meist ihr ganzes Leben in der dumpfen Stubenluft zubringend verkümmern, hinsiechen und nie zum Naturgenuss kommen.“ Um diesen bedauernswerten Geschöpfen die fehlende „Landluft zu verschaffen“, sollten Damen der guten Gesellschaft, die „in ihren Landwohnungen oft einer solchen Handarbeit bedürfen“, für einen jährlichen Mitgliedsbeitrag von *einer* (!) Krone „tüchtige Handarbeiterinnen vom Verein zugewiesen bekommen“. Die Arbeitgeberinnen hätten ihren Angestellten „Wohnung und Kost, aber keine Zahlung zu leisten. Die Mädchen müssten sechs Stunden täglich für sie arbeiten und hätten die übrige Zeit für ihre Erholung und Kräftigung.“ Der Wortlaut, monierte Kraus mit Recht in seinem Kommentar, verkehre den vorgegebenen sozialen und humanitären Wohltätigkeitszweck geradewegs ins Gegenteil. Denn in unbefangener Offenheit werde hier verraten, wem die neuartige „wohlthätige Einrichtung zugutekommen soll“: offenbar „ausschließlich bedürftigen Damen“ wie der Baronin Bertha von Suttner. Denn nicht von *bedürftigen* Handarbeiterinnen war hier die Rede, sondern von Besitzerinnen arbeitsaufwändiger Landwohnungen, für die sie einer Haushaltshilfe „bedürfen“: „Bisher mußten diese Damen für Befriedigung solchen Bedürfens der Arbeiterin einen vereinbarten Taglohn zahlen; nach dem trefflichen System der neuen Wohlthätigkeits-Secte hätten sie – ‚ohne Zahlung zu leisten‘ – eine brauchbare, praktische Arbeitskraft, die sie sich außerdem zu großem Danke verpflichten.“

In seiner zweiten längeren *Fackel*-Glosse unter dem ironischen Stichwort *Friedensfreund* schlug Kraus einen polemischeren Ton an: „Man muß doch einmal zeigen, eine wie bedeutende Schriftstellerin die Dame ist, die seit Jahren Europa rebellisch macht, indem sie sich mit allen Mächten auf Friedensfuß stellt.“ Dem wortspielerischen Austausch von Krieg und Frieden bekräftigte Kraus durch den „berechtigten Abscheu vor populären Büchern“, mit dem er „der Lektüre des Romans ‚Die Waffen nieder!‘ bis heute peinlich ausgewichen“ sei (F 202, 30. April 1906, S.

25). Darüber hätte sich Bertha von Suttner nicht allzu sehr grämen müssen, denn Kraus las prinzipiell keine Romane, dazu ließ ihm die aufwändige, alltägliche Lektüre lokaler und überregionaler Journale zu wenig Zeit. Indes bot ihm allein der Titel von Suttners Roman willkommene Verwendungsmöglichkeiten, sogar noch während des Kriegs in einer Glosse über die *Genealogie der Moral* (F 431-436, 2. August 1916, S. 40f.) – so deren Überschrift, eine Anspielung auf die gleichnamige Streitschrift Nietzsches (1887). Die köstliche Glosse scheint mit Bertha von Suttner in keinem Zusammenhang zu stehen. Sie schildert den Fall einer Schneiderin, die sich vor Gericht „wegen Übertretung gegen die öffentliche Sittlichkeit zu verantworten" hatte, „weil sie am 4. April, auf dem Heimwege begriffen, gegen Mitternacht in der Mariahilferstraße den Rock bis zu den Hüften hinauf gehoben haben soll". Aufgrund widersprüchlicher Zeugenaussagen konnte jedoch nicht mehr genau festgestellt werden, „wie hoch denn die Angeklagte eigentlich den Rock gehoben habe", so dass sie freigesprochen werden musste. Der Richter ermahnte sie jedoch, künftig „beim Heben des Rockes vorsichtiger zu sein". Der „Frauenverehrer" Kraus verband den Freispruch mit der entwaffnenden, an alle Damen adressierten Schlussparole: „Hoch der Rock, die Waffen nieder!" Damit zielte er einerseits auf die Befreiung der weiblichen Sexualität aus der herkömmlichen, patriarchalischen Verbotsmoral und andererseits auf die Ächtung einer durch Bertha von Suttner (wie durch Alice Schalek) mittels journalistischer und romanschriftstellerischer Aktivitäten betriebenen Entsexualisierung ‚natürlicher' Weiblichkeit. Das geltende, dringlichst reformbedürftige Sittlichkeitsgebot habe die Waffen zu strecken. Gleichzeitig wird die ‚naturgegebene' Sexualität von Handarbeiterinnen gegen die sexuelle ‚Sterilität' von Schriftstellerinnen und Journalistinnen ausgespielt – ein Verfahren, das in den Schalek-Szenen der *Letzten Tage der Menschheit* durch die Kontrastierung der beiderlei und keinerlei geschlechtlichen „Jourjüdin" mit sexuell vitalen Frauen, freizügigen Prostituierten und betörenden Serbinnen im Balkankrieg, noch viel bildkräftiger zum Ausdruck kommt.[9]

Dass die *Neue Freie Presse* ihre Mitarbeiterin Bertha von Suttner als intellektuelle Persönlichkeit pries, empfand Kraus als ärgste Provokation: „Ehre sei Gott in der Höhe, wenn er uns vor den starkgeistigen Frauen schützt! Aber wenn schon Friede den Menschen auf Erden sein soll, so werde er ihnen nicht durch die dümmsten Feuilletons gestört" (F 217, 23.

[9] Vgl. Scheichl: „Die Schalek", ebd., S. 121.

Januar 1907, S. 14). Wer sich „sehr rasch über das geistige Niveau der Dame unterrichten“ wolle, brauche nur ihre Feuilletons in der *Neuen Freien Presse* zu lesen, deren „übles Deutsch“ ebenso rasch in die Augen springe wie ihre „literarische Charakterisierungsgabe“ (F 202, 30. April 1906, S. 25). Als Beispiel wählte Kraus in seiner zweiten *Friedensfreund*-Glosse ein Feuilleton, das die „berühmte Schriftstellerin“ am 23. April 1906 in der *Neuen Freien Presse* unter dem Titel *Briefe aus Monaco* veröffentlicht hatte. Darin schilderte sie ein Salongespräch, das sie mit König Oskar II. von Norwegen und dem Fürsten Albert von Monaco geführt hatte. Zuerst plauderte man über „die Wirkungen der Erfindung des Luftschiffs“: „Was werden die Automobile dazu sagen“, fragte sich *die* Suttner, „wenn der Verkehr in die Luft verlegt wird?“ – und hatte auch sogleich die passende, weiterfragende Antwort parat: „Wohl dasselbe, was die Pferde zum Kraftwagenverkehr sagen. Und die Zollwächter?“ Besonders effektvoll brachte Kraus seine Kritik an der sinnentleerten und intellektuell unbedarften Phraseologie solcher Presseartikel durch die Montage authentischer oder aber fingierter Dialogpartien zur Geltung, die zum Vortrag bestimmt sind und mit ihrer Komik und ihrem Witz seine Vorliebe für die Operette verraten. Unter diesem Aspekt liest Adorno viele *Fackel*-Texte geradezu wie „Textbücher Wienerischer Offenbachiaden“ und spricht in Anlehnung an Nietzsche pointiert von „der Geburt der Operette aus dem Geist der Prosa“: „Kraus errettete die abgetriebene Operette. In ihrem Unsinn, den er liebte, verklärt sich überweltlich der Unsinn der Welt, den der Unnachsichtige innerweltlich anprangerte.“[10] Die zitierte aristokratische Unterhaltung am offenen Kaminfeuer nahm folgende banale Fortsetzung:

> „Wie schön diese Flammen! bemerkte jemand. Der König (nachdenklich): Warum findet man eigentlich Feuer schön? Es ist doch ein so furchtbares, zerstörendes Element. Der Fürst: Es ist schön, wo es nützt und leuchtet – unschön, wo es schadet und verzehrt. Was sagen Sie? (Zu mir gewendet.)“ Die Suttner (anstatt einfach das Lied von jener Glocke zu zitieren, deren erstes Geläute bekanntlich Friede ist: Wohltätig ist des Feuers Macht etc.): „Es ist schön, weil es Bewegung und Wärme hat – diese

10 Theodor W. Adorno: *Sittlichkeit und Kriminalität. Zum elften Band der Werke von Karl Kraus* in: Th. W. A.: Noten zur Literatur III. Frankfurt/M.: Suhrkamp 2003 (= Th. W. A.: *Gesammelte Schriften.* Hrsg. von Rolf Tiedemann unter Mitwirkung von Gretel Adorno, Susan Buck-Morss und Klaus Schultz. Bd. 11), S. 384.

> beiden sind das Leben. Freilich, wenn es tötet oder quält, dann ist's mit der Schönheit vorbei. Die Flammen des Scheiterhaufens zum Beispiel oder der Hölle ... Der König (unterbrechend): Glauben Sie an die Hölle? Ich: Nein. Der König: Ich auch nicht. Denn ich glaube an einen Gott der Güte."

Eine solche Unterhaltung, wörtlich wiedergegeben aus dem Munde einer Friedensfürstin als Feuilleton einer Wiener ‚Weltzeitung', dürfte – so Kraus – „in der Geschichte der Serenissimusgeschlechter einzig dastehen [...]. Nie sind die Hohlräume regierender Häupter transparenter dargestellt worden." Hier beglaubigte allerdings der geschlechtsspezifisch differenzierende männliche Blick die vermeintliche Geschwätzigkeit weiblicher Schreib- und Redeweise unversehens als berechtigte Herrschaftskritik.

Trotz seines Spottes über die „starkgeistige Persönlichkeit" der Baronin Bertha von Suttner blieb Kraus ein treuer, aufmerksamer Leser ihrer kitschigen Feuilletons. „Noch ist das Gespräch der Suttner mit dem Fürsten von Monaco nicht vergessen", schrieb er am 23. Jänner 1907 in einer Glosse (diesmal unter dem Stichwort *Kammerzofe*), „da erzählt sie uns auch schon, wie es in Küche und Keller der Gräfin Stephanie Lonyay zugeht" (F 217, 23. Januar 1907, S. 14): „Das Feuilleton ‚Weihnachten bei der Prinzessin Stephanie in Oroszvar'[11] gehört zu den sinnigsten Unappetitlichkeiten, die uns die Schmockpresse je zum heiligen Feste beschert hat." Die Plaudereien mit der Schlossherrin von Oroszvar erreichten ihren Höhepunkt in den „erbärmlichsten", weil die Geschlechterrollen pervertierenden Bildungsphrasen dreier feenartiger Kammerjungfern, die dafür – gemäß den pädagogischen Maximen des dämonischen „Frauenverehrers" – wohl wieder eine entsprechende Züchtigung auf ihrem „pars pro toto" verdient hätten:

> Die erste sprach so etwas wie: Austria erit in orbe ultima.[12] Die zweite murmelte etwa: Bella gerant alii, tu felix Austria nube.[13] Doch die dritte,

[11] Neue Freie Presse (Wien), 9. Januar 1907, S. 1.

[12] „*A*ustria *e*rit *i*n *o*rbe *u*ltima" (A. E. I. O. U.): „Österreich wird bestehen bis ans Ende der Welt" (habsburgischer Wahlspruch).

[13] „Bella gerant alii, tu felix Austria nube": „Kriege führen mögen andere, du, glückliches Österreich, heirate." Seit dem Barock Devise der habsburgischen Außenpolitik.

> ja die dritte, rief: Die Waffen nieder! In ihrem Sinne war es, daß die Männer an der Kunkel[14] sitzen und die Weiber die Feder führen. Und daß die „starkgeistigen“ unter ihnen den erbärmlichsten Klatsch aus gräflichen Gesindestuben zu Feuilletons für Weltblätter verarbeiten.

Die naiv-sentimentale, kitschige Trivialität, die Kraus mit seinen strafenden Zitaten aus den Feuilletons Bertha von Suttners in der *Neuen Freien Presse* zutage förderte, ist evident. Der historischen Bedeutung der Friedenskämpferin werden sie jedoch nicht gerecht. Bertha von Suttner vertrat ihren leidenschaftlichen Pazifismus lange vor Beginn des Ersten Weltkriegs, Kraus hingegen nahm seine pazifistische Haltung erst nach dem Ausbruch des Kriegs konsequent ein, entfaltete sie dann freilich zu einer einzigartigen literarischen und humanitären Leistung. Zuvor jedoch hatte er sich missverständlich, ja widersprüchlich verhalten. Noch die verhängnisvolle, am 28. Juli 1914 von Kaiser Franz Joseph unterzeichnete Kriegserklärung an Serbien hatte er nach viermonatigem Schweigen als „erhabenes Manifest“ und „einziges Gedicht“ begrüßt, das „die tatenvolle Zeit eingeleitet“ und „das sie bis nun hervorgebracht“ habe (F 404, 5. Dezember 1914, S. 3) – ein irritierendes und keineswegs ironisch gemeintes Urteil, das auch nach dem Krieg von ihm nie eindeutig revidiert wurde. Manche von Kraus verspotteten Eigenschaften und Verhaltensweisen Bertha von Suttners waren ihm selbst durchaus nicht fremd, wie z. B. die ihm vorgeworfene *„Sehnsucht nach aristokratischem Umgang“*, zu der er sich – trotz ironischer Vorbehalte – bekannte, ganz zu schweigen von der Liebe seines Lebens zur Baronin Sidonie Nádherný von Borutin, der *Schlossherrin* von Janowitz. Den Nobelpreis, wäre er ihm zuerkannt worden, hätte er gewiss nicht abgelehnt, schon um seiner – oft ironisch selbsteingestandenen, aber durchaus nicht unernst gemeinten – Eitelkeit willen, der geschmeichelt worden wäre, auch wenn die Bedeutung dieser Auszeichnung in der *Fackel* nicht zu Unrecht wiederholt heruntergespielt wurde. Leider waren in den späteren 1920er Jahren seine Nominierungen für den verdienten Literatur- oder Friedensnobelpreis nicht von Erfolg gekrönt.

[14] Kunkel: Spinnrocken.

Ulrike Tanzer

„Wahre Typen eines gottentfremdeten Culturweiberthums“ | Marie von Ebner-Eschenbach und Bertha von Suttner

„Verehrte Collegin!“

Am 7. Mai 1903, einen Monat vor Bertha von Suttners 60. Geburtstag, veröffentlichte das *Berliner Tagblatt* das Ergebnis einer Umfrage nach den fünf bedeutendsten Frauen der Gegenwart. Die Pazifistin und Schriftstellerin Bertha von Suttner hatte dabei die meisten Stimmen erhalten, gefolgt von Carmen Sylva, der dichtenden Königin Elisabeth I. von Rumänien, den Schauspielerinnen Sarah Bernhardt und Eleonora Duse und der Schriftstellerin Marie von Ebner-Eschenbach.[1] Über diese Reihung – zwei Jahre nach dem Tod der englischen Königin Victoria verfasst – ließe sich nun Vieles sagen. Ich konzentriere mich in meinen Ausführungen auf die beiden österreichischen Schriftstellerinnen Suttner und Ebner-Eschenbach, beleuchte dabei ihr persönliches Verhältnis und ihr literarisch-gesellschaftliches Umfeld. Diese ‚Parallelaktion' erlaubt es nämlich, den Netzwerken von Schriftstellerinnen in Wien in der 2. Hälfte des 19. Jahrhunderts nachzuspüren und so die weibliche Seite des literarischen Lebens näher zu beleuchten.

Beide Schriftstellerinnen stehen um 1900 am Zenit ihrer Laufbahn: Die siebzigjährige Marie von Ebner-Eschenbach, *Grande Dame* der deutschsprachigen Literatur, wird mit Preisen und Ehrungen überhäuft (u. a. erhält sie als erste Frau das österreichische Ehrenzeichen für Wissenschaft und Kunst und das Ehrendoktorat der Universität Wien), die dreizehn Jahre jüngere Bertha von Suttner wird 1905 als erste Frau mit dem

1 Hamann, Brigitte: *Bertha von Suttner. Ein Leben für den Frieden*. München, Zürich 1986, S. 319.

Friedensnobelpreis ausgezeichnet. Beide stammen aus ähnlichem aristokratischen Milieu: Marie von Ebner-Eschenbach wurde am 13. September 1830 als Tochter des Barons Franz von Dubsky und dessen zweiter Ehefrau Marie, geb. von Vockel, auf Schloss Zdislawitz (Zdislavice) bei Kremsier (Kroměříž) in Mähren geboren. 1848 heiratete sie ihren Cousin Baron Moritz von Ebner-Eschenbach (1815 – 1898), Professor an der militärischen Ingenieur-Akademie in Wien. Die Ehe blieb – wie die der Suttners – kinderlos. Über die Verehelichung ihrer älteren Schwester Friederike mit August Leopold Graf Kinsky von Wchinitz und Tettau (1817 – 1891) entstand sogar eine entfernte verwandtschaftliche Verbindung mit Bertha von Suttner, die ja eine geborene Gräfin Kinsky war. [Ihr Vater Franz Joseph Graf Kinsky von Wchinitz und Tettau (1769 – 1843) war August Leopolds Onkel.] Dennoch sollte es nie zu einem vertraulichen „Du" kommen. In den wenigen Briefen Bertha von Suttners an Marie von Ebner-Eschenbach, die sich im Ebner-Eschenbach-Nachlass in der Handschriften-Abteilung der Wienbibliothek im Rathaus befinden, lautet die Anrede meist: „Verehrte Collegin!"

Adelskritik

Gemeinsam war beiden die kritische Sicht auf den eigenen Stand. Bertha von Suttner litt zeitlebens darunter, dass ihre Mutter Sophie Gräfin Kinsky, geborene von Körner, – und damit auch sie – nicht als standesgemäß galten. Versuche, die heranwachsende Bertha bei Hofe einzuführen, scheitern ebenso wie eine Reihe von Heiratsprojekten. Die Verehelichung mit Arthur Gundaccar von Suttner (1850-1902) geschieht gegen das Einverständnis seiner Familie. Nicht die Leistung ist ausschlaggebend, sondern einzig und allein die Abstammung. Dies ist Suttners bitteres Resumé. Im Unterschied zu Ebner-Eschenbach, aber auch zu den meisten ihrer Altersgenossinnen, hatte Suttner eine hervorragende Erziehung genossen. Sie lernte von Kind auf Französisch, Italienisch und Englisch. Sie las klassische und zeitgenössische Literatur im Original. In ihren Memoiren findet sich selbstbewusst eine Aufzählung der gelesenen Bücher: „Den ganzen Shakespeare, den ganzen Goethe, den ganzen Schiller und Lessing, den ganzen Victor Hugo", dann „Anastasius Grün, Hamerling, Grillparzer, Byron, Shelley, Alfred Musset, Tennyson unter den Dichtern; und von den Romanschriftstellern kannte ich den ganzen Dickens, den ganzen

Bulwer … Im Französischen die Romane der George Sand, Balzac, Dumas – das Theater der Corneille, Racine, Molière, Dumas fils, Augier, Sardou" sowie wissenschaftliche Literatur, „ethnographische, chemische, astronomische und philosophische Werke". Zusammenfassend heißt es: „Diese und noch andere, deren Namen ich hier nicht alle aufzählen kann, waren meine geistigen Genossen, in deren Gesellschaft ich eine glückliche, meinen persönlichen Erlebnissen entrückte Doppelexistenz führte, in der sich mir die Seele wohlig weitete."[2]

Bereits 1858 hatte Marie von Ebner-Eschenbach anonym die Satire *Aus Franzensbad. Sechs Episteln von keinem Propheten* publiziert, in der sie mit scharfem Blick die Vertreterinnen und Vertreter ihres Standes seziert. Sie beklagt den Zustand des Adels, von dessen einstigem Stolz nur ein Zerrbild, „der Hochmut", übriggeblieben sei und dessen Repräsentantinnen und Repräsentanten sich mit dem Schein des Namens zufrieden geben, ohne sich auf das Sein zu verstehen.[4] Moritz Csáky hat dieses Phänomen als „zweite Wirklichkeit" bezeichnet. Der Adel begnügte sich mit einem „Sein" (Familie, alter Name, alte Privilegien), das durch den Entzug der rechtlich-politischen und ökonomischen Basis zum „Schein" wurde.[5]

Aber nicht nur an der Realitätsferne stößt sich die Autorin, sondern vor allem am Sozialverhalten des Adels. Um eine Stellung in der „Welt" zu erlangen, ist „die größte, ausgesuchteste *élégance*" vonnöten – was heißt:

> […] tadellose Toilette, ein Auftreten so sicher, daß es nur aus jener grenzenlosen Ignoranz in Bezug auf fremdes Verdienst entspringen kann, […] Unhöflichkeit gegen alle, welche nicht zu der eigenen Coterie zählen, und wäre man ihnen verpflichtet, und wäre man ihnen verwandt, - ein Sarkasmus, der sich am leichtesten von der Seichtesten erlernen läßt, und: (aber

2 Suttner, Bertha von: *Memoiren*. Stuttgart 1909, S. 114f.

3 Suttner, Bertha von: *High Life* (1886). In: *Bertha von Suttners Gesammelten Schriften*. 1. Bd. Dresden o. J., S. 1-281, hier: S. 209.

4 Ebner-Eschenbach, Marie von: *Aus Franzensbad. Sechs Episteln von keinem Propheten*. In: Marie von Ebner-Eschenbach: *Aus Franzensbad. Das Gemeindekind.* Hg. v. Evelyne Polt-Heinzl und Ulrike Tanzer. Vorwort von Ulrike Tanzer. Mitarbeit von Lina Maria Zangerl. St. Pölten, Salzburg, Wien 2014 (= MvEE. Leseausgabe in vier Bänden, Bd. 1), S. 86.

5 Csáky, Moritz: *Adel in Österreich*. In: *Das Zeitalter Kaiser Franz Josephs*. Bd. 1. Wien 1984, S. 212-219, hier: S. 214.

> schon in seltneren Fällen) die Fertigkeit, dieselben Albernheiten in verschiedenen Sprachen zu sagen.[6]

Als Grund für die Misere sieht Ebner-Eschenbach die mangelhafte Erziehung und Bildung, vor allem der Frauen ihres Standes. „Wo aber“, stellt sie die Frage, „hätten sie, die Töchter unserer Aristokratie, Gelegenheit gehabt, zu denken und zu leiden? Flüchtig wie ihre Gefühle, seicht wie ihre Urteile, sind ihre Neigungen und ihre Gespräche.“[7]

Mit dieser Adelsschelte, von der sich die Autorin in späteren Jahren distanzierte, steht Marie von Ebner-Eschenbach am Beginn einer Entwicklung, deren prominentestes Beispiel wohl die ebenfalls anonym publizierte Schrift *Der Oesterreichische Adel und sein constitutioneller Beruf. Mahnruf an die aristokratische Jugend. Von einem Oesterreicher* darstellt. Während es Kronprinz Rudolf und Carl Menger, deren Autorschaft erst 1923 bekannt wurde, vor allem um die politische, ökonomische und naturwissenschaftliche Bildung der jungen Aristokraten geht, liefert Ebner-Eschenbach „mit ihrem eigenen Bildungsgang ein Beispiel für die viel größere Mühe, sich als Frau durch weitgehend autodidaktisches Streben aus den Anschauungen ihrer Klasse herauszuschälen.“[8] In ihren autobiographischen Erinnerungen *Meine Kinderjahre* (1905) schildert sie ein Initialerlebnis: Die dreizehnjährige Komtesse erkennt nach der Lektüre von Gotthold Ephraim Lessings Biographie ihre eigene mangelhafte Bildung und ihre begrenzten Chancen als Frau: „Wofür würde ich angesehen werden, wenn ich anfangen wollte, Griechisch und Latein zu lernen? Ganz einfach für verrückt. Ich war ja nur ein Mädchen. Was gehört sich alles nicht für ein Mädchen! Himmelhoch türmten sich die Mauern vor mir empor, zwischen denen mein Dichten und Trachten sich zu bewegen hatte, die Mauern, die mich – umfriedeten.“[9] Die Szenen in der geerbten großmütterlichen Bibliothek zeigen aber auch eine unersättlich

6 Ebner-Eschenbach, *Aus Franzensbad*, 2014, S. 87.

7 Ebner-Eschenbach, *Aus Franzensbad*, 2014, S. 88.

8 Rossbacher, Karlheinz: Beiheft zu: Marie von Ebner-Eschenbach. *Aus Franzensbad. Sechs Episteln von keinem Propheten*. Reprint der Ausgabe von 1858. Hg. u. komm. von Karlheinz Rossbacher. Wien 1985, S. 28.

9 Ebner-Eschenbach, Marie von: *Autobiographische Schriften I. Meine Kinderjahre. Aus meinen Kinder- und Lehrjahren*. Kritisch hg. u. gedeutet von Christa-Maria Schmidt. Tübingen 1989 (= MvEE. Kritische Texte und Deutungen, Bd. 4), S. 114.

Lesende, die „wahre Leseorgien" feiert und „voll Heißhunger" die Dramen von Shakespeare, Racine, Corneille, Goethe und Kleist verschlingt.[10] Die Metaphorik des Rausches, des nicht kontrollierbaren Dranges, der auch Elemente des Destruktiven, aber Unentrinnbaren in sich birgt, findet sich ebenso in ihren Tage- und Notizbüchern, wenn sie ihr Bedürfnis zu schreiben benennt.

Salons

Wesentlich für die schriftstellerische Entwicklung Marie von Ebner-Eschenbachs waren vor allem Freundschaften mit gleichgesinnten Frauen. Mit der Lyrikerin und Übersetzerin Josephine von Knorr pflegte sie vor allem in den 1850er Jahren einen intensiven literarischen Austausch. Lektürehinweise und Schreibpläne wurden einander mitgeteilt, Textproben hin- und hergeschickt, korrigiert und kommentiert.[11] Schon hier zeigt sich Ebner-Eschenbachs beharrliches Bemühen, sich als Schriftstellerin einen Namen zu machen. Zu ihren weiteren Beratern zählten Friedrich Halm (Ps. Eligius Freiherr von Münch-Bellinghausen), Josef Weil (Ps. Josef von Weilen), später Faustus Pachler und Heinrich Laube. Trotz ihrer Affinität zum Drama – immerhin wollte sie „der Shakespeare des 19. Jahrhunderts"[12] werden – schreibt sie Gedichte und Versepen, die unveröffentlicht bleiben. Sie experimentiert mit verschiedenen Formen und Genres und sucht konsequent und penibel ihre lückenhafte Komtessenausbildung zu vervollständigen. Sie nimmt Unterricht in deutscher Sprache und Literatur, führt genaue Aufzeichnungen über ihre Lektüre und lernt sogar Latein.[13] Die gebildete Josephine von Knorr, die Vergil im Original liest und in ihren Briefen wie selbstverständlich zwischen Deutsch und Französisch wechselt, ist hier Instanz. Ebner-Eschenbach geht in ihrem Bildungsstreben aber – und hier zeigen sich Parallelen

10 Ebd.

11 Vgl. Tanzer, Ulrike: *Unbekannte Briefe Marie von Ebner-Eschenbachs und Ferdinand von Saars*. In: Danielczyk, Julia / Tanzer, Ulrike (Hg.): *Unerwartete Entdeckungen. Beiträge zur österreichischen Literatur des 19. Jahrhunderts*. Wien 2014 (= Quodlibet 12), S. 244-258.

12 Ebner-Eschenbach, *Autobiographische Schriften I*, 1989, S. 103.

13 Vgl. z.B. I.N. Ia 81.240, undat. (Handschriftensammlung, Wienbibliothek im Rathaus)

zur jüngeren Bertha von Suttner – noch einen Schritt weiter, indem sie naturwissenschaftliche und philosophische Studien betreibt.

Zwei Salons sind für die Positionierung Ebner-Eschenbachs im künstlerisch-intellektuellen Umfeld Wiens von Bedeutung: Neben Iduna Laubes Literatursalon ist dies vor allem der Salon Auguste von Littrow-Bischoffs, in dem u.a. der Arzt und Philosoph Ernst von Feuchtersleben, der Maler Josef Danhauser, der Dramatiker Friedrich Hebbel, der klassische Philologe Hermann Bonitz und der Hofschauspieler Josef Lewinsky verkehrten. Die Ehefrau des bedeutenden Astronomen Karl Ludwig von Littrow stand in gewisser Hinsicht im Wettbewerb mit dem Salon Wertheimstein. Ihr ehrgeiziges Ziel war es, den intellektuellsten Salon Wiens zu führen.[14] Beide Salonièren, Iduna Laube und Auguste von Littrow-Bischoff, sahen sich aber nicht nur als gebildete Gastgeberinnen. Sie erwarben sich auch große Verdienste um den Wiener Frauenerwerbsverein, der ersten größeren wirtschaftlichen Frauen-Organisation. Iduna Laube, die Ehefrau des Schriftstellers und Burgtheaterdirektors Heinrich Laube, zählte zu dessen Gründerinnen. Die konstituierende Sitzung fand am 13. November 1866 statt. Sie markiert den Beginn der österreichischen Frauenbewegung. Ziel des Vereins war es, die Frauen (der Mittelschicht) in ihrem Kampf um Recht auf Bildung und Arbeit zu unterstützen. Nähschulen, Fortbildungskurse sowie eine Handelsschule, die die Frauen auf den Post- und Telegraphenbetrieb vorbereiten sollte, wurden initiiert. In weiterer Folge entstanden Frauenbildungsvereine, die die Errichtung eines Mädchengymnasiums und die Durchsetzung des Hochschulstudiums für Frauen verfolgten.[15]

Im Salon der Frauenrechtlerin Auguste von Littrow-Bischoff lernte Ebner-Eschenbach 1867 Ida von Fleischl-Marxow kennen, Ehefrau des geadelten Großkaufmanns Carl von Fleischl-Marxow und Mutter der beiden Mediziner Ernst und Otto von Fleischl-Marxow. Sie wurde nicht nur zu Ebner-Eschenbachs lebenslanger Freundin, sondern auch eine gebil-

14 Vgl. Rossbacher, Karlheinz: *Literatur und Bürgertum. Fünf Wiener jüdische Familien von der liberalen Ära zum Fin de Siècle.* Wien, Köln, Weimar 2003 (= Literatur und Leben, Bd. 64), S. 102.

15 Vgl. Friedrich, Margret: *Zur Tätigkeit und Bedeutung bürgerlicher Frauenvereine im 19. Jahrhundert in Peripherie und Zentrum.* In: Mazohl-Wallnig, Brigitte (Hg.): *Bürgerliche Frauenkultur im 19. Jahrhundert.* Wien, Köln, Weimar 1995 (= L'Homme Schriften, Bd. 2), S. 125-173.

dete und loyale Beraterin und Fürsprecherin, gerade auch Ebner-Eschenbachs Ehemann gegenüber. Im Hause Fleischl wohnte ab 1855 die Lyrikerin und Journalistin Betty Paoli (Ps. für Elisabeth Glück). Die enge Beziehung zu Ida Fleischl und Betty Paoli gab Ebner-Eschenbach einen geschützten Raum, um sich selbst auszuprobieren, „eine freundschaftliche Vor-Öffentlichkeit von Lektüre und Gegenlektüre“[16]. Dort traf sie auf die prominenten Mediziner Siegmund Exner, Theodor Billroth, Theodor Meynert und ihren späteren Hausarzt Josef Breuer. (Mit dem Chirurgen Billroth verband Ebner-Eschenbach in späteren Jahren übrigens das gemeinsame Sommerfrischeziel St. Gilgen im Salzkammergut.)

Im Gegensatz zu Marie von Ebner-Eschenbach, deren Lebensmittelpunkt weitgehend auf Wien und Schloss Zdislawitz in Mähren beschränkt war, sieht man von Kuraufenthalten ab, hatte Bertha von Suttner durch ihre ausgiebigen Reisen auch die französische Salonkultur kennengelernt. Durch ihren Mentor Alfred Nobel erhielt sie Zutritt zu den Pariser Salons der Juliette Adam und des Ehepaares Buloz. Ihr Urteil über die Wiener Situation fällt dementsprechend kritisch aus:

> Wien besitzt keinen Vereinigungspunkt für die Aristokratie des Talentes. Der hohe Geburtsadel schließt sich streng in den eigenen Kreis ein, der niedere Adel bildet eine zweite Schicht, in welche Künstler auch keinen Zutritt haben; dann gibt es noch die Beamten-, die Finanz- und die Bürgerwelt – aber ein Haus, in welches Größen aus allen Welten, Künstler, Gelehrte, Diplomaten in ihrer Eigenschaft als Geistesaristokraten zugezogen werden, gibt es nicht in Wien.[17]

In Österreich existierte kein deklariert politischer Salon, weder vor noch nach 1848. Das Verhältnis des Adels zu den literarischen Intellektuellen war nie intensiv. Eine Ausnahme bildete der Salon der Fürstin Marie von Hohenlohe, der Ehefrau des Obersthofmeisters und damit des 1866 bis 1896 höchsten Hofbeamten Constantin von Hohenlohe. Beide zählten nicht zu den Liberalen, versuchten aber eine „Aristokratie des Geistes“[18]

16 Fliedl, Konstanze: *Auch ein Beruf. ‚Realistische‘ Autorinnen im 19. Jahrhundert*. In: Brinker-Gabler, Gisela (Hg.): *Deutsche Literatur von Frauen*. 2. Bd., München 1988, S. 69-86, hier: S. 73.

17 Suttner, Bertha von: *Schriftsteller-Roman* (1888), S. 169.

18 Edler, Karl Erdmann: *Fürstin Marie Hohenlohe in Wien*. In: *Marie Fürstin zu Hohenlohe und Ferdinand von Saar: Ein Briefwechsel*. Hg. v. Anton Bettelheim. Wien 1910, XXVIII ff.

um sich zu sammeln. Marie von Hohenlohe, eine geborene Prinzessin von Sayn-Wittgenstein, protegierte Schriftsteller wie Ferdinand von Saar, Salomon Hermann Mosenthal und Josef von Weilen, während ihr Mann die Musik favorisierte. Das Ehepaar bewog den Maler Hans Makart zur Übersiedlung von München nach Wien.[19] Die Gründerjahre zeitigten allerdings eine weitere Veränderung der Salonkultur: Es ging vor allem darum, den ökonomischen Erfolg zur Schau zu stellen. Zu keiner Zeit, so lautet die Diagnose Karlheinz Rossbachers, gab es in Österreich – anders als in Frankreich – „den Salon als Begegnungsstätte, in der ein ökonomisch erstarktes, politisch an seiner Emanzipation interessiertes Bürgertum dem aufgeklärten Adel und der Intelligenz begegnete."[20] Dies wäre Bertha von Suttners Traum gewesen. Ihr selbst fehlten aber die finanziellen Möglichkeiten und die gesellschaftliche Position, um nach ihrer Rückkehr aus dem Kaukasus, wo sie mit ihrem Mann neun Jahre verbracht hatte, einen großen Salon in Wien zu führen.[21]

Politisches Engagement

Für ein politisches Engagement stand Frauen in der zweiten Hälfte des 19. Jahrhunderts lediglich die Organisationsform des Vereins zur Verfügung. Erst 1918 erhalten Frauen das aktive Wahlrecht. Selbst von der einfachen Mitgliedschaft bei politischen Parteien sind Frauen im behandelten Zeitraum ausgeschlossen.[22]

Anfang der 1890er Jahre engagierte sich das Ehepaar Suttner federführend in der Vereinsarbeit: Bertha von Suttner in der Friedensgesellschaft, ihr Mann Arthur im „Verein zur Abwehr des Antisemitismus".[23] Mit einem Aufruf auf der Titelseite der *Neuen Freien Presse* hatte Bertha von Suttner Anfang September 1891 für ihre Idee geworben, eine „Ände-

19 Vgl. Rossbacher, Karlheinz: *Literatur und Liberalismus. Zur Kultur der Ringstraßenzeit in Wien.* Wien 1992, S. 68-77.

20 Rossbacher, *Literatur und Bürgertum*, 2003, S. 100.

21 Vgl. Hamann, *Bertha von Suttner*, 1986, S. 114.

22 Vgl. Polt-Heinzl, Evelyne: *Zeitlos. Neun Porträts. Von der ersten Krimiautorin Österreichs bis zur ersten Satirikerin Deutschlands*. Wien 2005, S. 14-17.

23 Vgl. Hamann, *Bertha von Suttner*, 1986, S. 202-231.

rung der Lösungsstrategie bei internationalen und staatlichen Interessenskonflikten zu unterstützen".[24] Die Resonanz war enorm. Neben Unterstützung erntete sie aber auch Spott und Häme. Am 6. November 1891 wurde die „Gesellschaft der Friedensfreunde" rechtlich anerkannt. Bereits im Frühjahr 1891 hatte Arthur von Suttner – ebenfalls über einen Aufruf in der *Neuen Freien Presse* – die Gründung eines neuen Vereins lanciert, mit dem Ziel, den Antisemitismus zu bekämpfen.[25] Für beide Vereine suchten die Suttners prominente Mitglieder zu finden, u.a. Graf Edmund Zichy, den liberalen Politiker Eduard Sueß, den Psychiater Richard von Krafft-Ebing, die Architekten Hasenauer, Fellner und Hellmer, den Schriftsteller Peter Rosegger, den Walzerkönig Johann Strauß sowie das Ehepaar Ebner-Eschenbach. Im Tagebuch Marie von Ebner-Eschenbachs finden sich entsprechende Eintragungen. Im Mai 1891 heißt es etwa: „V. Brn. Suttner. Es wird ein Verein gegründet zur Abwehr des Antisemitismus, Einladung den Aufruf zu unterschreiben. Moriz will beitreten"[26] und „Nm. Bubi, Brn Suttner, Alfred T[unkler], Fr. Krautschneider. Moriz will dem Antisemiten Verein bei getreten [?]. Ich natürlich auch."[27] Und wenige Monate später: „V. L[ouise] Schönfeld, Otto u. Mina, B^{rn} Suttner – (ich soll dem Friedenscongress beitreten.) […]"[28]

Ein Brief Bertha von Suttners an Marie von Ebner-Eschenbach, Schloss Harmannsdorf, 21.12.1892[29] zeugt aber auch von einer gewissen Hartnäckigkeit der Absenderin:

> Verehrte Collegin. Ich hatte schon die ganze Zeit die Absicht Ihnen zu schreiben um Ihnen für die grossmütige Weise zu danken mit welcher Sie

24 Cohen, Laurie R.: *Seite an Seite, gegen den Strom. Die frühen Jahre der österreichischen Friedensbewegung und der Vereinigung gegen Judendiskriminierung.* In: Cohen, Laurie R. (Hg.): *„Gerade weil Sie eine Frau sind ..." Bertha von Suttner, die unbekannte Friedensnobelpreisträgerin.* Wien 2005, S. 55-94, hier: S. 58.

25 Vgl. *Neue Freie Presse* v. 15.05.1891, S. 3.

26 Ebner-Eschenbach, Marie von: *Tagebücher IV. 1890 - 1897.* Kritisch hg. u. kommentiert v. Karl Konrad Polheim und Norbert Gabriel unter Mitwirkung von Markus Jagsch. Tübingen 1995 (= MvEE. Kritische Texte und Deutungen), 17. Mai 1891, S. 127.

27 Ebner-Eschenbach, *Tagebücher IV*, 18. Mai 1891, S. 128.

28 Ebner-Eschenbach, *Tagebücher IV*, 16. September 1891, S. 153.

29 Bertha von Suttner an Marie von Ebner-Eschenbach, Schloss Harmannsdorf, 21.12.1892, Wienbibliothek, I.N. 155.451

sich unserem Verein angeschlossen haben; nun gibt mir Ihr heutiger Bf Anlass diesen Vorsatz auszuführen, Also vor allem Dank und herzlich Willkommen in unseren Reihen.

Gewiss wäre mir eine Schilderung aus Bosnien etwas recht volksthümliches sehr angenehm für den Kalender. Es dürfte aber nicht zu lang werden. Etwa 4-5 Seiten. Wegen der Illustrationen möchte ich Sie vorerst fragen was diese kosten würden?

Für meine Zeitschrift „Die Waffen nieder" wäre mir auch einmal eine Correspondenz aus Sarajewo willkommen. Damit Sie über die Tendenz des Blattes Aufschluss haben schicke ich ein Probeheft. Es wird sich wohl etwas an unsere große Sache Anknüpfendes aus Ihrer Provinz erzählen lassen.

In Hochachtung
Ihre ergebene
Bertha Suttner

Bertha von Suttner appellierte an prominente Mitglieder der internationalen Gemeinde, sich namentlich für das Projekt zu verwenden – in Form von Artikeln, Reden oder finanziellen Zuwendungen, die die anfallenden Kosten für die jährlich stattfindenden Friedenskonferenzen abdecken sollten. Sie korrespondierte mit den von ihr verehrten Schriftstellern Leo Tolstoj und Emile Zola, mit ihrem Kollegen Peter Rosegger und mit Alfred Nobel. Die Zahl der Mitglieder stieg von anfänglich 2000 in den folgenden Jahren auf etwa 4000 bis 5000 an. Während die Friedensgesellschaft international agierte, fand sich der „Verein zur Abwehr des Antisemitismus" in der innenpolitischen Auseinandersetzung wider. Juden nicht in den Verein aufzunehmen erwies sich als schwerwiegender Fehler. Theodor Herzl kritisierte die Kraftlosigkeit des Vereins, der in seinen Augen „zehn oder zwölf Jahre zu spät" gegründet worden war. Gegen die antisemitische Hetze eines Karl Lueger hatten die elitären Mitglieder wenig entgegenzusetzen.[30]

Anders als Bertha von Suttner agierte Ebner-Eschenbach im Hintergrund, vor allem im Bereich der Frauenbildung. Mehrfach lehnte sie die

30 Vgl. Cohen, *Seite an Seite, gegen den Strom*, 2005, S. 73f.

Präsidentschaft des am 1. April 1885 gegründeten „Vereins der Schriftstellerinnen und Künstlerinnen in Wien“ ab,[31] zu deren Mitgliedern neben Marie von Ebner-Eschenbach Bertha von Suttner, Betty Paoli, Minna Kautsky und Ada Christen zählten.[32] Rücksichtnahme auf die Familie, aber auch die angeschlagene Gesundheit könnten Gründe für die Absage gewesen sein. Ebner-Eschenbach trat nicht öffentlich als Rednerin auf und publizierte nicht in einschlägigen Organen. Nichtsdestotrotz erstreckten sich ihre Kontakte bis zu prominenten Vertreterinnen der deutschen Frauenbewegung, so etwa zu Helene Lange. Sie unterstützte den „Verein für erweiterte Frauenbildung“, in dessen Vorstand auch der Liberale und Altertumsforscher Theodor Gomperz vertreten war. Dem Verein gelang es, 1892 das erste Mädchengymnasium in Wien zu eröffnen. So wenig Ebner-Eschenbach in die erste Reihe trat, so wenig findet sich an geschlossenen programmatischen Abhandlungen in ihrem Oeuvre. Dies trifft nicht nur für ästhetische, soziologische und ethische Bereiche zu, sondern auch für frauenspezifische Themen.[33] Die Friedensthematik spielt keine herausragende Rolle. Nur ein Aphorismus ist explizit dem Thema gewidmet: „Frieden kannst du nur haben, wenn du ihn gibst.“[34]

Marie von Ebner-Eschenbach stand der Schriftstellerin Bertha von Suttner, deren Anti-Kriegs-Roman hohe Auflagen erzielte, durchaus nicht unkritisch gegenüber: „[bm] *Die Waffen nieder* von B. v. Suttner. Ein Buch von so voll ehrlicher Überzeugung und Talent und wirklicher Beredsamkeit, und oft ganz dicht daneben kleine Orgien der Geschmacklosigkeit und des schlechten Tons, nicht nur gesellschaftlich schlechter.“[35] Ebner-Eschenbach engagierte sich nicht öffentlich in der Friedensbewegung, sondern spendete Geld. In einem Brief an Bertha von Suttner vom 18. April 1896 heißt es: „Erlauben Sie mir, der Gesellschaft der Friedensfreunde wie bisher auch ferner nur als stille Bekennerin anzugehören.“[36]

31 Ebner-Eschenbach, *Tagebücher IV*, 12. Jänner 1893, S. 194: „Sie kommen wieder mit der Forderung daß ich mich zur Präsidentin des Schriftstellerinnen-Vereins wählen lasse.“

32 Rossbacher, *Literatur und Liberalismus*, 1992, S. 322.

33 Vgl. Rossbacher, Karlheinz: *Marie von Ebner-Eschenbach. Zum Verhältnis von Literatur und Sozialgeschichte, am Beispiel von* Krambambuli. In: Österreich in Geschichte und Literatur 24 (1980), H .2., S. 87-106, hier: S. 88.

34 Ebner-Eschenbach, Marie von: *Das Gemeindekind, Novellen, Aphorismen.* München 1956, S. 891.

35 Ebner-Eschenbach, *Tagebücher IV*, 17. Juni 1892, S. 191.

36 Zit. nach Hamann, *Bertha von Suttner*, 1986, S. 174.

Als Begründung wird die Rücksichtnahme auf die Angehörigen angeführt. Im Tagebuch wird Ebner-Eschenbach allerdings deutlicher: „Von Baronin Suttner der Friedensfreundin, die einem keinen Frieden giebt.“[37] Die Beziehung, die in der Forschung meist nur am Rande erwähnt wird, ist freundschaftlich-distanziert von Seiten Ebner-Eschenbachs, überschwänglich-fordernd von Seiten Suttners. Weltanschaulich standen sie sich durchaus nahe: Marie von Ebner-Eschenbach sympathisierte mit den Anschauungen der *Ethischen Bewegung*. Sie las die Werke Friedrich Jodls, Mitglied der *Wiener Ethischen Gesellschaft*, der als Professor für Philosophie an der Wiener Universität von den Klerikalen angefeindet wurde, und rezipierte die Schriften William Salters, des amerikanischen Gründers der *Ethischen Bewegung*. Als dessen Vorträge 1885 auf Deutsch erschienen, schenkte sie ein Exemplar ihrer Freundin Louise von François mit der Widmung: „Kein Philosoph, ein Prophet, dessen demütigste Jüngerin M. E.“[38] Salter postulierte in seiner Morallehre die „soziale Frage“ als die wichtigste aller Fragen: „Die einzige Religion, an der mir, und ich denke auch euch, irgend etwas liegt, würde sein: sich jener Sache, welche Luther thatsächlich im Stich ließ, anzunehmen und so eine Ära sozialer Gerechtigkeit auf Erden einzuführen…“[39] Ebner-Eschenbachs literarische Antworten auf die soziale Frage verdeutlichen ihre Position: Eine Verbesserung der Gesellschaft müsse bei der Verbesserung des einzelnen ansetzen. Suttner, die mit Jodl ebenfalls befreundet war, radikalisiert diese Haltung noch. Ausgehend von den Schriften Charles Robert Darwins, Henry Thomas Buckles, Ernst Haeckels, Carl Gustav Carus‘, Herbert Spencers und David Friedrich Strauß‘ vertrat Bertha von Suttner einen evolutionären Fortschrittsoptimismus, der „von der Notwendigkeit eines steten Besser- und Vollkommenerwerden alles Bestehenden (…) fest überzeugt [war]“.[40] Dies verknüpfte sie mit dem Entwicklungsmuster

37 Ebner-Eschenbach, *Tagebücher IV*, 28. Februar 1896, S. 301.

38 *Louise von François und Conrad Ferdinand Meyer. Ein Briefwechsel*. Hg. v. Anton Bettelheim. Berlin, Leipzig 1920, S. 199.

39 Salter, William Mackintire: *Die Religion der Moral. Vorträge, gehalten in der Gesellschaft für moralische Kultur in Chicago*. Hg. v. Georg von Gizycki. Leipzig, Berlin 1885, S. 304, S. 213. Vgl. Wandruszka, Marie Luise: *Marie von Ebner-Eschenbach. Erzählerin aus politischer Leidenschaft*. Wien 2008.

40 Suttner, Bertha von: *Inventarium einer Seele* (Leipzig 1883), zit. nach: Steffahn, Harald: *Bertha von Suttner*. Reinbek bei Hamburg 1998 (= rowohlts monographien. 50604), S. 56.

jedes einzelnen Individuums: „Die menschliche Gesellschaft als ein Ganzes durchläuft gerade solche Stadien von wechselnden Ideen, Kenntnissen, Auffassungen und Urteilen wie ein einzelner Mensch."[41] Bei allem Optimismus verlor Suttner aber nicht den Blick auf die brutale Realität. Dem euphorischen Diktum „Unfehlbar: die Kultur wird über die Barbarei siegen" folgt die nüchterne Feststellung: *„Aber damit wir Kultur verbreiten können, müssen wir erst eine haben.* Gewalt, Raub, Glaubensaufzwingung, Totschlagpolitik, das ist Barbarei. Das ist's, was die Friedenskämpfer seit jeher in die Welt gerufen haben, und was sie nicht aufhören werden zu rufen, wenn die Barbarei ringsum auch noch so machtvoll auftritt."[42]

Beide, Ebner-Eschenbach und Suttner, hatten wegen ihres Engagements, aber auch wegen ihrer liberalen Haltung mit Anfeindungen zu kämpfen. Am 14. April 1896 heißt es etwa in der Zeitung *Das Vaterland* über das Verzeichnis der Bücher, die „als Treffer für die Lotterie zu Gunsten des Heims für Lehrerinnen und Erzieherinnen" gewählt worden sind: „Um nicht zu weitläufig zu werden, bemerken wir nur im Allgemeinen, daß Heyse und Franzos keinen Platz verdienen in der Büchersammlung eines Katholiken, und daß insbesondere Ersterer sittlich sehr gefährlich ist. Ebner-Eschenbach und Suttner sind wahre Typen eines gottentfremdenten Culturweiberthums."[43] Marie von Ebner-Eschenbach notiert am selben Tag in ihr Tagebuch: „Das *Vaterland* hat wieder seine Geifer gegen mich ausgespritzt. Man kommt sich besudelt vor – da hilft nichts!" Und wenige Tage später heißt es: „Baronin Suttner schreibt: ‚Haben Sie das *Vaterland* gelesen, worin mir die Ehre zuteil wird, neben ihnen als Typus gottentfremdeten Culturweibertums genannt zu werden?'"[44] Das von Frau von Stahl-Almasy kolportierte Gerücht, Ebner-Eschenbachs Bücher stünden auf dem Index, erweist sich zwar als unwahr: Doch seit der

41 Suttner, Bertha von: *Memoiren* (1909). Hg. v. Lieselotte von Reinken. Mit einem Geleitwort von Eva Helen Pauling und Linus Pauling. Bremen 1965 (= Zeugen ihrer Zeit. Erlebnisse – Berichte – Dokumente), S. 59.

42 Suttner, Bertha von: *Der Kampf um die Vermeidung des Weltkriegs. Randglossen aus zwei Jahrzehnten zu den Zeitereignissen vor der Katastrophe (1892 – 1900 und 1907 – 1914).* Hg. v. Alfred H. Fried. 2 Bde. Zürich 1917, Bd. 1: *Von der Caprivischen Heeresvermehrung bis zum Transvaalskrieg*, S. 628.

43 N.N.: *Nochmals Lectüre und Gewissen.* In: Das Vaterland. Zeitung für die österreichische Monarchie, Nr. 103, v. 14. April 1896, S. 1-3.

44 Ebner-Eschenbach, *Tagebücher IV*, 14. und 17. April 1896, S. 310f.

Veröffentlichung ihres Romans *Glaubenslos?* 1893, in dem sie einen katholischen Geistlichen an seiner Berufung zweifeln lässt, dient sie der kirchennahen Presse als Zielscheibe, sodass sie in ihr Tagebuch notiert: „Die Katholischen Eiferer sind gar grob."[45]

Rezeption

Marie von Ebner-Eschenbach überlebte ihre Schriftstellerkollegin um knapp zwei Jahre. Die 84jährige Ebner-Eschenbach diktiert zum Tode Bertha von Suttners in ihr Tagebuch: „[dy] Victor kommt aus Wien zurück u. bringt die erschütternde Nachricht mit dass Brn Berta Suttner gestorben ist. Wen soll ich noch überleben?"[46] Kein weiterer Kommentar zur Lebensleistung der Friedensnobelpreisträgerin findet sich in den noch folgenden Einträgen. Das Attentat in Sarajewo, das sich wenige Tage später ereignet, ist nur knapp vermerkt: „[dy] 9 Uhr. Der Soldat Fialik bringt aus Kremsier die Nachricht von einem Attentat das in Bosnien auf den Kronprinzen verübt worden ist. – Erzh. Franz Ferdinand, die Herzogin v. Hohenberg beide tot!" Über deren Begräbnis heißt es vielsagend: „[dy] Victor kam am Abend von Wien zurück. Der Leichenzug war nicht sehr imposant."[47] Bis zu ihrem Tode am 12. März 1916 verfolgt Ebner-Eschenbach penibel den Kriegsverlauf, durch die Zeitungen und durch die Briefe eingerückter Großneffen. In ihren Tagebucheinträgen spiegelt sich zunächst eine patriotische Stimmung wider („[dy] Das Kriegsmanifest unseres Kaisers ist prachtvoll, würdig, rührend, begeisternd")[48], die bald zunehmender Sorge weicht („[dy] Man lebt jetzt halb wie im Traum u. halb wie in einer krassen Wirklichkeit.")[49] Der Kriegspropaganda ihrer Kollegen kann die greise Schriftstellerin allerdings wenig abgewinnen: „[dy] Wieder neue Kriegsgedichte. Welch einen Hühnerhof von piepsen-

45 Ebner-Eschenbach, *Tagebücher IV*, 23.11.1893, S. 260.
46 Ebner-Eschenbach, Marie von: *Tagebücher VI. 1906 – 1916*. Kritisch hg. u. kommentiert v. Karl Konrad Polheim und Norbert Gabriel. Tübingen 1997 (= MvEE. Kritische Texte und Deutungen), 22. Juni 1914, S. 310.
47 Ebner-Eschenbach, *Tagebücher VI*, 29. Juni und 3. Juli 1914, S. 310.
48 Ebner-Eschenbach, *Tagebücher VI*, 29. Juli 1914, S. 311.
49 Ebner-Eschenbach, *Tagebücher VI*, 20. September 1914, S. 315.

der Litteratur hat dieser Weltkrieg schon hervorgerufen. Einige Hähne haben allerdings gut u. kräftig gekräht, aber jetzt schweigt, Hühner und Kapaunen.“[50]

Die Rezeption der beiden Schriftstellerinnen weist verblüffend ähnliche Strukturen auf. Moritz Necker würdigt etwa Marie von Ebner-Eschenbach in einem ausführlichen Porträt anlässlich ihres 60. Geburtstages als „eine der größten ihres Geschlechts“[51], indem er sie einerseits aus dem Feld der ‚Frauenliteratur‘ hervorhebt, sie andererseits aber als deren wahre und einzige Vertreterin präsentiert. Das ganze Spektrum geschlechtlich-biologischer Topoi kommt hierbei zum Einsatz: Sie sei der „Gefühlsmensch“, ihre Dichtungen läsen sich wie „das aufgeschlagene Buch ihres Herzens“, das alle „Tugenden des weiblichen Genius ohne seine Schwächen“[52] aufweise. Nachdrücklich wird ihr Verzicht auf die Darstellung der ‚Geschlechtsliebe‘ hervorgehoben, der sie die ‚Nächstenliebe‘ vorziehe. Gerade dadurch erweise sich „die Frau von Ebner männlicher als mancher Dichter“.[53] Und Erich Schmidt verbindet in seiner Besprechung der *Gesammelten Schriften* diese Markierung noch mit den dazugehörigen Genres: in „Memoiren, Episteln, ja Briefkarten, also recht frauenhaften Weisen“, übe sie „die frauenhafte Kunst des Andeutens und Zwischendenzeilenlesens […]“.[54] Die männliche Literaturkritik trug also nicht nur zur Kanonisierung[55] der Werke bei, sie legte darüber hinaus auch die Deutung fest, die jahrzehntelang die Rezeption der Autorin bestimmen sollte und die sich mit der Trias „Pflichtgefühl, Mitleid und Liebe“[56] zusammenfassen lässt. Ebner-Eschenbach forcierte selbst dieses Bild der versöhnlichen Ausgleicherin, indem sie die Überlieferung ihres

50 Ebner-Eschenbach, *Tagebücher VI*, 20. Juni 1915, S. 333.

51 Necker, Moritz: *Marie von Ebner-Eschenbach. Ein literarisches Charakterbild.* In: Deutsche Rundschau 64 (1890), S. 338-357, hier: S. 338.

52 Ebd., S. 343.

53 Ebd., S. 357.

54 Schmidt, Erich: *Marie von Ebner-Eschenbach.* In: Deutsche Rundschau 77 (1893), S. 155-157, hier: S. 157.

55 Systematisch zum Zusammenhang zwischen Geschlechterdifferenz und Kanonbildung vgl. Heydebrand, Renate von, Simone Winko: *Arbeit am Kanon. Geschlechterdifferenz in Rezeption und Wertung von Literatur.* In: Bußmann, Hadumod / Hof, Renate: *Genus. Zur Geschlechterdifferenz in den Kulturwissenschaften.* Stuttgart 1995 (= Kröners Taschenausgabe 492), S. 206-261.

56 Minor, Jakob: *Neues und Altes über Marie Ebner.* In: Das literarische Echo 3 (August 1901), S. 1529.

Nachlasses – wie der alte Goethe – entscheidend mitbestimmte. Sie sichtete die Familienkorrespondenz und fertigte Auszüge aus ihren umfangreichen Tagebuchaufzeichnungen an, die sie ihrem Biographen Anton Bettelheim zur Verfügung stellte. So wundert es auch nicht, dass der Brief Bertha von Suttners anlässlich Marie von Ebner-Eschenbachs 75. Geburtstags am 13. September 1905 eine ähnliche Diktion enthält:

> Heute, Hochverehrte, feiert die litterarische Mitwelt Ihren Geburtstag. Ueber die Litteratur hinaus giebt es aber ein Band, das mein Herz an Sie fesselt.
> Ich liebe Sie, weil Sie eine Gütige sind. Und so drängt es mich, Ihnen heute einen liebenden Gruß zu senden. […]
>
> Mit innigstem Händedruck,
> liebe große Frau,
> Ihre
> erg. Bertha v. Suttner[57]

Suttner selbst sollte ähnliche Zuschreibungen erhalten, die sie verharmlosen und als naiv festlegen. Aufgrund ihrer politischen Exponiertheit war sie massiven Attacken ausgesetzt. Als „Friedensfurie" und „Friedensbertha" verhöhnt ließ sich Suttner von ihrer Mission nicht abbringen. 1925, elf Jahre nach ihrem Tod, schrieb Carl von Ossietzky Formulierungen wie „Priesterin des Gemüts", die „wie so viele Frauen, die aus reiner Weiberseele für die Verwirklichung eines Gedankens kämpfen, der männliche Spannkraft und ungetrübten Tatsachenblick erfordert, […] im Äußerlichen haften [blieb]".[58]

Vor allem die sozialgeschichtlich orientierte Literaturwissenschaft sowie die Geschlechter- und Friedensforschung der letzten Jahrzehnte haben dazu beigetragen, dass die Lebensleistungen beider Frauen auf literarischem und gesellschaftspolitischem Gebiet neu bewertet wurden. Im Falle Ebner-Eschenbachs ist dies der Edition der Originaltagebücher zu

57 Bertha von Suttner an Marie von Ebner-Eschenbach, Wien, 13.9.1905, Wienbibliothek, I.N. 61.018.

58 Zit. n.: *Kämpferin für den Frieden: Bertha von Suttner. Lebenserinnerungen, Reden und Schriften.* Hg. v. Gisela Brinker-Gabler. Frankfurt/M. 1982, S. 14.

verdanken, auf deren Bedeutung als erster der tschechische Literaturwissenschaftler Jiri Veselý aufmerksam gemacht hat.[59] Im Falle Suttners hat die Historikerin Brigitte Hamann mit ihrer Biographie entscheidende Grundlagen geliefert.

59 Veselý, Jiři: *Tagebücher legen Zeugnis ab. Unbekannte Tagebücher der Marie von Ebner-Eschenbach.* In: Österreich in Geschichte und Literatur 15 (1971), S. 211-241.

EVELINE THALMANN

Die Waffen nieder! Die Waffen wieder! Dramatisierungen von Bertha von Suttners Roman im deutschen Kaiserreich.[1]

Die Dichtung sei rhetorischer als die Rhetorik, konstatierte der Literaturkritiker George Puttenham im 16. Jahrhundert.[2] Sie zeichne sich durch eine persuasive Kraft aus, die jene der Rhetorik bei weitem übertreffe und daher deren eigentliche Aufgabe besser erfülle: Die Einwirkung auf das Publikum durch den Gebrauch des Wortes.[3]

Auch Bertha von Suttner wusste um die Wirkung der Dichtung. Sie sah den Roman als wirksamste Form um „[d]er Friedensliga [...] einen Dienst [zu] leisten“, da man in Abhandlungen nur „abstrakte Verstandesgründe“ gegen den Krieg darlegen, in der Dichtung aber „dem Schmerz Ausdruck geben“ und historische Wirklichkeit vorlegen könne. Zudem

1 Der Artikel ist eine Zusammenfassung von Aspekten der 2013 vorgelegten Master-Thesis *Kriegsgeheule – Friedensklänge*. Diskursanalytische Studien zu Theaterstücken im Deutschen Kaiserreich mit Bezug auf Bertha von Suttners Roman „Die Waffen nieder!“. Graz, Univ. Master-Arbeit. 2013. Online unter: http://lithes.uni-graz.at/downloads/thalmann_eveline_masterarbeit.pdf [Stand: 2014-08-16].

2 Vgl. George Puttenham: *The Arte of English Poesie.* A critical edition. Edited by Frank Whigham and Wayne A. Rebhorn. Cornwall: Cornwall University Press 2007, S. 93-152.

3 Vgl. Wolfgang G. Müller: *Ars Rhetorika und Ars Poetica. Zum Verhältnis von Rhetorik und Literatur in der englischen Renaissance.* In: Plett, Heinrich F. (Hg.): *Renaissance-Rhetorik.* Berlin / New York: De Gruyter 1993, S. 225-243.

wollte sie ein größeres Publikum erreichen, was ihr durch den 1889 veröffentlichten Roman *Die Waffen nieder!* auch gelang.[4] Von seiner Bekanntheit und Wirkkraft um die Jahrhundertwende zeugen nicht nur die vielen Auflagen[5], die eingehenden Rezensionen des Romans in Zeitschriften und Presse[6], die Übersetzung in zahlreiche Sprachen[7] und die Tradierung ihrer Maxime durch andere Dichter[8]. Es existieren auch Theaterstücke, die direkt auf den Roman Bezug nehmen und wie dieser versuchen, auf die Meinung des Publikums Einfluss zu nehmen. Zu letzteren Textkorpus zählen[9]:

- *Die Waffen nieder!* Drama in 3 Akten nach Bertha von Suttner von Karl Pauli. Autorisierte Bearbeitung. Halle (Saale): Hendel 1893[10]

4 Vgl. Bertha von Suttner: Memoiren. Hamburg: Serverus 1913, S. 139-140, Zitate S. 140.

5 1905 war die Buchform bereits in der 37. Auflage erschienen. Vgl. hierzu Sigrid und Helmut Bock: *Nachwort* zu: Bertha von Suttner: *Die Waffen nieder! Eine Lebensgeschichte.* Hrgs. und mit einem Nachwort von Sigrid und Helmut Bock. Berlin: VdN 1990, S. 405-458, S. 406.

6 Vgl. Edelgard Biedermann: *Erzählen als Kriegskunst. Die Waffen nieder! von Bertha von Suttner.* Studien zu Umfeld und Erzählstrukturen des Textes. Stockholm: Almqvist & Wiksell 1995. (= Acta Universitatis Stockholmiensis. Stockholmer Germanistische Forschungen. 50.) S. 97-118.

7 Vgl. Bock / Bock, *Nachwort*, S. 406.

8 Der damals sehr bekannte Felix Dahn verhöhnt den Aufruf „Die Waffen nieder!“ mit den Versen *An die weiblichen und männlichen Waffenscheuen*, der damals 17-jährige Rainer Maria Rilke bezieht sich in einem Gedicht darauf. Vgl. dazu Brigitte Hamann: *Bertha von Suttner. Ein Leben für den Frieden.* 2. Aufl. Zürich / München: Piper 1996. (= Serie Piper. 922) S. 141f.

9 Es existieren des weiteren drei Stücke, die im Titel die Aufforderung „Die Waffen nieder!“ aufweisen, bei welchen aber kein weiterer Bezug zu Suttner und ihrem Roman ausgemacht werden konnte. Ferner wurde Suttners Roman für die Jugend bearbeitet und es gab auch eine Oper mit demselben Titel. Vgl. Thalmann, Kriegsgeheule - Friedensklänge, S. 13-14.

10 In der Folge im Fließtext zitiert als KP, Seitenangabe.

- *Die Waffen nieder!* Ein Drama in 4 Akten. Nach dem gleichnamigen Roman von Bertha von Suttner von Hans Engler [d. i. Robert Overweg] Einzig autorisierte Ausgabe. Leipzig: Gustav Richter [1913]. (= Mehrakter. 5.)[11]
- *Die Waffen wieder!* Lustspiel in 3 Akten von Benno Jacobson und Ludwig Bruckner Berlin: Verlag Felix Bloch Erben [1905].[12]
- *Reiterattacke!* Lustspiel in 3 Aufzügen. Von Heinrich Stobitzer und Fritz Friedmann-Frederich Neudruck. Als Manuskript vervielfältigt. Berlin: A. Entsch. 1907.[13]

Welcher argumentativen Mittel in Bezug auf Krieg, Militär und Frieden sich diese Stücke bedienen und inwiefern sie das Pazifismusverständnis der Nobelpreisträgerin übermitteln, wird anhand eines diskursanalytischen Ansatzes erläutert. Als Basis hierfür wird zuvor dargelegt, welchen Bezug sie zum Primärtext aufweisen und welche Reichweite sie im Deutschen Kaiserreich hatten.

Aufführungspraxis und Entstehungsumfeld der Stücke

Suttners Roman *Die Waffen nieder!* wurde bereits vier Jahre nach seinem Erscheinen von Karl Pauli dramatisiert. Das zwei Jahre später, am 13.3.1896 im Stadttheater Cottbus uraufgeführte Stück[14] konnte aber keinen großen Erfolg feiern. Obgleich das *Berliner Tagesblatt* im Jänner

11 In der Folge im Fließtext zitiert als HE, Seitenangabe. Das 1905 geschriebene Werk ist erstmals 1906 bei Entsch erschienen. (Vgl. *Literarisches Zentralblatt für Deutschland* (1906) II. 57, S. 63 und den *Brief von Robert Overweg an Bertha von Suttner vom 12.12.1905*. In: Christa Grossmaier-Forsthuber: *Bertha von Suttner: „Die Waffen nieder!" Die Geschichte einer Frau und ihres Romans.* Salzburg, Univ., Diss. 1991, S. 143f.). Bei Richter erschien die erste Auflage 1908. Vgl. *Bertha von Suttner. Eine Bibliographie.* Zusammengestellt von Gertrud Lindenstruth. Giesen: Lindenstruth 2014. Online unter: http://www.verlag-lindenstruth.de/BVS_2014.pdf [Stand: 2014-09-20].

12 In der Folge im Fließtext zitiert als BJ/LB, Seitenangabe.

13 In der Folge im Fließtext zitiert als HS/FF, Seitenangabe.

14 Vgl. Roswitha Flatz: *Krieg im Frieden. Das aktuelle Militärstück auf dem Theater des deutschen Kaiserreichs.* Frankfurt am Main: Klostermann 1976. (= Studien zur Philosophie und Literatur des 19. Jahrhunderts. 30.) S. 340.

1906 von „viele[n] Aufführungen“[15] spricht, geht aus der Korrespondenz zwischen Suttner und Overweg hervor, dass das Stück bis 1905 „nur 2-3 Aufführungen erlebt“[16] hat, welche dem Publikum nicht gefielen[17]. Suttner machte den Grund für das Misslingen des Stückes an der „sklavisch[en]“ Anlehnung an den Roman fest[18].

Auch mit dem 22 Jahre später uraufgeführten 4-aktigen Drama *Die Waffen nieder!* von Robert Overweg, der mit dem Pseudonym Hans Engler zeichnete, war die Baronin keineswegs zufrieden. Als Gründe hierfür lassen sich nun jedoch die gravierenden Abweichungen zum Roman eruieren.[19] Es werden nicht nur Lustspielelemente, neue Protagonisten und Handlungsstränge eingeführt, auch die Charakterisierung der Figuren ist eine andere. So wird Overwegs Martha als leidenschaftliche, aber naive Person dargestellt, die sich auf Grund des Leides, das der Krieg verursacht, am Ende des Stücks das Leben nimmt.

Problematisch war für Suttner vor allem, dass Overweg ihr die Coautorenschaft zuschreiben wollte. Er bezog sich dabei auf einen 1905 unterzeichneten Vertrag, in welchem Suttner zustimmt, „daß das Drama entweder den Titel führe: ‚Die Waffen nieder’. Ein Drama in 4 Akten von Robert Overweg und Bertha von Suttner, oder ‚Die Waffen nieder’, Ein Drama nach dem gleichnamigen Roman von Bertha von Suttner von Robert Overweg.“[20] Obgleich Overweg im Begleitbrief die Verpflichtung einging, allein zu zeichnen, sollte Suttner mit dem Werk nicht zufrieden

15 Vgl. dazu den *Brief von Robert Overweg an Bertha von Suttner vom 25.1.1906.* In: Grossmaier-Forsthuber, Bertha von Suttner, S. 148f.

16 Ebd, S. 38.

17 Vgl. ebd.

18 Vgl. *Brief von Robert Overweg an Bertha von Suttner vom 3.1.1906.* In: Grossmaier-Forsthuber, *Bertha von Suttner*, S. 145f.

19 Overweg rechtfertigt sich in seinem *Brief vom 3.1.1906* vor Suttner: Die Figuren seien „wenn auch mit anderer Charakterisierung, aus dem Roman“ und die Tendenz des Stückes decke sich mit jener des Romans. Weiters geht hervor, dass Suttner eine bestimmte Passage des Dramas kritisiert haben muss. Hierzu schreibt Overweg: „Wenn ich auch davon spreche, daß das Volk den Krieg entscheiden solle, so habe ich das nur auf Anraten vieler Fachleute […] gebracht.“ *Overweg / Suttner, Brief vom 3.1.1906.*

20 *Vertrag zwischen Bertha von Suttner und Robert Overweg. Duplikat.* In: Grossmaier-Forsthuber, *Bertha von Suttner*, S. 138.

sein, drohte er ihr mit einer Klage und einer Verlautbarung des Vertragsbruchs in der Presse[21] und berief sich darauf, juristisch und „moralisch im Recht“[22] zu sein. Wie der Rechtsstreit zwischen Overweg und Suttner im Detail vonstatten ging, muss noch aufgearbeitet werden. Jedenfalls kam es die Autorschaft betreffend in der Folge immer wieder zu Falschmeldungen[23], obgleich sowohl im Druck von 1906[24] als auch in den späteren Ausgaben Suttner nicht als Autorin angeführt ist[25]. Overwegs Stück wurde erst zwei Jahre nach Erscheinen, am 12.11.1908, im Volkstheater Nürnberg uraufgeführt[26], ab 1910 reiste eine Theatergruppe unter dem Direktor Willy Beutler damit durch Deutschland[27]. Auch ein Berliner Theaterdirektor wollte das Stück zur Aufführung bringen, zog jedoch das Gesuch zurück[28] – ein Hinweis auf den ausgeübten Zwang zur ‚Selbstreinigung' der Spielpläne und die Zensurbedingungen im Deutschen Kaiserreich[29].

Keinen Anlass für ein Eingreifen der Zensurbehörde gaben hingegen die Stücke *Die Waffen wieder!* von Benno Jacobson und Ludwig Bruckner

21 Vgl. den *Brief von Robert Overweg an Bertha von Suttner vom 10.1.1906*. In: Grossmaier-Forsthuber, *Bertha von Suttner*, S. 147.

22 Ebd.

23 Vgl. Thalmann, *Kriegsgeheule – Friedensklänge*, S. 39.

24 Obgleich das *Literarische Zentalblatt* berichtet, dass bei Entsch das „von Bertha von Suttner und Robert Overweg (Leipzig) gemeinsam verfaßte[] Drama“ (*Literarisches Zentralblatt für Deutschland* (1906) H. 57, S. 63) erschienen ist, geht aus einen Brief von Overweg an Bertha von Suttner hervor, dass in den „Copien, die Entsch verschickt hat“ (*Brief von Robert Overweg an Bertha von Suttner vom 24.6.1906*. In: Grossmaier-Forsthuber, *Bertha von Suttner*, S. 150.), die Nobelpreisträgerin nicht als Autorin aufscheint.

25 *Bertha von Suttner, Eine Bibliographie.*

26 Vgl. Flatz, *Krieg im Frieden*, S. 340.

27 Vgl. ebd. S. 98 und 272.

28 Vgl. ebd. S. 98.

29 Vgl. zu den Rechtsgrundlagen der Zensur im Deutschen Kaiserreich: Uwe Schneider: *Literarische Zensur und Öffentlichkeit im Wilhelminischen Kaiserreich.* In: York-Gothart, Mix (Hg.): *Naturalismus, Fin de siècle, Expressionismus 1890 - 1918.* Begründet von Rolf Grimminger. München / Wien: Hanser 2000. (= Sozialgeschichte der deutschen Literatur vom 16. Jahrhundert bis zur Gegenwart. 7.) S. 394-409, hier S. 395f.

und *Reiterattacke!* von Heinrich Stobitzer und Fritz Friedmann-Frederich, welche der damals an den Bühnen häufig gespielten Gattung des militärischen Lustspiels zuzuordnen sind.

In Jacobsons und Bruckners Bühnentext fordert die Offizierswitwe Ada von einem Rittmeister mit dem Suttnerschen Ruf „Die Waffen nieder!" den Austritt aus dem Militär als Liebesbeweis, erkennt aber später, dass dessen Platz in der Armee ist. Das „antisuttnerische Lustspiel"[30] wurde am 08.10.1907 im Neuen Theater Berlin erstmals gezeigt[31] und war in der Folge nur selten auf deutschen Bühnen zu sehen.

Reiterattacke! hingegen hatte große Erfolge zu verzeichnen: Das am 27.06.1907 vom Viktoria Theater Magdeburg uraufgeführte Stück wurde in der Saison 1907/1908 nachweislich 260 Mal gespielt und begeisterte auch noch in den Folgejahren immer wieder die ZuschauerInnen.[32] Das Lustspiel, in welchem Offiziere Händler spielen, die Offiziere spielen, verweist auf Bertha von Suttner und ihren Bestseller: So hat die Pazifistin Agnes den „Frauenverein [] ‚Die Waffen nieder!'" (HS/FF, 10) gegründet und verteilt „de[n] berühmte[n] Roman der Suttner" (HS/FF, 10), um Mitglieder anzuwerben. Die Offiziere hingegen kritisieren die pazifistische Weltanschauung, die um sich greife. Es sei „in letzter Zeit in Mode gekommen, am deutschen Offizier herumzumäkeln", wobei „[m]it tendenziösen Romanen und Theaterstücken" gegen ihn vorgegangen werde und „holde Frauen [...] begeistert: die Waffen nieder" rufen würden. (HS/FF, 34-35)

‚Wahrheit' und ‚Wirklichkeit' als gesellschaftliche Konstrukte

Im diskursanalytischen Sinn ist Sprache nicht nur als Hülle zu sehen, sondern sie ist „als Handlung, die Welt erschafft"[33] maßgeblich an der Konstruktion gesellschaftlicher Wirklichkeit beteiligt. Texte sind demnach Materialien, die über stilistische, argumentative und rhetorische Elemente

30 *Der Kunstwart.* Halbmonatschau für Ausdruckskultur auf allen Lebensgebieten. Jg. 21 (1907), H. 1., S. 262.

31 Vgl. Flatz, *Krieg im Frieden*, S. 340.

32 Vgl. *Der deutsche Bühnenspielplan.* Mit Unterstützung des Deutschen Bühnenvereins. 11 (1906-1907) bis 18 (1913-1914). Berlin: Neuer Theaterverlag 1906-1914.

33 Achim Landwehr: *Historische Diskursanalyse.* 2. Aufl. Frankfurt am Main: Campus 2009. (= Historische Einführungen. 4.) S. 23.

„Aussagen transportieren, Diskurse bestimmen und Wirklichkeit herstellen wollen".[34] Die Produktion von Wirklichkeit geht dabei nicht willkürlich von statten, sondern folgt sozial konstruierten Regeln. Ob eine Theorie als richtig anerkannt wird und ob eine Argumentation plausibel ist, liegt an der vorherrschenden ‚Wahrheit' einer bestimmten Zeit. Demnach können durch die Analyse von Argumenten und den herangezogenen Schlussregeln auch Rückschlüsse auf Werthierarchien und vorausgesetztes Wissen gezogen werden. Hierbei kann in der Regel davon ausgegangen werden, dass das Enthymem kurz ist, wenn die herangezogenen Prämissen, Schlussregeln und Konklusionen unstrittig sind, bzw. dass die Argumentationsschritte bei nicht allgemein akzeptierten Inhalten einer ausführlichen Darstellung bedürfen.[35]

In der Dichtung kommt neben der sachlogischen Darlegung von Argumenten der affektiven Gefühlsstimulation eine bedeutende Rolle in der Vermittlung von Wirklichkeit zu. Durch Muster wie Übertreibung, Schwarz-Weiß-Malerei und Diffamierung können Ideen und die Personen, die diese vertreten, bloßgestellt werden,[36] wobei versucht wird, durch Affektregung die RezipientInnen zu steuern. Besonderes Augenmerk kommt hierbei den Figuren zu: Zum einen verstärken oder schwächen sie durch ihr Prestige, ihren Status, ihr Verhalten, ihren Charakter die Wirkkraft eines sachlogisch formulierten Argumentes, zum anderen können sie als argumentatives Element[37] fungieren, das eine These stützt oder negiert, wie im folgenden Abschnitt veranschaulicht wird.

Pazifismus – eine Anschauung für Frauen und Feiglinge?

Pazifisten seien zu feige um zu kämpfen, verstünden aufgrund ihrer militärfremden sozialen Stellung nichts von Militär und Krieg oder seien einfach nur verrückt – auf jeden Fall seien sie keine ‚wahren Männer'. Sowieso sei Pazifismus vor allem dem weiblichen Geschlecht zuzuordnen,

34 Ebd, S. 117;

35 Vgl. Clemens Ottmers: *Rhetorik.* Stuttgart / Weimar: Metzler 1996. (= Sammlung Metzler. 283.) S. 75.

36 Vgl. Landwehr, *Historische Diskursanalyse*, S. 119.

37 Der Terminus „Argument" beschreibt in dieser Arbeit sprachliche Aussagen, die zur Rechtfertigung einer These angeführt werden, während der Begriff „argumentatives Element" sowohl sprachliche als auch affektive Gestaltungsmuster zur Begründung einer These erfasst.

und dabei besonders jenen Vertreterinnen, die entweder unattraktiv oder unverheiratet seien. Mit dem richtigen Mann an der Seite komme die Frau auch zur Einsicht, dass ihre Aufgabe nicht im politischen Engagement liege, so lautet einer der wesentlichsten Argumentationsstränge der PazifismusgegnerInnen.

Argumentative Elemente, die Teile dieses Gedankenkomplexes behandeln, finden sich in allen vier Stücken; durch verschiedene Umdeutungsmechanismen übermitteln aber nicht alle Texte ein militaristisches Gedankengut. Obgleich in den Stücken auch sachlogisch formulierte Argumente vorliegen, die dieses Gedankenmuster repräsentieren, wird vor allem anhand von Figuren veranschaulicht, dass es sich bei PazifistInnen (nicht) um Frauen und Feiglinge handelt.

Für die pazifistische Hauptfigur Friedrich Tilling in Paulis *Die Waffen nieder!* diente Suttners gleichnamiger Protagonist als Vorlage: Der Oberstleutnant gehört dem Militär an, spricht sich aber mit scharfsinnigen Argumenten gegen den Krieg aus. Für ihn ist es kein Widerspruch „kein Freund des Krieges zu sein“ (KP, 32) und Militärdienst zu leisten. Ein Austritt wäre für ihn „gegen alle Würde, gegen [s]eine Begriffe von Ehre!“ (KP, 32). Tilling hat die Eigenschaft auch in gefährlichen Situationen Ruhe zu bewahren (vgl. KP 102) und vertritt beim Verhör die Wahrheit als höchsten Wert. Obwohl er zweimal die Möglichkeit hat zu entkommen, stellt er sich seinen Anklägern. Sein Mut beeindruckt die Beteiligten und führt letztendlich zu seinem Tode. Somit wird anhand seiner Figur das im Stück nicht explizit formulierte Argument der feigen Pazifisten widerlegt.

Im Lustspiel *Reiterattacke!* hingegen ist der militärfeindliche Fabrikant Manke sehr emotional und fast durchgängig lächerlich gestaltet. Er ist ein cholerischer Mensch, der Neues ablehnt, keinen Spaß versteht und sich nicht eingehend mit Sachverhalten auseinandersetzt, sondern pauschalisiert. So will er etwa eine Beschwerdeschrift gegen das Militär unterschreiben, ohne deren Inhalt zu kennen.

Seine Militärfeindlichkeit ist nicht Ausdruck einer ideologischen Überzeugung, sondern persönlich motiviert: Seine der Kriegsverwaltung angebotene Leinwand wurde von dieser nicht gekauft – für ihn der neuste Kolonialskandal. Dass Menschen auf die „Schlachtbank nach Südafrika“ (HS/FF, 38) getrieben werden, scheint ihn weniger zu interessieren als der Umstand, dass dies nicht in Uniformen aus seinem Stoff passiert. Ferner kritisiert er am Militär die Wirkung der Offiziere auf die Frauen. Mit „anzügliche[m] Blick“ (HS/FF, 16) auf seine Frau, will er wissen, dass die

Manöver nur deshalb stattfänden, damit die „Frauen [...] und Töchter noch rabiater werden, wie sie's ohnehin schon sind!" (HS/FF, 16). Diese Aussage und sein Wunsch, die Frauen auf Grund ihres Uniformkultes zu blamieren (vgl. HS/FF, 45), deuten auf Probleme mit seiner männlichen Identität hin. Diese teilt er mit seinen Gesinnungsgenossen: Wie Manke haben sie nur mäßigen Erfolg bei Frauen und sind mit negativen Eigenschaften ausgestattet.

Mankes Tochter Agnes ist überzeugte Pazifistin und Gründerin des Vereins „Die Waffen nieder!", für den sie Mitglieder anzuwerben sucht. Die Kriegsgegnerschaft stellt sie dabei selbst als Koryphäe der Frauen dar: Da die Natur die Frau „zur Milde und Barmherzigkeit geschaffen" (HS/FF, 18) habe, sei es an ihr den Krieg zu verhindern. Was jedoch den intellektuellen Stellenwert betrifft, betrachtet sie sich selbst als den Männern unterlegen. So hat Gustav, ihr Cousin, die Statuten für den Verein ausgearbeitet, da diese „ein wenig Hand und Fuß haben müssen" (HS/FF, 9) und die logischen Fähigkeiten der Frauen hierfür nicht reichen würden. Dass es sich bei dem Verein nicht um eine politisch relevante Organisation handelt, tritt zu Tage, wenn Agnes seinen Namen mit der Aussage "Klingt das nicht wunderhübsch?" (HS/FF, 9) kommentiert. Ihr Angebeteter, der als Händler verkleidete Offizier Diesterbrock, lässt sie wissen, dass ihr Engagement für den Frieden nur andauern werde, „[b]is einmal der Mann kommt, der [sie] überzeugt, daß die schönste Mission eines Weibes doch ewig die ist, zu beglücken und beglückt zu werden!" (HS/FF, S. 43). Die Prophezeiung erfüllt sich: Agnes tritt „mit wachsender Bestürzung" (HS/FF, 93) über ihre bislang falschen Überzeugungen aus ihrem Verein aus und verlobt sich mit dem Offizier.

Anhand der Beschreibung dieser drei Figuren geht deutlich hervor, wie mittels der Gestaltung von Figuren eine These verfestigt bzw. zurückgewiesen werden kann. Während in Paulis *Die Waffen nieder!* Tilling als mutiger Mensch mit reflektierten Gedanken dargestellt wird und damit als Gegenbild zum ‚feigen Pazifisten' fungiert, wird durch die Diffamierung von Manke in *Reiterattacke!* dieses Bild verfestigt. Zudem wird durch Agnes veranschaulicht, dass eine pazifistische Haltung ein Irrglaube von Frauen sei, welchen es an männlicher Führung fehle.

Diese Gestaltung der Figuren beeinflusst ferner die Wirkkraft der von ihnen vorgebrachten sachlogischen Argumente. Die Autoren der Stücke verstehen es überdies Gegenargumente vorzubringen oder lassen hinter den Argumenten eine egoistische Motivation erkennen, um Thesen zu revidieren. Charakteristisch für diese Vorgangsweise ist folgender Diskussionsausschnitt aus Overwegs *Die Waffen nieder!*:

Althaus: „[...] Gibt es für einen Soldaten etwas B e s s e r e s als den Krieg? Denk' doch nur an die Chancen, die der Junge jetzt hat – Beförderung – Auszeichnung – Gott weiß welcher Art – –"

Martha: „So zieht unser Heer nur hinaus, um sich auszuzeichnen? Ich weiß, der eine kann sich nur bei Feuersbrünsten, der andere nur bei Feldzügen auszeichnen – aber wie klein und enggeistig, wie hart und grausam muß d e r Mensch sein, der sein eigenes Ich höher ansieht, als das allgemeine Weh, als die Tränen von hunderttausenden seiner Mitmenschen! Und wie, wenn Arno nun fällt – wenn ich ihn für immer verlieren würde? –" (HE, 23)

Althaus' Argument wohnt ein egoistischer Zug inne, der es entkräftet. Weiter lässt die Gestaltung des Oberst kaum Sympathie aufkommen: Er ist ein feuriger Militarist, dessen Patriotismus radikale Züge aufweist. Nur schwer weiß er seine Gefühle handzuhaben: Er „würgt in aufsteigendem Groll an seinem Kragen" (HE, 9), zwingt sich „gewaltsam zur Ruhe" (HE, 9), spricht „mit zitternder Stimme" (HE, 10) und „zwirbelt in fieberhafter Unruhe seinen Schnurrbart" (HE, 33). In Wortgefechten bringt er oft unzureichende Argumente hervor oder beendet diese mit einer Abwertung der GesprächspartnerInnen (vgl. HE, 50).

Der Handlungsfortgang trägt massiv zur Widerlegung des Argumentes bei, denn der junge Mann, über den gesprochen wird, fällt im Krieg. Überdies entgegnet Martha, dass die persönlichen Ambitionen der Armeeangehörigen enormes menschliches Leid verursachen. Im letzten Satz des Zitats verweist sie auf ihr eigenes Leid. Dieses dient hier und in der Folge als Beispiel für den Schmerz, welcher den Menschen durch den Krieg widerfährt. Der ständige Hinweis auf ihre Situation im gesamten Stück schwächt allerdings ebenso wie ihre Naivität und übertriebene Emotionalität, die in anderen Szenen zum Tragen kommen, ihre Überzeugungskraft.

Einfluss auf diese Figurengestaltung hatte sicher die schriftstellerische Erfahrung des Autors – Overweg hatte bislang vor allem Lustspiele geschrieben – und seine Intention: Es scheint, dass der Schriftsteller mehr am Geld interessiert war, als daran, die Friedensbewegung zu unterstützen: Zum einen rät er in seiner theoretischen Schrift *Das moderne Drama* angehenden Autoren und Autorinnen berühmte Romane zu dramatisieren, um bekannt zu werden.[38] Ein Ratschlag, den er selbst befolgt hat, wie aus dem zum Teil erhaltenen Schriftwechsel zwischen ihm und Suttner hervorgeht. Zum anderen hat Overweg ab 1933 unter dem Pseudonym Manfred Klaus Stücke verfasst, die Militarismus und Nationalsozialismus verherrlichen.[39]

Ergebnisse der Analyse

Die angeführten Beispiele konnten zeigen, dass sowohl sachlogische Argumente als auch affektive Strategien in einem Theaterstück mitwirken, um eine bestimmte Haltung bei den ZuschauerInnen und LeserInnen zu erzeugen. In den vier Texten konnten mit Hilfe eines diskursanalytischen Verfahrens über 300 argumentative Elemente ausgemacht werden. Diese wurden anschließend in 33 Kategorien aufgeteilt und daraufhin analysiert, wie und inwiefern diese durch Gegenargumente oder affektiven Strategien revidiert, relativiert oder verstärkt werden. Das Ergebnis der Untersuchung lässt sich zusammenfassend wie folgt darstellen:

Karl Pauli und Robert Overweg bedienen sich in ihren Dramen mehr argumentativer Argumente als die Autoren der Lustspiele *Die Waffen wieder!* und *Reiterattacke!*. In Paulis und Overwegs Bühnentexten werden alle militaristischen Argumente – vor allem anhand von sachlogischen Gegenargumenten – widerlegt, während den pazifistischen/militärkritischen im Stückkontext gesehen keine entgegengestellt werden.

In den beiden Lustspielen finden sich im Allgemeinen wenige Argumente, in *Reiterattacke!* werden nur die pazifistischen widerlegt, dies geschieht fast ausschließlich mit dramaturgisch-dialogischer Affektivierung und Emotionalisierung. Auch in *Die Waffen wieder!* wird vor allem affektiv operiert, dabei stehen zwei Argumentationslinien im Vordergrund:

38 Vgl. Robert Overweg: *Das moderne Drama und Wie bringe ich es unter?* Ein Beitrag für Talentierte und Untalentierte. Leipzig: Deutscher Kampf-Verlag 1906, S. 16.

39 Die ab 1933 erschienenen Einakter mit Titeln wie *NS-Frauenschaft oder Gemeinnutz geht vor Eigennutz* oder *SA auf Urlaub* zeugen vom Gesinnungswandel des Autors: Die AnhängerInnen der SA werden positiv dargestellt und ihre GegnerInnen werden im Laufe der kurzen Stücke vom „Geist dieser neuen Zeit, den wir unserem Führer zu danken haben" überzeugt. Zitat: Manfred Klaus [d. i. Robert Overweg]: Deine Hand dem Handwerk. Lustspiel in 1 Akt. Leipzig: Teich [1934]. (= Zeitbühne. 3.) S. 16.

Die eine versucht zu überzeugen, dass Militärangehörige ‚besser' als Zivilisten seien, „ein anderer Menschenschlag" (BJ/LB, I,53), der aus gutem Grund auf die Frauen enorme Wirkung ausübe. Die andere will zeigen, dass Zivilisten gleichwertige Menschen seien. Durch die Relativierung von argumentativen Elementen der beiden Linien haben im Stück sowohl Militär- als auch Geschäftswelt ihren Platz, pazifistische Sichtweisen werden hingegen diffamiert.

In allen Stücken wird stark auf der Handlungsebene argumentiert: So revidieren etwa in den Lustspielen – bis auf die unsympathisch dargestellte Kaufmannsfigur Schmidt in *Die Waffen wieder!* – alle Figuren ihre militärfeindliche Haltung. In den beiden Schauspielen ist der Tod durch Kriegsereignisse und deren Folgen sehr präsent. In Paulis *Die Waffen nieder!* sterben drei Angehörige durch den Krieg, von weiteren Kriegsopfern (die drei Geschwister und der Vater Marthas) wird im Gespräch berichtet. In Overwegs *Die Waffen nieder!* steht der Tod von vier Personen mit dem Krieg in Verbindung. In den beiden Lustspielen hingegen wird der Krieg kaum thematisiert. Zwar wird sowohl in *Reiterattacke!* als auch in *Die Waffen wieder!* der damals stattfindende Aufstand der Herero und Nama in der Kolonie Deutsch-Südafrika erwähnt, er hat auf das Leben der Figuren aber nur insofern Einfluss, als dass diese in finanzieller Hinsicht davon profitieren könnten.
Ein hoher Stellenwert kommt in allen vier Stücken der Personengestaltung zu. Kernaussagen, die durch die Eigenschaften und die Handlungen der Figuren zum Vorschein kommen, werden zu keiner Zeit entkräftet. Die intendierte ‚Wahrheit' liegt demnach nicht in erster Linie in den Äußerungen der Figuren, sondern in deren Körpern.

Dass die beiden Schauspiele viele sachlogische Elemente übernehmen, während die Lustspiele hauptsächlich affektiv operieren, ist in erster Linie auf die gewählten Gattungen in Verbindung mit der Intention der Autoren zurückzuführen – gleichgültig, ob deren Pazifismus ‚aufgesetzt' oder ehrlich gemeint war: Für die Schauspiele mussten infolge des Zwangs zur dramatischen Kürze sachlogische pazifistische Argumente und Dispute zwar ausgewählt werden, konnten jedoch immerhin platziert bzw. thematisiert werden. In einem Lustspiel war derlei nicht vorgesehen und so musste stattdessen mit dramatischer Emotionalisierung gearbeitet werden. Beruhend auf die in der Rhetoriktheorie gemachte Annahme, dass die Länge des Enthymem von der Unstrittigkeit der Schlussregeln und Prämissen abhängt, lässt sich das Ergebnis auch dadurch erklären, dass Militarismus und Nationalismus im Kaiserreich die beiden einflussreichsten Ideologien waren und deshalb keiner sachlogischen Legitimation bedurften. Pazifistisches Gedankengut um 1900 war hingegen in der Gesamtbevölkerung wenig verbreitet und anerkannt und musste deshalb ausführlich beleuchtet und gerechtfertigt werden. Über diese Darstellung des Pazifismus in den einzelnen Bühnentexten gibt der nächste Abschnitt Aufschluss.

Dargestellter Pazifismus

Suttners pazifistische Vorstellungen werden in den Stücken nur bedingt vermittelt. In Paulis Drama wird das, was unter Pazifismus verstanden werden soll, detailliert veranschaulicht. Die Ablehnung von Gewalt wird als Zeichen eines schon evolvierten Bewusstseins betrachtet, das dem Krieg als Ausdruck der Barbarei diametral entgegengesetzt ist. Diese Betrachtungsweise hat aber nicht die Verweigerung der Wehrpflicht oder den Austritt aus dem Militär zur Folge, was anhand der pazifistischen Figur Tilling deutlich wird. Tilling hasst zwar den „Zustand der Dinge, der uns Menschen so grausame Pflichten auferlegt, wie das Kriegführen", will aber den Militärdienst nicht quittieren, da diese Verhältnisse „nun einmal da" seien: „Wenn ich den Militärdienst verließe, würde darum weniger Krieg geführt? Gewiß nicht. Es würde nur an meiner Stelle ein anderer sein Leben einsetzen, das kann ich schon auch selber thun." (KP, 15) Vergleicht man das Pazifismuskonzept, das im Stück zum Tragen kommt, mit dem, das die Nobelpreisträgerin in ihrem Roman durchscheinen lässt, so findet man keine auffälligen Abweichungen.

Im Stück *Die Waffen nieder!* von Robert Overweg kommt es trotz mancher Übernahmen zu deutlichen Abweichungen. Ein Unterschied zu Suttners Vorstellung von Kriegsgegnerschaft liegt in der Einführung des Gedankens, das Volk könne und solle über Krieg und Frieden entscheiden – eine Anschauung, die Suttners Glauben an den Frieden „von *oben*"[40]

40 *Bertha von Suttner an Alfred Hermann Fried, 29. August 1901.* Zitiert nach Beatrix Müller-Kampel: *Bürgerliche und anarchistische Friedenskonzepte um 1900.* Bertha von Suttner und Pierre Ramus. In: Müller-Kampel, Beatrix (Hg.): *„Krieg ist der Mord auf Kommando".* Bürgerliche und anarchistische Friedenskonzepte. Bertha von Suttner und Pierre Ramus. Mit Dokumenten

widerspricht und gegen den sie sich in einem Brief an Overweg ausspricht. Des Weiteren wird das Militär als eine Institution dargestellt, die Macht missbraucht. Suttner maß diesem Problem nie einen besonderen Stellenwert bei.

Der in *Die Waffen wieder!* dargestellte Pazifismus – falls man die recht vage Militärablehnung des Kaufmanns Schmidt und Adas Forderung, die Waffen niederzulegen, so nennen will – hat bis auf die Parole nichts mit Suttners bürgerlich-liberalen Konzept gemeinsam. Der Aufruf „Die Waffen nieder!" wird aus ihrem Kontext gerissen und in einen ganz anderen eingebracht, wodurch das Gedankengut der Nobelpreisträgerin abgewertet wird. Der Austritt der Offiziere aus dem Militär wird von den Kriegsgegnern gefordert und von den Offizieren auch getätigt, obgleich diese ihre militärische Identität nicht ablegen können und „mit Leib und Seele Soldat[en]" (BJ/LB, III/13) bleiben.

In *Reiterattacke!* werden zwar Argumente aufgegriffen, die sich in Suttners Texten finden, aber sie alle werden hauptsächlich durch affektive Strategien widerlegt bzw. sehr stark relativiert. Die scheinbar für den Pazifismus gewonnenen Frauen werden als oberflächlich entlarvt; die weibliche Hauptfigur Agnes fordert einen von Suttner niemals thematisierten „Offiziersboykott", der fehlschlägt, und tritt schließlich über ihre falsche Anschauung aus ihrem Verein aus. An den männlichen Militärgegnern, allesamt Geschäftsleute, wird veranschaulicht, dass Pazifisten Egoisten seien, die nichts vom Militär verstünden und eifersüchtig auf die Offiziere seien, die bei Frauen einfaches Spiel hätten – ihnen fehle die Männlichkeit!

Ein neues Welt- und Menschenbild

In den beiden Schauspielen wird nicht nur für den Frieden argumentiert, sondern auch die Verbindung von Vaterland und Individuum neu verhandelt: Nicht das Vaterland und sein Wohl, welches im Erhalt von Macht liege, solle als Priorität gesehen werden, sondern das Glück der einzelnen Menschen. Sowohl in Overwegs als auch in Paulis *Die Waffen nieder!* sind besonders viele argumentative Elemente zu finden, die erstens Krieg

von Lev Tolstoj, Petr Kropotkin, Stefan Zweig, Romain Rolland, Erich Mühsam, Alfred H. Fried, Olga Misar, u. a. Nettersheim: Graswurzelrevolution 2005, S. 7-95, hier S. 12.

als unmenschlich und barbarisch darstellen und sein Vorhandensein einer niedrigen Kulturstufe zurechnen, zweitens die Idee einer gerade im Entstehen begriffenen neuen friedlichen und menschlicheren Ära aufgreifen, in welcher andere Werte gelten, und drittens ein neues Konzept der Beziehung zwischen dem Menschen und der politischen Ordnungsformation beinhalten – die Liebe zum Vaterland müsse sich nicht in kriegerischen Handlungen manifestieren, sondern könne auch in anderen Formen wie der Dichtkunst ihren Ausdruck finden. Das daraus entstehende Bild von Patriotismus ist von einer Perspektive geprägt, die der Kultur einen hohen Stellenwert einräumt und die auf einem Weltbild beruht, in dem der Mensch als Individuum betrachtet wird. Dieses Bild ist charakteristisch für viele Angehörige der gebildeten, liberalen deutschen Mittelklasse nach 1871. Diese Teile der Mittelschicht traten – auf Grund der Schwierigkeiten eine politische Opposition zu bilden – vermehrt den „Rückzug in den apolitischen Bereich der Kultur“[41] an und grenzten sich mit ihren Idealen gegen den adeligen Normenkanon ab, mit dem sich nach der Einigung Deutschlands auch große Teile der mittelständischen Gruppen identifizierten.[42] Gegenüber einem „nationalistischen Glaubenssystem, das den Staat und die Nation, in der Geschichtsschreibung wie auch sonst, mit neuem Nachdruck über alle anderen Werte stellte“ erhielten sie „mit Hilfe eines menschheitlichen Kulturbegriffs ihre Selbstachtung, ihre persönliche Integrität und das Gefühl ihres Eigenwertes aufrecht“[43].
Diese liberal-humanistische Weltanschauung ist nicht nur in den beiden Dramen, sondern auch in den Lustspielen präsent, wobei sie in *Reiterattacke!* stark abgewertet wird. In *Die Waffen wieder!* taucht sie in Form einer kaufmännischen Welt auf, die der militärischen als ebenbürtig gegenübergestellt wird, wie sich an der Rede des Prokuristen Tobias zeigt:

> Der deutsche Kaufmann ist als Pionier der Cultur in weltferne Gebiete eingedrungen, die er erst erschlossen hat. [...] [I]n stillem Fleiss verbreitet er eine Fülle des Segens, hat er mit reingebliebenen Händen Reichtümer geschaffen, die Tausenden zu Gute kommen. Der deutsche Kaufmann hat

41 Norbert Elias: *Studien über die Deutschen.* Machtkämpfe und Habitusentwicklung im 19. und 20. Jahrhundert. Hrsg. von Michael Schröter. Frankfurt am Main: Suhrkamp 1992. (= suhrkamp taschenbuch wissenschaft. 1008.) S. 166.

42 Vgl. ebd. S. 159-238.

43 Ebd. S. 169.

> dem deutschen Namen in der ganzen Welt Achtung und Ansehen verschafft – lange bevor die deutschen Waffen uns Respekt ertrotzt haben – (BJ/LB, II/37-39)

Obgleich diese beiden Welten im Bühnentext Platz finden, wird ihre Unvereinbarkeit betont: Militärische Handlungen und Ausdrücke sind – wie die Offiziere selbst – in der kaufmännischen Welt fehl am Platz und die Zivilisten haben schon auf Grund ihrer Ängstlichkeit und ihrer Leibesfülle nichts auf dem Übungsplatz zu suchen, wie sich an den im Stück dargestellten Figuren zeigt.

Zusammenfassung

Die untersuchten vier Bühnenwerke zeugen nicht nur vom Bekanntheitsgrad Bertha von Suttners und ihres Bestsellers, sondern können im diskursanalytischen Sinne als Dokumente betrachtet werden, die mittels argumentativer Elemente eine bestimmte ‚Wirklichkeit' herstellen wollen. Die Wahl der rhetorischen Mittel steht hierbei in Verbindung mit der Intention der Stücke: Während theatraler Militarismus um 1900 fast ausschließlich mit affektiv-emotionalen Argumenten operiert und so den Suttners Pazifismus konterkariert, bringt sein ideologischer Widerpart, der theatrale Pazifismus, zahlreiche sachlogische Argumente vor, um zu überzeugen.

Inwiefern die vier analysierten Stücke mitgewirkt haben, den Pazifismus Suttners zu verbreiten oder eine im Wilhelminischen Deutschland präsente, kriegerische Tradition aufrechtzuerhalten, kann nicht ermittelt werden. Dass Theaterstücke um die Jahrhundertwende jedoch als einflussreiche Vermittlungsmedien betrachtet wurden, davon zeugen der Stellenwert des Theaters im Deutschen Kaiserreich als ‚Erziehungsschule der Nation'[44] ebenso wie die Wilhelminische Präventivzensur und die Versicherung von Kaiser Wilhelm II.: „Das Theater ist auch eine meiner Waffen!"[45]

44 Flatz, *Krieg im Frieden*, S. 16.

45 Johann, Ernst (Hg.): *Reden des Kaisers. Ansprachen, Predigten und Trinksprüche Wilhelm II.* München: dtv 1966. (= dtv dokumente. 354.) S. 78.

Madeleine Bernstorff

Ein Film für die Neue Zeit? *Ned med Våbnene! / Die Waffen nieder!*

Der dänische Spielfilm *Ned med Våbnene!* von Holger-Madsen nach einem Drehbuch von Carl Theodor Dreyer fußt auf dem erfolgreichen Roman *Die Waffen nieder! Eine Lebensgeschichte* der österreichischen Friedensaktivistin Bertha von Suttner. Kurz vor Kriegsausbruch im Sommer 1914 fertig gestellt, gilt *Ned med Våbnene!* – neben dem handkolorierten *Maudite soit la guerre* (R: Alfred Machin, Belgien 1914) – als einer der ersten Anti-Kriegsfilme des Ersten Weltkrieges.[1]

Der Film handelt von einer adligen Offiziersfamilie. Die junge Ehefrau Martha (Augusta Blad) lebt auf einem Landsitz mit ihrem Vater, einem alten General (Philip Bech), ihrem Ehemann Arno von Dotzky (Alf Blütecher) und dem kleinen Sohn Rudolf – der, kaum, dass er laufen kann, schon mit Kriegsspielzeug spielt. Marthas Ehemann wird einberufen. „Von ganzem Herzen glücklich ging er in den Krieg, als das Vaterland ihn rief. ... Der Krieg raubt ihr ihren ersten Mann. Lange trauert sie. Bei einem Hoffest traf sie mit Kapitän von Tilling zusammen, einem noblen stattlichen Offizier mit einem sehr ernstem Wesen“[2], gespielt von dem

[1] Der frühe französische Anti-Kriegs-Film *Dans le sous-marin/ Unterseeboot-Katastrophe* der Firma Pathé 1908 endet mit einer Apotheose, in der die Friedensgöttin Pax über die Zerstörung der Waffen wacht. Eine Recherche pazifistischer Filme in der Frühzeit des Kinos steht noch aus. Während des 1. Weltkriegs erschienen *The Battle Cry for Peace* von J. Stuart Blackton (USA 1915), *War Brides* von R. Herbert Brenon (USA 1916); sowie *Shoulder Arms* von Charles Chaplin (USA 1917), danach *J'Accuse* von Abel Gance (Frankreich 1919) sowie *Pour la paix du monde* (Frankreich 1927) – siehe FN 35 - und Ernst Lubitschs *Broken Lullaby / The Man I Killed* (USA 1932).

bekannten dänischen Schauspieler Olaf Fønss. Schon bald kommen sie sich näher, heiraten, und als auch Marthas zweiter Mann an die Front gerufen wird, fällt sie in eine tiefe Krise. Martha kann nicht mehr in die allgemeine Kriegsbegeisterung einstimmen. Ihr Mann schreibt ihr von der Front, er werde nach seiner Rückkehr sein Abschiedsgesuch einreichen. Dies scheitert aber am Bankrott der Bankiersfirma, die Marthas Vermögen verwaltet. Alles geht verloren und die Familie kann sich den Pazifismus nicht mehr leisten – Szenen, die in der einzigen erhaltenen Fassung des Dänischen Filminstituts fehlen.[3] So muss Tilling wieder in einen neuen Krieg. Als Martha lange keine Nachricht von ihm erhält,

> fasst sie in ihrer Verzweiflung den Entschluss, sich nach dem Kriegsschauplatz zu begeben, um ihren Mann zu suchen, der wie sie meint verwundet sein muss. Martha nimmt mit dem Hausarzt Dr. Besser den Zug bis zur letzten Station von wo ab sie sich mit einem Wagen nach dem Schlachtfeld begeben. Von Tilling ist indessen bei einer Bombenexplosion verwundet worden. Er wünscht von seiner Frau gepflegt zu werden und wird deshalb mit einem Verwundetentransport nach der Hauptstadt gebracht. Das Schicksal will es, dass er in demselben Wagen zurückgebracht wird, der Martha an die Grenze geführt hat, und als sie endlich müde und mutlos nach vergeblicher Suche nach Hause zurückkehrt, wird sie mit der freudigen Nachricht empfangen, dass der Gesuchte schon angekommen ist. Als Tilling wieder seine Gesundheit erlangt hat, ist der Krieg vorüber, aber das Unglück ist noch nicht zu Ende. Die Cholera ist vom Schlachtfeld eingeschleppt worden. ... Die Krankheit hat ihren Einzug im Heim gehalten, Marthas Schwester Rosa stirbt. Der alte Graf ist verzweifelt ... und beerdigt Rosa auf dem Cholerafriedhof. Er selbst ist angesteckt worden und wenige Stunden, nachdem er beim Sarg seiner Tochter gekniet hat, liegt er selbst im Sterben. Bisher hat er nichts hören wollen, wenn Martha von ihren großen Friedensideen gesprochen hat. In seinem Patriotismus ist er sogar so weit gegangen, dass er den Krieg einen

2 Zitiert nach der deutschsprachigen Inhaltsangabe, Dänisches Filminstitut (DFI) in Kopenhagen.

3 Die verschollene ‚amerikanische' Fassung, war vier Akte (reels) lang, im Gegensatz zu der einzigen erhaltenen Fassung im Dänischen Filmarchiv mit nur drei Akten. Die gesamte Episode mit dem Zusammenbruch der Banken fehlt, und ist nur in den zeitgenössischen Filmbeschreibungen zu finden. Das englischsprachige Filmprogrammheft ist einzusehen unter http://www.dfi.dk/faktaomfilm/film/da/14189.aspx?id=14189

> Segen genannt hat. Jetzt aber ist er endlich von dem Grauen und den Folgen des Krieges so tief erschüttert, und er sagt zu Martha, die an seinem Totenbette steht: ‚Martha, ich rufe jetzt mit Dir! Die Waffen nieder![4]

Im sozialen Milieu der adligen Offiziersfamilie, einer Gesellschaft von Dienenden und Bedienten, leben und arbeiten unzählige nicht benannte, „herumhuschende“[5] Angestellte, Dienstmädchen, Kutscher, Haushälterinnen, Zofen, Kindermädchen, Butler im Hintergrund, denen die ungenannten Soldatenmassen in den eindrucksvollen Inszenierungen der Kriegshandlungen entsprechen. Diese hermetisch dargestellte Klasse der Bedienten bildet sehr anschaulich die Gesellschaft ab, aus der die Autorin Bertha von Suttner kam und in der sie zwar wegen der Mesalliance ihres Vaters mit ihrer fast um 50 Jahre jüngeren nicht-adeligen Mutter nicht wirklich anerkannt war, die ihr aber doch immer wieder erlaubte, sich auf dieses Adels-Parkett zu begeben und es für ihre Friedensaktivitäten zu aktivieren. Zur ‚Klassen-Darstellung’ des Films gehört auch, dass das erste Opfer der Cholera – der Seuche, die infolge des Krieges in das Herrenhaus eingeschleppt wird –, die Haushälterin, deren Körper mit weiter Rückenbiegung aus dem Bett hängt, in deutlich körperlich ‚exzessiverer’ Todes-Haltung als später Marthas sterbende Schwester gezeigt wird. Der soziale Dialog zwischen den Klassen – sofern man davon überhaupt sprechen kann – beschränkt sich auf die Begegnung mit einem Lehrer aus dem Dorf, der in unterwürfiger Haltung den Schlossherrn bittet, wegen der Cholerafälle die Schule schließen zu dürfen. Das ‚Kriegssystem’ (Suttner) der adligen Offiziersfamilie wird anhand von militaristischer Kindererziehung, von Kriegsspielzeug und Baby-Uniformen gezeigt: sozusagen das alltägliche „Die Waffen hoch“. Anlässlich seiner Geburtstagsfeier wird der kleine, etwa 3-jährige Rudolf, der erst nackt in der Badewanne mit einem Ball spielen darf, anschließend von seinem Großvater zum Korporal geschlagen. Militaristische Normalität. „Die eigentliche Bewegung des Romans führt von den aristokratischen Wurzeln der Erzählfigur

4 Siehe deutschsprachige Inhaltsangabe, DFI

5 S. a. Irmgard Hierdeis: Gefühle und Ahnungen. Eine persönliche Revue der Tendenzromane von Bertha von Suttner. in Laurie R. Cohen (Hrsg.) *„Gerade weil Sie eine Frau sind...“ Erkundungen über Bertha von Suttner, die unbekannte Friedensnobelpreisträgerin.* Wien 2005, S. 124–141 Hierdeis stellt fest, dass alle Romane Suttners im Adelsmilieu spielen.

weit weg. Die Spannung des Romans wird zwischen dem Gesellschaftsgänschen des Anfangs und der zerstörten, aber erkenntnisreichen Witwe des Endes hergestellt“[6], schreibt Marlene Streeruwitz. Im Film fehlt diese Bewegung, Martha bleibt dem gesellschaftlichen Milieu verhaftet.

Bertha von Suttners stark von Argumentationen, Debatten und Originalzitaten aus Manifesten, Briefen und Zeitungsartikeln durchzogener Entwicklungsroman[7] *Die Waffen nieder!*[8] ist für die Verfilmung in ein Melodram[9] überführt worden. Der Film folgt der Genrekonvention und präsentiert die Politik der Gefühle und Gemütszustände an den Körpern der Frauen: Gesten der Trauer, der Verstörung, der Erschütterung, des Schmerzes, des Fassung-Verlierens und -Wiedergewinnens bis zum ‚hysterischen‘ Charcot'schen Bogen[10] in der Krise. Die ‚Heldin' Martha ist anders als im Roman keine sonderlich emanzipative Gestalt. Zwar lässt der Verlust ihres ersten Ehemannes und der drohende Verlust des zweiten sie zur Kriegsgegnerin werden, aber selbst mit dem Ausdruck ihrer heftigen Wut über die erneute Kriegserklärung bleibt ihr Pazifismus auf das familiäre Umfeld beschränkt. Auch ihr Besuch im Hinterland des Schlachtfeldes ist motiviert durch die private Suche nach ihrem Mann. Sie erleidet eine psycho-physische Krise, während die kriegerische Krise den Mann aufs Schlachtfeld ruft.

Am 20. April 1914 kam ein dänisches Filmteam um den Regisseur Holger-Madsen nach Wien und filmte die etwas unwillige, filmunerfahrene Bertha von Suttner am Schreibtisch in ihrer Wohnung. Ein Stück Papier fällt ihr aus der Hand, und sie sortiert in einem Fächerordner ihre Korrespondenz, um dann nervös einen Brief herauszunehmen, unterstrichen von einem Blick nach rechts aus dem Bild heraus – möglicherweise

6 Marlene Streeruwitz über Bertha von Suttner, 2014, S. 40.

7 Marlene Streeruwitz bemerkt hingegen bezüglich der Mutterlosigkeit der Figur der Martha: „...So gesehen ist *Die Waffen Nieder!* die vollkommene Enthaltung von der Schilderung des inneren Werdens einer Person und damit einmal sicher kein Entwicklungsroman.“ Ebd. S. 35.

8 Ebd. S. 48: „Wir nehmen so direkt am Bildungsprozess der Erzählfigur teil.“

9 Ich lese das Melodram als kritisches soziales Dokument. Es drückt Probleme mit Weiblichkeit implizit oder sogar explizit aus und greift die Spannungen zwischen herrschender Ideologie und gegenläufigen (untergründigen) Kräften auf. Der dabei entstehende emotionale Überschuss wird oft negativ gewertet.

10 Siehe dazu Georges Didi-Huberman: Die Erfindung der Hysterie: Die photographische Klinik von Jean-Martin Charcot, München 1997.

zu einer Person des Filmteams, die ihr etwas zuruft. Sie sitzt an einem Sekretär, auf dem zwei gerahmte Männerportraits stehen (wahrscheinlich ihr verstorbener Ehemann Arthur Gundaccar von Suttner und Alfred Nobel) und zwei für das Bild arrangierte Schriften (eine davon möglicherweise die von Alfred Hermann Fried herausgegebene Zeitschrift *Die Friedenswarte*, für die sie regelmäßig schrieb). Die 71-jährige ist deutlich von Krankheit gezeichnet, ihre Augen sind umschattet, und ihr energischer Griff nach der Korrespondenz behauptet eine Kraft, die vielleicht schon am Entschwinden ist. Zwei Monate später starb Bertha von Suttner an Magenkrebs, eine Woche vor den Schüssen in Sarajewo und vor Ausbruch eines Weltkriegs, den sie nicht hatte verhindern können. Das etwa einminütige Dokument wurde zum Prolog des Spielfilms. „The film trades on the literary status of the source by beginning with von Suttner at her desk starting to write thc story we shall see."[11] Mit der Szene am Schreibtisch wird etabliert, wie wichtig Schriftliches und Literatur für diesen Film sind, und wie stark die Handlung durch schriftliche Mitteilungen in Form von Briefen, Telegrammen und öffentlichen

Dokumentarischer Prolog Ned med Våbnene! / Die Waffen nieder! Bertha von Suttner an ihrem Schreibtisch, 1914. - © Det Danske Filminstitut, Kopenhagen

[11] David Bordwell: *The films of Carl Theodor Dreyer*, 1981, S. 13. Tatsächlich bearbeitet Suttner ihre Korrespondenz.

Verlautbarungen vorangetrieben wird. Und setzt die Autorin als weibliche, reflektierende Figur ins Bild.[12]

Suttner hatte 1878 im kaukasischen Exil[13], wo sie mit ihrem sieben Jahre jüngeren Ehemann Arthur Gundaccar neun Jahre lebte, angefangen zu schreiben und dort auch ihr Interesse an internationaler Politik entwickelt. Suttners Pseudonym war anfangs ‚Jemand' oder auch ‚B. Oulot' (boulot (frz.) = Arbeit[14]). Den Bestseller *Die Waffen nieder!* schrieb sie 1889 in Harmannsdorf. Ihr Dresdener Verleger Edgar Pierson hatte ihr vor der Veröffentlichung in vorauseilendem Gehorsam eine Titeländerung empfohlen: der Titel sei zu aggressiv, zudem schlug er vor „das Manuskript irgendeiner maßgebenden Person zur Einsicht zu senden, damit Stellen, die in politischen und militärischen Kreisen Anstoß erregen könnten, geändert oder eliminiert werden."[15]

Es existieren unterschiedliche Ideen davon, wer letztlich den Kontakt zwischen Suttner und der Filmfirma Nordisk angebahnt hatte: Die Filmwissenschaftler Andrew Kelly[16] und David Bordwell[17] schreiben, es sei der damalige Drehbuchautor Carl Theodor Dreyer gewesen, der auch die Rechte erworben hätte. Dreyer hatte erst kurz zuvor im April 1913 bei der

[12] Hier versucht der Film m. E. die Strategie des Romans aufzunehmen: „Die auktoriale Erzählweise der Erzählfigur über sich selbst als erzählte Figur beschreibt aber eine Selbstaneignung, die die von Anfang eingeführte Autonomie der Erzählfigur bestätigen hilft." Marlene Streeruwitz über Bertha von Suttner, 2014, S. 36.

[13] Die Frage ob der Aufenthalt im Kaukasus eine lange Hochzeitsreise war, ein (selbstauferlegtes) Arbeitsexil, eine Flucht erläutert Laurie R. Cohen ausführlich in ihrem Beitrag „Aussteiger. Arthur und Bertha von Suttners entscheidende Jahre im russischen Kaukasus, 1876–1885" in: Cohen ebd., S. 15 - 53

[14] Suttner selbst leitet in ihren Memoiren dieses Pseudonym von *boulotte* = Dickerchen her.

[15] Bertha von Suttner: *Lebenserinnerungen*, 1909, zitiert nach: Verlag der Nation, Berlin 1968 S. 117/118

[16] „Dreyer bought the film rights for *Lay Down your Arms* almost as soon as he was appointed..." Andrew Kelly: The first pacifist film of the war *Ned med Våbnene/Lay Down Your Arms* in: Andrew Kelly: *Cinema and the Great War*, London, New York 1997, S. 7 Der Autor beschäftigt sich in dem Aufsatz ausführlich mit der Rezeption in den USA.

[17] „Almost immediately after he was hired, Dreyer obtained the rights to Berthe von Suttner's moralizing pacifist novel." David Bordwell, *The films of Carl Theodor Dreyer*, S. 13.

Nordisk angefangen zu arbeiten, er schrieb Zwischentitel, arbeitete als Cutter und organisierte den Erwerb von Verfilmungsrechten. *Ned med Vaabnene* war eines seiner ersten Drehbücher bei der Filmfirma, erst 1918 arbeitete er als Regisseur.[18] Gelegentlich wird aber auch der pazifistisch interessierte Leiter der Nordisk Ole Olsen als Initiator des Films erwähnt sowie der pazifistische Publizist Alfred Hermann Fried. Die dänische Übersetzung von *Die Waffen nieder!*: *Ned med Våbnene! En Levnedsskildring* war 1892 erschienen. Aus Akten im Dänischen Filmarchiv geht hervor, dass der Berliner Dramaturg und Literaturagent Karl Ludwig Schröder die Korrespondenz mit Suttner führte, er war vom 1. September 1912 bis 3. März 1914 Leiter der ‚dramaturgischen Abteilung' der *Nordisk Filmskompagni* in Berlin und als solcher verantwortlich für die Anwerbung von ‚hochkulturellen' Stoffen deutschsprachiger Autoren.[19] Am 9. Juni 1913 wurde der

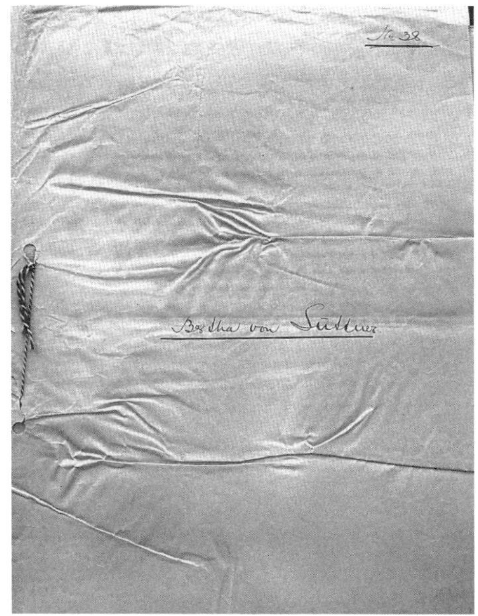

Deckblatt des Konvoluts der Korrespondenz von Bertha von Suttner mit der Nordisk Film. © Det Danske Filminstitut, Kopenhagen

[18] Der Filmwissenschaftler Maurice Drouzy hat für sein Buch *Carl Th. Dreyer, né Nilsson* (Paris 1982) Dreyers Gagen und Verträge bei der Nordisk recherchiert. S. 166 ff.

[19] Karl Ludwig Schröder arbeitete bis zu seinem Tod im September 1940 als Literaturagent für Verfilmungen und hatte bis Ende der 1930er Jahre ein riesiges Archiv mit etwa 10 000 Büchern angelegt, das er mit der Zuspitzung der politischen Situation in Deutschland immer verzweifelter, aber vergeblich

Erwerb der Verfilmungsrechte bestätigt und Suttner ein „Check über den garantierten Tantiemen-Ertrag von 1500 Mark“ angekündigt, zuzüglich 3% der Bruttoerträge aus der zukünftigen Auswertung des Films.[20]

Auch Suttners inhaltliche Beurteilung des erstellten Drehbuchs von Dreyer ist an Schröder gerichtet, sowie die Frage, ob jemand beim Dreh des Films verletzt wurde und ob die versprochenen Aufnahmen von der Eröffnung des Friedenspalastes in Den Haag Ende August 1913 schon organisiert seien. „Ich finde die Bearbeitung sehr gut. Sie zeugt von Routine in der Zusammenstellung von Kinoeffekten.“[21] Nur zwei Szenen bemängelt sie: „1. Man sieht eine Hinrichtung und zwar Aufknüpfung an einem Baum. Das ist nach meinem Geschmack ein zu brutales Bild. Ich würde literarisch davor nicht zurückschrecken, aber kinematographisch widerstrebt es mir. Also: Erschießung. 2. In der Schlussszene erscheint ein Engel mit Palmenzweig. Diese Figur als Friedenssymbol ist mir zu abgedroschen und zu weichlich. Ich wollte eine Figur, die das Recht symbolisiert, denn das ist’s, was die Pazifisten dem Krieg entgegensetzen. Nur gerechte und vernünftige Menschen brauchen wir – nicht Engel! ...“[22] (Brief von Suttner aus Wien an „Herrn Director“ vom 28. April 1913). Der Film sollte am 17. September 1914 auf der Wiener Friedenskonferenz seine Weltpremiere haben: „Im österreichischen Kino würde wahrscheinlich ‚Die Waffen nieder!‘ die Zensur nicht passieren. Das zum Frieden Aufreizende ist Landesverrat“, befürchtete die Friedensaktivistin Suttner.[23] Die Autorin – so geht es aus ihrer Korrespondenz mit der Filmgesellschaft Nordisk hervor – hatte sich für den Film ausdrücklich dokumentarische Bilder von der feierlichen Eröffnung des Friedenspalastes in Den Haag gewünscht und ausgehandelt. Zudem war ihre bildpolitische Kritik an Gewaltdarstellungen und Kitsch genau und vehement.

versuchte nach Hollywood zu verkaufen. Siehe Korrespondenz mit dem Filmagenten Paul Kohner, Kohner-Nachlaß in der Stiftung Deutsche Kinemathek Berlin.

20 Konvolut Korrespondenz Nordisk Film mit Bertha von Suttner, Dänisches Filminstitut (DFI), Kopenhagen

21 Ebd. Brief von Suttner aus Wien an den „Herrn Director“ vom 28. April 1913

22 Ebd.

23 Brief an Fried vom 21. Januar 1913. Zitiert nach Brigitte Hamann: *Bertha von Suttner. Kämpferin für den Frieden*, Wien 2013, S. 305

Die Nordisk Film ist die älteste noch existierende Filmproduktionsgesellschaft der Welt, und ihr damaliger Leiter und Gründer, der ehemalige Schausteller Ole Olsen, galt als überzeugter Pazifist. Die Firma stand 1913 auf dem Höhepunkt ihres internationalen Erfolgs – 1400 Festangestellte arbeiteten dort, und die Filme wurden nach Frankreich England, USA und Deutschland exportiert. In Deutschland besaß die Nordisk etwa 60 Kinos, das Berliner Büro befand sich in der Friedrichstraße. Ein Eisbär, der vor der Sonne auf einer Weltkugel balanciert und von dort ins bestirnte Weltall blickt war das Markenzeichen.[24] Das Frühe Kino mit seiner populärkulturellen Rummelplatzsphäre und den kurzen *Films*, die nicht selten unter Schundverdacht standen, weil sie mit ihren körperlichen Schau-Arrangements und Attraktionen vorrangig ein nicht bildungsbürgerliches Publikum ansprachen, wurde im ersten Jahrzehnt des 20. Jahrhunderts einem Nobilitierungsprozess unterworfen – bei der Nordisk gab es dafür sogar ganz explizite Anweisungen an die Drehbuchautoren: „Die Hand lung soll in der Gegenwart sowie in der ‚höheren Gesellschaft' spielen. Stücke, die bei den niederen Klassen oder bei den Bauern spielen, werden nicht angenommen."[25]

Tableau vivant Ned med Våbnene! / Die Waffen nieder! Setfoto der Szene, links die Leitern für den Kulissenbau - © Det Danske Filminstitut, Kopenhagen

[24] „Ein Titan auf dem Filmmarkt. Er baut eine Brücke ins Weltall! Er verbindet die bewohnten Planeten." (Sonderbeilage zum ‚Eisbären', 1918), Konvolut Nordisk Film, DFI

[25] Erik Nørgard, *Levende billeder i Danmark*, 1971, S. 99, zitiert nach David Bordwell, s. o., S. 11, Übs. d. Autorin

Der dänische Regisseur Holger-Madsen hatte schon 20 Filme für die Nordisk gedreht, den pazifistischen Themen blieb er auch nach *Ned med Vaabnene* treu: 1916 entstand *Pax Aeterna*, 1917 dann *Himmelskibet / Das Himmelsschiff / A Trip to Mars* über eine vegane pazifistische Gemeinschaft auf dem Mars – in weißen wallenden Gewändern verschreibt diese auch der Erde den Frieden. Holger-Madsen ist zudem bekannt dafür, dass er Landschaften sehr gut in Szene setzte, der Kameramann Marius Clausen arbeitete viel mit Tiefenwirkung – deep space – besonders bei der Inszenierung der Heere in der Landschaft. *Ned med Våbnene!* gewinnt an Tempo mit den gekonnt inszenierten Kriegsszenerien. Die Grenzverschiebungen durch Eroberungen und Rückeroberungen werden durch zwei sich kreuzende Traversen - eine Brücke und ein Durchgang - dargestellt, auf denen die Flucht- und Angriffsbewegungen stattfinden. Und die von Verletzten und Truppenbewegungen überquellenden Züge nahm der Kameramann vom Dach eines fahrenden Zuges auf. Gerade mit kundiger und inspirierter Klavierbegleitung[26] hat der Film auch heute noch eine rigorose, gegen den Krieg emotionalisierende Qualität.[27] Oder wie es in einem kurzen Artikel zum amerikanischen Filmstart heißt: "(this drama ...) makes one feel like crying out loud for peace"[28].

Wir sehen immer wieder Verwundete. Wir sehen zwar nicht das ‚Bombenschleudern aus der Luft', wie es Bertha von Suttner in ihrer wichtigen Schrift *Die Barbarisierung der Luft* (1912) beschrieben hatte – in der sie auch gegen den kolonialen Luftkrieg in Tripolis protestierte[29] –

[26] Wie es der Pianist Karel Loula während der Tagung ‚Bertha von Suttner in KonText' am Flügel des Österreichischen Kulturforums in Prag eindrucksvoll bewerkstelligte.

[27] Verdiana Grossi dagegen nennt das Drehbuch zum Film ‚transcription' und beschreibt den Film anlässlich der Vorführung zu Suttners 150. Geburtstag in Genf bei den Vereinten Nationen im Juni 1993 so: „It turned out to be a rather static film that lacked the emotional impact of the author's book.“ in: Internationaler Bertha-von-Suttner-Verein, Hg. *Friede - Fortschritt – Frauen*, Wien 2007, S. 162. Möglicherweise waren die Vorführbedingungen nicht ideal.

[28] *The Billboard*, 22. August 1914, S. 61

[29] „Aufruf. Angesichts der ruinierenden Kosten, der die Kultur bedrohenden Gefahren und der das Kulturgewissen verletzenden Greuel, die die Ausdehnung des Krieges auf die neu eroberten Lufthöhlen enthalten, protestieren wir gegen die jetzt so allgemein einsetzende Agitation zugunsten armierter Luftflotten;

aber Granatenschleudern aus Kanonen auf ein improvisiertes Lazarett voller Verletzter, eine Scheune, die – deutlich mit einer Rotkreuzfahne[30] gekennzeichnet – beschossen[31] und zum Einsturz gebracht wird. Wir sehen ein brennendes Dorf und später flüchtende Zivilisten: „die, die der Krieg obdachlos gemacht hat“[32].

„Und richtig: es gibt noch Schauerlicheres als ein Schlachtfeld *während* – das ist ein solches nach der Schlacht. Kein Geschützdonner, kein Fanfarengeschmetter, kein Trommelwirbel mehr, nur leises schmerzliches Stöhnen und Sterberöcheln. Im zertretenen Erdboden rötlich schimmernde Pfützen, Blutlachen; [...] Und auf dieser Wahlstatt Tausende und Tausende von Toten und Sterbenden – hilflos Sterbenden!“[33] Ohne dass sich ein direkter Einfluss des russischen Kriegsmalers Wassili Wassiljewitsch Wereschtschagin auf den Film, auf einzelne Bilder des Films nachweisen lässt, waren dessen Gemälde für Bertha von Suttner und Alfred Hermann Fried gleichermaßen wichtig und Ende des Jahrhunderts in vielen Ausstellungen zu sehen. „... Der Ausstellungsbesuch gab meinem Leben die entscheidende Richtung. Hier lernte ich den Krieg hassen. Hier wurde mir das Entsetzliche und Erbärmliche des Krieges so ganz zum Bewusstsein gebracht. Noch heute, nach vier Jahrzehnten, fühle ich so ganz die Empörung, die in mir aufloderte, als ich diese Bilder sah. Da war die Pyramide aus Totenschädeln mit den Raben darauf, die als ‚Apotheose des Krieges‘ bezeichnet war, da jenes Feld mit grünlich gelben Leichen, die ein Pope geschäftsmäßig kühl einsegnete, assistiert von einem gleichgiltig roh [sic] dreinschauenden Kommiskopf von einem Unteroffizier ...“[34] In ihren Lebenserinnerungen widmete Suttner dem Maler ein ganzes

protestieren besonders heftig gegen das in Tripolis schon in die Praxis eingeführte Bombenschleudern aus Aeroplanen, wobei sogar Lazarette getroffen werden können ...;“ S. 31 ff.

30 Die erste Genfer Konvention ‚betreffend die Linderung des Loses der im Felddienst verwundeten Militärpersonen‘ wurde 1864 ratifiziert, Österreich trat 1866 bei.

31 Anders als es die Autoren Andrew Kelly und David Bordwell beschreiben, ist das die Lazarett-Scheune beschießende Heer als ‚osmanisch‘ dargestellt: mit Fes und Säbeln. Die Balkankriege von 1912/1913 lagen gerade mal ein Jahr zurück.

32 Zitat Zwischentitel *Ned Med Våbnene*

33 Bertha von Suttner, *Die Waffen Nieder!*, Wien 1966, Hildesheim 1977, S. 182. Interessant ist hier auch wie ausführlich Suttner die zerstörte Natur beschreibt.

34 A. H. Fried, *Jugenderinnerungen*, Berlin 1925, S. 12 ff.

Kapitel.[35] Eine der vom dänischen Kameramann Marius Clausen gedrehten Einstellungen möchte ich als vergleichbar emblematisch beschreiben, ein *tableau vivant* – ein *Lebendes Bild* der Verwundeten und Sterbenden –, das seltsam erstarrt aus dem Film herausblickt: In einer Kirche finden Martha von Tilling und ihr Begleiter, der Arzt Dr. Besser, auf der verzweifelten Suche nach Marthas Ehemann ein improvisiertes Lazarett vor. Schon beim Eintritt durch das große Holztor fällt ihnen ein Verwundeter oder Toter entgegen. Betrübt und schockiert bewegen sich die beiden suchend durch die Reihen fast gänzlich bewegungslos Daliegender, darunter auch einige Nonnen und Krankenschwestern. Das *tableau vivant* im Film hat eine besondere Funktion: es generiert einen Überschuss und verweist auf das Bildermachen, vor allem auf das Bewegtbildmachen, gerade indem es die Bewegung des Films zum Stillstand bringt. Die gespenstische angehaltene und eingefrorene Zeit. Wir befinden uns also in einer Störung, mit der das Spezifische des Filmbildes überhaupt erst hervorgehoben wird: Martha von Tilling und ihr Begleiter Dr. Besser wandern in einer desperaten Suchbewegung durch ein ‚Lebendes Bild' der schwer Verletzten, Sterbenden und Toten.[36] Zudem übernimmt der Film mit den Szenerien nach der Schlacht die pazifistische Argumentation von der nationenübergreifenden Brüderlichkeit der Soldaten. Wie in dem Anti-Kriegsfilm *Pour la paix du monde/ Für den Weltfrieden* (Frankreich 1927)[37] werden die Verwundeten der kriegsgegnerischen Parteien als sympathisierende Leidensgenossen gezeigt. Sie wanken – sich gegenseitig stützend – mit ihren verletzten Körpern aus der Schlacht. Das Feindbild löst sich völkerverbindend auf.

Der Film *Ned med Våbnene!* wurde mit dem Ausbruch des Ersten Weltkriegs in Deutschland und Österreich sowie vielen anderen europäischen Ländern verboten. Zu einer ersten Aufführung kam es in den USA im September 1914[38] und eine zensierte Fassung wurde im April 1915 in

[35] Suttner ebd. S. 318 - 322

[36] Und sicherlich ist dieses Bild mediengeschichtlich auch ein eindrucksvolles Relikt der Schauanordnungen des 19. Jahrhunderts: der Panoramen und Dioramen mit ihren vielen Schlachtendarstellungen.

[37] https://www.dhm.de/fileadmin/medien/relaunch/zeughauskino/Bernstorff_Pour_la_paix_du_monde.pdf

[38] Schon am 16. August 1914 erschien ein ganzseitiger Artikel zum Film im Sonntagsmagazin des *New York Herald*. Die Besprechung im *Variety* vom 14.

Schweden und im September 1915 im Palads Teatrat in Kopenhagen gezeigt. Auch soll er beim Treffen der New York Peace Society im November 1914 und für die Insassen des Sing Sing Gefängnisses im März 1915 vorgeführt worden sein.[39] – Eine Vorführung im Volkshaus in Bern im Dezember 1916 war sehr erfolgreich, wie A. H. Fried in seinem Kriegstagebuch beschreibt: „Die Ankündigung des Films zog große Massen an. Der Saal des Volkshauses war überfüllt. Zweitausend Personen etwa. Tiefster Eindruck bei allen."[40] Eine undatierte Exportliste im Archiv des Dänischen Filminstituts erwähnt – vermutlich vor Vollstreckung des Verbots – 63 Kopien, die in 23 Länder exportiert werden (sollten). Die Annoncen für den Filmstart in Deutschland nach dem Weltkrieg galten dann einem ganzen Sortiment dänischer Friedensfilme.[41] Während der wenigen Monate der Räterepublik – zum Jahreswechsel 1918/1919 – brachte die Universum Film AG (die spätere UFA, ursprünglich eine Gründung der Obersten Heeresleitung für Propagandazwecke Ende 1917) drei dänische pazifistische Filme im Paket heraus – und passte sich vorübergehend der politischen Rhetorik der Novemberrevolution an. „Die Waffen nieder! ist der Ruf der Welt. Der Ruf jeder Nation. Hell leuchten die Worte, hellauf leuchtet der Ruf der Freiheit nach einem jahrelangen Morden. Die Waffen nieder! ist der Film der Zeit! Der Film für alle Theater!". [...] sofort diesen Film allen zugänglich zu machen, ist unser Bestreben! Mit erschütternder Tragik, in eindrucksvollen Bildern wird hier der Mahnruf Bertha von Suttners geschildert! Der Film ist fertig! ... Sofort spielbereit!".[42] Die Werbekampagne hieß „3 Riesenschlager für die Neue Zeit". Und so wurde *Die Waffen nieder!* für kurze Zeit ‚Ein Film für die Neue Zeit'!

September 1914 kritisiert vor allem die Begräbnisszenen und den Tod des Vaters, diese würden einer „continental idea of morbidness, laid on thickly" folgen. Der Autor Andrew Kelly hebt für den amerikanischen Kontext die zeitweise Bedeutung des Films als isolationistisches Propagandainstrument gegen die Intervention in Europa hervor. Das amerikanische Presseheft bezeichnet Krieg zudem als „principal evil of Europe".

[39] Siehe Andrew Kelly: *Cinema and the Great War*, London, New York 1997, S. 6 ff.

[40] Fried: *Kriegstagebuch III*, S. 114 ff. zitiert nach: Petra Schönemann-Behrens: *„Organisiert die Welt!" Leben und Werk des Friedens-Nobel-Preisträgers Alfred Hermann Fried (1864 – 1921)*, Dissertation 2004, S. 224, FN 1012

[41] Darunter auch der oben erwähnte Film *Pax Aeterna* von Holger-Madsen.

[42] *Der Kinematograph* Nr. 620, 1919.

Milan Tvrdík

Bertha von Suttner, geb. Gräfin Kinsky: Ein Sprössling aus dem berühmten böhmischen Adelsgeschlecht

Bertha Sophia Felicita von Suttner, geb. Gräfin Kinsky von Chinic und Tettau, war eine der wichtigsten Persönlichkeiten zur Zeit um die Jahrhundertwende, von den 1890er Jahren bis zum Ausbruch des Ersten Weltkriegs, den sie gottseidank nicht mehr miterlebte, um nicht dem Scheitern ihres Lebenswerkes entgegensehen zu müssen. Vielleicht war es besser so, denn sie war mindestens auf diese Weise vom Schicksal begnadigt. Die nicht ermüdende Kämpferin für die friedliche Lösung aller Konflikte, die ihr „langes Jahrhundert" vorläufig nur noch lokal erschütterten, bemühte sich um Gründungen der Friedensgesellschaften in aller Welt, um diese Konflikte zu mindern. Sie rief Friedenskongresse ins Leben, stand mit den bedeutendsten Persönlichkeiten des politischen, gesellschaftlichen und kulturellen Lebens ihrer Zeit im persönlichen Kontakt und im Briefwechsel, verkehrte mit den gekrönten Häuptern, die sie unermüdlich mahnte, die Bewahrung des Weltfriedens zu ihrer Aufgabe zu machen. Durch diese Aktivitäten, denen sie und ihr Mann ihre Leben weihten, wurde sie von ihrer Umgebung zur hochgeschätzten und anerkannten Friedenskämpferin erklärt, deren Wirken auf dem Friedensfeld mit der Verleihung des ersten Friedensnobelpreises gekrönt war. Ihr zahlreiches literarisches Werk kann sich heute nicht dergleichen Anerkennung erfreuen. Ihrem bedeutenden Roman *Die Waffen nieder!*[1] und seiner nicht

[1] Bertha von Suttner: *Die Waffen nieder!* Dresden und Leipzig 1889. 2 Bände. Die tschechische Übersetzung von der Tochter eines patriotisch gesinnten Kaufmanns aus Polná bei Iglau Vlasta Pittnerová unter dem Titel *Odzbrojte!* kam im Prager Verlagshaus Beaufort unter der Obhut der tschechischen va-

gerade gelungenen Fortsetzung *Martha's Kinder*[2], die einst sehr gelesen waren, seit Jahrzehnten aber nicht mehr neu aufgelegt sind, räumt die Literaturgeschichte nur wegen seines Einflusses auf das Publikum von damals einen Ehrenplatz ein. Über ihren Zeitraum hinaus wirken sich doch immer noch die Aktivitäten Bertha von Suttners auf dem Friedensfeld aus, die bis in die moderne Friedensbewegung hinübergreifen, von denen wir mehr in den anderen Beiträgen dieses Sammelbandes zum hundertsten Jahrestag des Todes dieser bekannten Persönlichkeit erfahren.

Mein Beitrag möchte einen anderen Aspekt im Leben Bertha von Suttners beleuchten, und zwar den ihrer adeligen Herkunft und der komplizierten Beziehung Suttners zu ihrer gräflichen Familie. Nicht besonders viel ist bis heute darüber bekannt. Für Suttner schien dieser Aspekt ihres Lebens wohl nicht besonders wichtig gewesen zu sein, oder sie schwieg darüber wegen der nicht ganz geheilten Wunden, die zwar in ihrem ganzen langen Leben wohl doch in irgendeiner Form präsent waren, bis sie sich durch ihr Engagement für die friedliche Welt von ihnen lösen bzw. sie endgültig verdrängen konnte.

Auf ihr privates Leben, von dem sie ausgiebig in ihren Memoiren berichtet, werde ich meinen Fokus lenken, wobei ich mich auf eine ausführlichere Darstellung der ruhmreichen Geschichte ihrer altböhmischen adeligen Familie der Fürsten und Grafen Kinsky auf der einen und auf eine für ihr Leben wichtige Person ihres Vormundes, von dem sie in den Memoiren ein schönes Bild entwarf, auf der anderen Seite beschränke.

Bertha von Suttners Herkunft

Ihre Memoiren leitet Bertha von Suttner mit der vorgenommenen Absicht ein, noch mal die Stationen ihres Lebens vor ihrem inneren Auge auftauchen und von denen das (und dieses *das* möchte ich hervorheben) auf die

terländischen Intelligenz 1896 heraus. Ab 1892 (Gründungsjahr der Deutschen Friedensgesellschaft) gab sie zusammen mit Alfred Hermann Fried (1864-1921) ebenfalls in Dresden die „Monatszeitschrift zur Förderung der Friedensidee“ unter demselben Titel wie der Roman heraus. 1899 ging die Zeitschrift in die „Friedens-Warte“ über, die bis heute existiert und die älteste Zeitschrift für friedensrelevante Fragen im deutschen Sprachraum ist.

2 Bertha von Suttner: *Martha's Kinder*. Dresden und Leipzig 1903.

leeren Blätter ablichten zu lassen, was ihr (wiederum möchte ich das Pronomen unterstreichen) zur Wiedergabe geeignet erscheine[3]. Wie wir später lesen werden, stellt sie sich selbst als ein – trotz bescheidener Lebensumstände – doch bisschen verwöhntes Kind und eine selbstbewusste junge Dame adeliger Herkunft dar, die die Beschränkungen dieser Herkunft, weil sie wegen der nicht hochgeborenen Mutter nicht hoffähig ist, bald zu spüren bekommt. Legte sie Wert auf ihre hochadelige Herkunft? Bei den zahlreichen Schilderungen allen Vergnügens und des sorglosen Lebens der Société in den europäischen Bädern, Bad Homburg und Baden-Baden[4], in die sie ihre Mutter einführte, möchte man meinen: ja. Spielte ihre Herkunft dort eine Rolle? Wohl sicherlich. Warum also das hartnäckige Schweigen über ihre hochadelige Familie? Sie leitet die Memoiren mit dem Abdruck ihres Taufscheins ein, dem man einiges zwischen den Zeilen entnehmen kann.

> Aus der Geburts- und Taufmatrik der Pfarre St. Maria-Schnee, Lib. XIII. pag. 176, wird hiermit pfarrämtlich bestätigt, daß im Jahre eintausendachthundertvierzigdrei (1843) den 9. Juni in S. C. 697/2 geboren und hierauf den 20. ebendesselben Monates nach christkatholischem Ritus vom damaligen Ortspfarrer, wohlehrwürdigen Herrn P. Thomas Bazán getauft worden sei: Bertha Sophia Felicita Gräfin Kinsky von Chinic und Tettau, eheliche Tochter (posthuma) des hochgeborenen Herrn Franz Joseph Grafen Kinsky von Chinic und Tettau, pensionierten k. k. Feldmarschalleutnants und wirklichen Kämmerers, gebürtig aus Wien – eines ehelichen Sohnes des hochgeborenen Herrn Ferdinand Grafen Kinsky von Chinic und Tettau Exzellenz, k. k. Kämmerers und Landesobersthofmeisters und Besitzers der Herrschaft Chlumec, und dessen Gattin, hochgeborenen Frau Christine, geborenen Fürstin Liechtenstein – und dessen Gattin, hochgeborenen Frau Sophia Wilhelmine Gräfin von Chinic und Tettau, geborenen von Körner, gebürtig aus Prag (einer ehelichen Tochter des wohlgeborenen Herrn Joseph von Körner, k. k. Rittmeisters in der Armee, und dessen Gattin Frau Anna, geborenen Hahn). Pathen bei der Taufe waren Barbara Kraticek, Kammermädchen, und hochgeborener Herr Arthur Graf Kinsky von Chinic und Tettau. Hebamme Frau Sabina Jeřábek aus S. C. 124. Urkund dessen des Gefertigten eigenhändige Unterschrift und

[3] Bertha von Suttner: *Memoiren.* Stuttgart und Leipzig 1909. S. 15.
[4] Ebd., S. 62.

> das Pfarrsiegel. Prag, Pfarre St.-Maria-Schnee, den 27. November 1866. Dr. (unleserlich), Pfarrer bei St.-Maria-Schnee.[5]

Bertha Gräfin Kinsky wurde am 20. Juni 1843 in der Pfarr- und Klosterkirche St. Maria-Schnee getauft. Einige Fragen drängen sich auf. Es war durchaus üblich, die Neugeborenen adeliger Herkunft entweder in der Schlosskapelle (Palaiskapelle), oder in der Pfarrkirche des Sprengels, zu dem der Geburtsort gehörte, und zwar unmittelbar nach der Geburt zu taufen. Bertha wurde am 9. Juni geboren. Wäre sie im Palais Kinsky am Altstädterring unter gewöhnlichen Umständen auf die Welt gekommen, hätte sie wohl, wenn nicht im Palais selber, in der Altstädter Hauptpfarrkirche, der sogenannten Teynkirche getauft werden müssen. Wurde sie also woanders in Prag geboren? Früher führte man in der Sekundärliteratur das Kinsky-Palais auf dem Altstädter Ring an, obwohl ihr Taufschein in den Memoiren bereits 1909 abgedruckt wurde, in dem der Geburtsort erwähnt wurde, heute weiß man, dass sie in einem Bürgerhaus (Konskriptionsnummer 697) in der Prager Neustadt auf die Welt kam[6]. Und warum zögerte man fast vierzehn Tage mit der Taufe? Wegen der Taufpaten? Sie lassen nämlich für böse Vermutungen viel übrig. Bei der Taufe einer Hochgeborenen erschienen ein Kammermädchen und der ältere, erst sechsjährige Bruder des Taufkindes. Am Leben von den elf Geschwistern des Vaters war nur noch der Bruder Anton Graf Kinsky (1774 – 1864), aber insgesamt hatten die Geschwister zahlreiche Nachkommen, von denen niemand bei der Taufe anwesend war. Es muss etwas passiert sein, was sich in der späteren Beziehung der beiden Kinder (über Arthur sind wir nur spärlich informiert) zu dem väterlichen hochadeligen Haus niederschlug. Teilweise erklärt es Bertha in den Memoiren selbst:

5 Ebd., S. 15-16.

6 Siehe die Webseite der Tschechischen Bertha von Suttner-Gesellschaft (Společnost Berthy Suttnerové) http://spolecnostbertysuttnerove.sweb.cz/spolecnost-berty-suttnerove.html; (20.02.2015).
Aus den Forschungen im Nationalarchiv zum Geburtshaus Bertha von Suttner siehe einen Artikel von Milan Tůma auf: http://www.novysmer.cz/index.php?option=com_content&view=article&id=1556:berta-suttnerova-kinska&catid=29:kultura&Itemid=42. (20.02.2015).

> Unser Name hätte uns wohl berechtigt, in der höchsten Aristokratie zu verkehren, denn es gibt wohl keine Familie des österreichischen Hochadels, mit der wir nicht verwandt oder verschwägert gewesen wären. Aber man kennt diesen Hochadel schlecht, wenn man glaubt, daß Name und Verwandtschaft genügen, um aufgenommen zu werden. Dazu gehört – namentlich war es so in meiner Jugendzeit, jetzt ist man etwas weniger exklusiv – vor allem den Besitz von sechzehn Ahnen, d.h. die Hoffähigkeit. Diese besaßen wir nicht – meine Mutter war keine ‚Geborene'; zudem waren auch unsere Mittel sehr bescheiden, also war uns nicht möglich, in die erste Gesellschaft – sie selber nannte sich die ;Société' – von Wien zu gelangen.[7]

Die Familie ihres Vaters dürfte von den hochadeligen Verwandten stiefmütterlich behandelt worden sein. Suttner seufzt: „Prag war also die Stadt, in der meine Wiege, an der, wie an allen Wiegen, so manches nicht gesungen wurde, gestanden hat."[8] Als sie in den Memoiren über einen freundschaftlichen Besuch auf Schloss Olleschau (Oleška) in Nordwestböhmen berichtet, wo sie einer tschechischen Ansprache des Dorflehrers anlässlich eines großartigen Feuerwerks ihr zu Ehre gegenüberstand und tschechische Dankesworte erlernte, erwähnt sie zum letzten Mal ihre hochadelige Herkunftsfamilie, diesmal in Bezug auf die Sprache: „Die Kinskys sind zwar eine tschechische Familie, aber zu meiner Jugendzeit war das tschechische Nationalbewusstsein noch nicht erwacht, und in meinem Alter war ich dafür – da ich zum europäischen Bewusstsein gelangt war – auch nicht mehr empfänglich. Ich kenne meine Landessprache nicht."[9]

Wie weit in die Vergangenheit Suttners Kenntnisse über ihre hochadeligen Verwandten zurückreichten, lässt sich aus ihren Zeugnissen nicht herauslesen. Mit größter Wahrscheinlichkeit brach sie wie ihre Mutter, die in einer morganatischen, von der Kinsky-Familie abgelehnten Ehe mit dem Grafen Franz Joseph Kinsky lebte, alle Beziehungen zu ihrer adeligen Verwandtschaft ab. Wir möchten nun die Geschichte dieses Adelsgeschlechts, dem Bertha von Suttner angehörte, kurz historisch rekonstruieren.

7 Suttner: *Memoiren*, S. 62.
8 Ebd., S. 17.
9 Ebd., S. 537.

Die Familie Kinsky

Die Kinskys sind ein altehrwürdiges, böhmisches Adelsgeschlecht, welches sich vor allem in der Zeit nach dem Dreißigjährigen Krieg zur Blüte entfalten konnte, die aus ihm seit der damaligen Zeit eines bis heute der berühmtesten, bedeutendsten und wichtigsten böhmischen Adelsgeschlechter machte[10]. Die altböhmische Familie Vchynský ze Vchynic a Tetova ist seit dem Ende des 13. Jahrhunderts auf der Feste und im Dorf Vchynice bei Lovosice (Lobositz) in Nordböhmen, von wo sie ihren Namen herleitete, urkundlich als Wladyken, d.h. niedere Adelige, belegt, die falsche deutsche Bezeichnung Kinsky (später auch als Kinský ins Tschechische eingegangen) ersetzte den ursprünglichen Namen im Laufe des 17. Jahrhunderts, als die Familie in den Herrenstand erhoben wurde, zu dem sie später noch den Grafen- und Fürstentitel erwarb.

Entscheidend für den Aufschwung der Familie war das 15. und 16. Jahrhundert, wo sie zu zahlreichen Gütern durch Kauf, Erbschaften und durchdachte Heiratspolitik kam. In dieser Zeit des böhmischen Utraquismus mit seiner relativen Religionsfreiheit, gegen die die katholischen Könige der Jagiellonen (1471 – 1526) und der ersten Habsburger seit 1526, die meistens noch in Prag residierten, mild oder scharf aufzutreten versuchten, gehörten die Utraquisten Vchynskys zu den reichsten Familien im Königreich, doch ihrem Reichtum entsprach keineswegs die beschränkte politische Macht, die ihnen vom Herrenstand des Königreichs Böhmen zugesprochen wurde. Im 16. Jahrhundert gründeten drei Söhne von Jan Dlask ze Vchynic Jiří (Georg), Václav (Wenzel) und Kryštof (Christoph) drei Linien, die sich auch außerhalb Böhmens verbreiteten. Ein großer Teil der Nachfahren des Georg (verstorben bereits 1566) verließ nach der Schlacht am Weißen Berg 1620, wo die protestantischen und utraquistischen böhmischen Stände ihren Kampf gegen die Habsburger verloren, das Land und bot sich im Krieg Dänen und Schweden zu Diensten an, fortan lebten diese Nachfahren im protestantischen Nordeuropa, ein kleinerer Teil blieb in Böhmen, kehrte zum katholischen Glauben zurück und lebte auf den kleinen Gütern in Nordböhmen, bis er Ende

[10] Die folgenden Ausführungen stützen sich auf zwei wichtige Publikationen über das Adelsgeschlecht der Kinskys aus der neueren Zeit: Aleš Valenta: *Dějiny rodu Kinských*, České Budějovice 2004; Ivan Brož: *Velké postavy rodu Kinských*, Praha 1997.

des 17. Jahrhunderts ausstarb. Der dritte Sohn Christoph wurde 1555 ermordet, seine drei Söhne setzten sich schon gegen Ende des 16. Jahrhunderts in die Niederlanden ab, wo sie im Dienste der dortigen Stände gegen die Spanier kämpften, einer der Enkel des in Böhmen ermordeten Christoph, Christoph Burian Vchynsky, Sohn des Rittmeisters der niederländischen Armee Burian Vchynský, gründete die protestantische Linie der Kinskys, die bis heute in bürgerlichen Berufen in Belgien, den Niederlanden und um Hannover lebt.[11]

Der Zweitgeborene Wenzel wurde bereits 1542 ermordet, aber sein ältester Sohn Radslav verwaltete die Erbschaft so geschickt, dass er sie vervielfachte und ein reicher Mann wurde. Er stieg zum Kreishauptmann in Nordböhmen auf, 1611 wurde er zum Hofmeister am kaiserlichen Hof in Prag. In diese Zeit zwischen 1596 (Kreishauptmannamt in Nordböhmen) und 1611 (Hofmeisterstelle am kaiserlichen Hof in Prag) fällt die dunkle Geschichte von der Aufnahme der Vchynskys in den Herrenstand. Radslav Vchynský, Mündel der Waisen von Tetov (Tettau), eines Geschlechts aus der Niederlausitz, das schon im Herrenstand war, ersuchte als angeblich leiblicher Onkel der Verwaisten unter Berufung auf die Verwandtschaft mit den Tettauern durch das ähnliche Wappen auch für die Vchynskys um die Aufnahme in den Herrenstand. Vor dem dunklen und nicht ganz geklärten Hintergrund, dass man Fälschungen der Urkunden witterte und Radslav deshalb festgenommen und in den Kerker geworfen wurde, bis sich seine prekäre Lage durch die Begnadigung des Kaisers klärte, erlangte er 1611 doch die Aufnahme in den böhmischen Herrenstand mit dem Prädikat „z Vchynic a Tetova" für sich und seine Brüder. Auf die Söhne seines Bruders Jan (Johannes), der bereits 1590 als Burgverwalter von Karlstein, der kaiserlichen Schatzkammer, starb[12], ging das

[11] Diese Linie versuchte im 17. Jahrhundert (1679) und dann wieder im 18. Jahrhundert (1737-1739), als die Grafen und Fürsten Kinsky den Höhepunkt ihres Ruhms und ihrer Macht erreichten, zu den böhmischen und niederösterreichischen Linien Beziehungen anzuknüpfen, der Versuch wurde aber schroff abgelehnt. Vgl. *Ottův slovník naučný*, Bd. XIV., Praha 1899, S. 241.

[12] Die Geschichtswissenschaft ist sich in der Vermutung einig, dass Johannes Vchynsky, der Burggraf von Karlstein, „rechtzeitig" verstorben sei, da er wegen seiner streitsüchtigen und jähzornigen Natur (ein Charakterzug des ganzen Adelsgeschlechts der Kinskys auch in der Zukunft) mehrere Jahre in der Fehde mit dem Kaiser Rudolf war. Der Kaiser präferierte logischerweise die katholische Minderheitspartei in den mehrheitlich utraquistischen und protes-

Recht auch 1619, als er kinderlos starb, über. Von den sechs Söhnen, abgesehen von den zwei in Kämpfen gegen die Türken in Ungarn gefallenen Brüder Rudolf[13] und Jan,[14] des umstrittenen Karlsteiner Burggrafen griffen vier maßgeblich in die böhmische Geschichte dieser bewegten Zeit ein. Alle vier, immer noch Utraquisten, konnten durch ihr geschicktes Schwanken im Zwist zwischen dem geschwächten und immer machtloseren Kaiser Rudolf und seinem ehrgeizigen Bruder, dem Erzherzog und späteren Kaiser Matthias, politisches und wirtschaftliches Kapital schlagen, das den Einfluss der Familie für die kommenden Jahrhunderte im Kaiserreich stiftete.

Die drei jüngeren Söhne Vilém (Wilhelm), Radslav und Oldřich (Ulrich) vertraten wichtige Positionen im Kampf des aufständischen protestantisch-utraquistischen böhmischen Adels gegen die Habsburger und standen somit mitten in den Ereignissen, die unmittelbar zum Ausbruch des Dreißigjährigen Kriegs führten. Vilém (Wilhelm) Kinský[15] (1574-

tantischen böhmischen Ständen, denen zu dieser Zeit die Vchynskys als niederer Adel angehörten, und wollte die Stände umgehen, als er, ohne ihre Zustimmung abzuwarten, nach Absprache mit dem Prager katholischen Erzbischof seinen Kandidaten zum Karlsteiner Propst durchsetzte. Vchynsky wehrte sich eifrig und in abgeschmackter Manier, wie es ihm eigen war, unter dem Verweis auf die Verletzung der Ständefreiheit gegen die feierliche Einführung des Propstes ins Amt und geriet als Utraquist ins Schussfeuer der katholischen Adeligen und der Kaiserpartei, worauf seine Beschuldigung der Beleidigung der kaiserlichen Majestät folgte. Der Kaiser begnadigte ihn zwar, aber berief ihn zugleich vom wichtigen Burggrafenamt ab, worauf Johannes den Schutz der mächtigen Rosenberger aufsuchte, die als mäßige Katholiken einen Gleichgewichtsfaktor im religiös gespaltenen böhmischen Adel bildeten. Erneut der Falschheit von der katholischen Seite beschuldigt, entging er der sicheren Verurteilung durch den frühzeitigen Tod. Vgl. Valenta: *Dějiny rodu Kinských*, S. 16-21; *Ottův slovník naučný*, S. 241.

13 Rudolf Vchynský wurde 1597 vor Raab in Ungarn erschossen. Siehe *Ottův slovník naučný*, S. 241.

14 Jan (Johannes) Vchynský kämpfte seit 1596 gegen die Türken, 1599 fiel er in einer Schlacht in Ungarn. Siehe *Ottův slovník naučný*, S. 241.

15 Der frischgebackene Graf war der erste Vchynský, der den neuen Familiennamen Kinský (Kinsky) konsequent verwendete. Als Grund wird sein langjähriger Aufenthalt im deutschen Milieu angeführt, das Schwierigkeiten mit der Aussprache des tschechischen Namens „Vchynský“ hatte. Als ältesten Beleg der Verwendung des neuen Familiennamens in der Form „Kynský“ gibt Valenta (*Dějiny rodu Kinských*, S. 48) den Brief von Vilém Kynský an den

1634) verhielt sich im Ständeaufstand 1618 zurückhaltend gegenüber beiden Streitparteien, wurde zwar in das dreißigköpfige Direktorium gewählt, bald aber durch seinen Bruder Radslav ersetzt. Die Passivität im Aufstand lohnte sich: seine Besitztümer wurden – im Gegensatz zu denen seiner Brüder – vom Kaiser nach der Niederlage der Aufständischen nicht enteignet. Da er aber nicht auf den Glauben seiner Väter verzichten wollte, ging er freiwillig unter Beibehaltung der böhmischen Besitztümer ins Exil nach Pirna, wo er auf kaiserlichen Entscheid auf sein Ersuchen in Sachen des Glaubens wartete. Der Kaiser entschied sehr spät (1628) auf mächtige Fürsprache des Generals Wallenstein, dass er die Güter zwar unter Einsetzung eines katholischen Verwalters behalten, ins Land aber nicht zurückkehren könne, wenn er nicht zum Katholizismus übertrete. In demselben Jahr erhob ihn der Kaiser in den Grafenstand. Ab 1631 als Vertrauensmann Wallensteins in Sachsen war er wohl in alle geheimen Pläne Wallensteins für die Erlangung der böhmischen Krone durch Verrat des Kaisers verwickelt und avancierte mit seinem Schwager Adam Erdmann Trčka von Lípa zu den Verbündeten Wallensteins. Mit ihm wurde er 1634 in Cheb (Eger) ermordet.[16] Radslav Vchynský (1582-1660) ersetzte seinen Bruder Wilhelm 1618 im aufständischen Direktorium und

böhmischen Kanzler Karl von Liechtenstein vom 2. Juni 1623 an. Bemerkenswert ist, dass sich die „verdeutschte“ Form des Familiennamens in der böhmischen Linie rasch verbreitete, Johann Oktavianus, Sohn von Wilhelms Bruder Wenzel, führte sie für die ganze Familie ein, vielleicht deshalb, dass Wilhelm der reichste aller Brüder war und sich bereits für seine Person mit dem Grafentitel schmückte.

16 Seine fünf reichen, aber viel verschuldeten Herrschaften in Nordböhmen wurden zuerst geplündert, dann konfisziert und an Vertrauensmänner des Kaisers verschenkt oder billig verkauft. Von den fünf konnte die katholische Kinsky-Linie nur die Herrschaft Česká Kamenice (Böhmisch Kamnitz) retten, und zwar als Ersatz für die Forderung auf 491 000 Gulden, die Johann Oktavianus bei seinem Onkel hatte. Die Witwe des Ermordeten begab sich mit ihren drei Söhnen in die Obhut ihres Schwagers Radslav in die Niederlande. Alle drei Söhne studierten bei ihrem Onkel an der Universität in Leyden. Nach dem Westfälischen Frieden wandte sich der älteste der Brüder, Adolf Ernst, mit dem Gnadengesuch an den Kaiser, in dem er begründete, die Kinder trügen keine Verantwortung für Taten ihrer Väter, dem der Kaiser stattgab. Adolf Ernst kehrte mit seiner englischen Gemahlin nach Böhmen zurück, trat zum Katholizismus über und in das kaiserliche Militär ein. Seine Nachkommen

nahm im Gegenteil zu seinem Bruder aktiv an allen seinen diplomatischen und militärischen Aktivitäten teil. Er kämpfte 1620 in der Schlacht am Weißen Berg und floh nach der Niederlage der Stände in die Niederlande. Er war bekannt für seine Belesenheit, sein enormes Wissen und seine Sprachbegabung (er beherrschte acht Sprachen). Im Exil war er materiell gesichert, da er aus der Heimat erhebliche Geldsummen mitbrachte. Er wechselte das Schwert gegen die Feder, kämpfte in Reihen der niederländischen Armee, widmete sich aber mehr der Wissenschaft an den Universitäten in Groningen und Leyden, wo er über dreißig Jahre lang unterrichtete und schrieb. Er unterstützte die böhmischen Flüchtlinge, darunter die aus seiner eigenen Familie und die Religionsflüchtlinge um Comenius und seiner Brüdergemeinde[17]. Oldřich (Ulrich) Vchynský (1583 – 1620) bildete neben dem General Heinrich Thurn und den protestantisch-utraquistischen Adeligen Albrecht Jan Smiřický und Václav Budovec z Budova das Geviert im Kern des geheimen Ausschusses des Direktoriums. Er gehörte zu den Akteuren der Prager Defenestration, an der er handgreiflich beim Sturz der katholischen Statthalter teilnahm. Er starb noch vor der Schlacht am Weißen Berg und zum Grab begleitete ihn auch der „Winterkönig“ Friedrich von der Pfalz.[18]

Der älteste Václav Vchynský (Wenzel, 1572 – 1626) lavierte schlau zwischen beiden Habsburgern. Als Kämmerer in Diensten Matthias' seit dem Ende des 16. Jahrhunderts stellte er sich ihm gegenüber als entscheidender Gegner Rudolfs, besonders nach 1606, wo ihm der Kaiser einige Herrschaften wegen schlechter Wirtschaft abnahm, wofür er sich durch den Verrat geheimer Informationen aus den Ständen und der Kaiserpartei in Böhmen an seinen Brotgebern rächte. In bedrängter Lage der Kaiserlichen in Prag von Rudolf 1608 begnadigt, nahm er 1609 wesentlichen Anteil an der Verfassung des kaiserlichen Majestätsbriefs, mit dem die Religionsfreiheit in Böhmen auch für das einfache Volk garantiert war. 1611 durch die Initiative seines kinderlosen Onkels mit seinen Brüdern in den böhmischen Herrenstand erhoben, gelang es ihm auf bisher ungeklärte Weise vom Kaiser unter erneutem Umgehen der Stände zwei königliche Güter (Chlumec und Kolín) zu erzwingen, von denen das erste bis heute

lebten in Böhmen bis 1709, wo die Wilhelminische Linie der Kinskys ausstarb, denn die jüngeren Brüder Adolf Ernsts, Ulrich und Philipp Moritz, starben kinderlos im Exil.

17 Siehe Valenta: *Dějiny rodu Kinských*, S. 44-47; *Ottův slovník naučný*, S. 241.

18 Ebd., S. 41-44.

der Stammsitz der gräflichen Linie der Familie verblieben ist. Nach Rudolfs Tod beschuldigten ihn die Stände des Eidbruchs, enteigneten die von ihm erworbenen Güter und nahmen ihn gefangen. Der Kaiser Matthias begnadigte ihn 1616, aber ließ ihn zur lebenslangen Gefangenschaft nach Kladsko (Glatz, heute Kłodzko) schicken, von wo er auf eine abenteuerliche Art mit Unterstützung seiner Gemahlin fliehen konnte. Nach der Niederlage der Stände 1620 erneut begnadigt, trat er zum katholischen Glauben über und bekam das Gut Chlumec (Chlumetz) zurück. Alle heutigen Linien Kinskys hielten ihn für den eigentlichen Gründer des Kinsky-Dominiums. Sein einziger Sohn Jan Oktavián (Johann Oktavianus, 1604 – 1669) erweiterte das Dominium um Güter seiner in Folge der protestantisch-utraquistischen Rebellion gegen die Habsburger enteigneten Onkel Radslav und Vilém (Wilhelm) und machte aus der Herrschaft Chlumetz den Stammsitz der Familie.

Die Erhebung in den Reichsgrafenstand als Wchinsky von Wchinitz und Tettau mit dem Prädikat „Wohlgeboren“ wurde 1676 als Kinsky von Chinitz und Tettau dem František Oldřich (Franz Ulrich) Kinsky (1634-1699) vom Kaiser Leopold I. bestätigt und 1687 um das Prädikat „Hoch- und Wohlgeboren“ erweitert. Franz Ulrich bekleidete in der Regierung Leopolds I. die höchsten Staatsämter. Er wurde zum Vizekanzler und Statthalter, Präsident des Appellationgerichts, kaiserlicher Gesandter in wichtigen Staatssachen und der erste Träger des Ordens vom Goldenen Vlies in der Kinsky-Familie. Als er kinderlos starb übernahm die Funktion des Familienoberhauptes sein jüngerer Bruder Václav Norbert Oktavián (Wenzel Norbert Oktavianus, 1642 – 1719). Der setzte die gesellschaftlich-politischen und wirtschaftlichen Erfolge des älteren Bruders fort und mit seinen fünfzehn Kindern vermehrte er das alte Adelsgeschlecht um weitere Nebenlinien, die bis heute fortbestehen.[19] Für Bertha von Suttners Vorfahren war das achte Kind, der Sohn František Ferdinand (Franz Ferdinand, 1678 – 1741), ihr Ururgroßvater, von Bedeutung, denn ihn bedachte Wenzel Norbert Oktavianus mit dem Stammdominium Chlumetz und Franz Ferdinand wurde zum Gründer der Chlumetzer gräflichen Linie, der auch Bertha von Suttner entstammte. Dazu erwarb er die niederösterreichischen Herrschaften Angern und Matzen und damit die Aufnahme Kinskys 1745 in den niederösterreichischen Herrenstand. Sein

[19] Auch er wurde mit dem Goldenen Vlies ausgezeichnet, nach ihm wurden durch diese kaiserliche Ehrung noch weitere sechs Adelige aus dem Hause Kinsky ausgezeichnet.

jüngerer Bruder Štěpán Vilém (Stephan Wilhelm, 1679 – 1749) trat in den diplomatischen Dienst Karls VI. ein und setzte ihn unter Maria Theresia fort. Bis zu seinem Tod blieb er ihr und dem neuen Hause Habsburg-Lothringen treu. Diplomatische Missionen führten ihn nach Russland, Frankreich und England, wo er unerschütterlich die Interessen der Habsburger verteidigte. Für diese Verdienste in der Staatspolitik wurde er vom Kaiser Franz Stephan von Lothringen 1747 in den Reichsfürstenstand erblich in der Primogenitur mit dem Prädikat „Hochgeboren" erhoben. Nur zwei altböhmische Adelsfamilien – Kinsky und Lobkowicz – durften sich mit dieser höchsten Beförderung rühmen. Dem vorangegangen war 1746 die Aufnahme in den böhmischen Fürstenstand, erblich in der Primogenitur mit dem Prädikat „Hoch- und Wohlgeboren". Stephan Wilhelm bekam von seinem Vater die Herrschaft Choceň (Chotzen) in Ostböhmen zugeteilt und wurde zum ersten Fürsten des Hauses und Gründer der Chotzener fürstlichen Kinsky-Linie, die drei Jahre nach seinem Tod, als sein Sohn und Nachfolger, der zweite Fürst František Josef (Franz Josef, 1726 – 1752), kinderlos sechsundzwanzigjährig starb, nach familiärer Vereinbarung an Nachkommen Stephan Wilhelms Bruder Filip Josef (Philipp Josef, 1700-1749) überging. Dieser setzte (mit seinem jüngeren Bruder Josef Jan Maxmilián (Joseph Johannes Maximilian, 1705 – 1780) als Erbe der nordböhmischen Herrschaften Kinskys Česká Kamenice (Böhmisch Kamnitz) und Sloup (Bürgstein) seine wirtschaftlichen und technischen Erfahrungen, die er während seines langjährigen diplomatischen Dienstes in England sammelte, in die Praxis auf seinen Herrschaften um und initiierte die industrielle Entwicklung dieser Gebiete schon im 18. Jahrhundert.

In dieser Zeit standen die Kinskys auf dem Höhepunkt ihres politischen Einflusses in der Habsburgermonarchie. Aus der Familie kamen auf den Wiener Hof erfolgreiche Politiker und Diplomaten, die das Habsburger Reich auf den wichtigsten Posten der damaligen europäischen Politik vertraten und zu Vertrauenspersonen mehrerer Kaiser des späten 17. und des 18. Jahrhunderts, u. a. Josef I., Karl VI., Maria Theresia und Josef II., wurden. Trotz internationalem Engagements und längeren Aufenthalten am Wiener Hof behielten die Kinskys als urwüchsiges böhmisches Geschlecht Liebe und Zuneigung zu ihrer böhmischen Heimat. Auch bei ihnen schwindet allmählich die Anwendung der tschechischen Muttersprache dermaßen, wie die deutsche Agenda für die böhmischen Länder von Wien aus anwächst, wie die fremden Gemahlinnen italienischer oder deutscher Herkunft und die fremdsprachigen Erzieher des adeligen Nachwuchses des Tschechischen nicht mächtig sind. An größerer Bedeutung als die Muttersprache gewann die auf barocke Pracht ausgerichtete katholische Religion als neues Bindeglied des sich neu konstituierten internationalen Adels der absolutistischen Vielvölkermonarchie. Diese barocke Kultur formierte in einer bis zwei Generationen die Mentalität und den Lebensstil des böhmischen, jetzt eher schon böhmisch-österreichischen Adels für mehrere folgende Jahrhunderte.[20] Die gesellschaftliche Karriere der Kinskys setzte sich bis zum Untergang der Monarchie fort: seit 1719 hatte das Geschlecht erblich den Titel des Obersthofmeisters im Königreich Böhmen inne. Aus dem Geschlecht kamen fünf Ritter des Maria-Theresia-Ordens und acht Ritter des Ordens vom Goldenen Vlies. Seit 1861 war dem Haus Kinsky die erbliche Mitgliedschaft im Herrenhaus des österreichischen Parlaments zugewiesen, seit 1905 dürfen sich die Fürsten Kinsky mit dem Prädikat „Durchlaucht" schmücken.

Abgesehen von vielen kaiserlichen Diplomaten, Geheimräten und Geheimkämmerern, die die österreichische Politik seit dem 17. Jahrhundert mitbestimmten, sind zwei Mitglieder des Hauses in diesem Zusammenhang hervorzuheben, die sich mit goldenen Buchstaben in die Geschichte Österreichs und Böhmens einschrieben.

Franz Joseph Graf Kinsky (1739 – 1805) aus der gräflichen Linie des Hauses, der jüngste Sohn des Franz Ferdinand (1678 – 1741), war Bruder des Großvaters von Franz Joseph Grafen Kinsky, des Vaters von Bertha von Suttner. Er studierte am Theresianum in Wien und an der Universität von Prag, wo er sich vor allem in der Mathematik glänzend bewährte. Auf

[20] Siehe Valenta: *Dějiny rodu Kinských*, S. 61.

ihn (neben Ignaz Born[21]) geht die Gründung der Gelehrten Gesellschaft[22] in Prag im Jahre 1770 im aufklärerischen Geiste, aus der die Königliche

[21] Ignaz Born [Ignác Born] (1742 – 1791) war namhafter böhmischer Naturwissenschaftler, Privatgelehrter, der sich vorwiegend mit der Mineralogie und Geologie beschäftigte. Er stammte aus einer katholischen Familie sächsischer Herkunft aus Siebenbürgen, wuchs in Wien auf, 1762 ging er nach Prag, wo er zuerst Jura studierte. Nachdem er drei Jahre (1763 – 1766) die Vorlesungen des Montanisten Johann Thaddäus Peithner besucht hatte, wandte er sich den Naturwissenschaften zu. Er gründete in Prag die Private Gelehrte Gesellschaft in Böhmen und ihr erstes Organ »Prager Gelehrte Nachrichten« und versammelte um sich herum hervorragende zeitgenössische Wissenschaftler, die sich als »Bornianer« gegen Seibt und seinen Kreis, dem sie mangelnde wissenschaftliche Bildung vorwarfen, profilierten. 1766 ging er nach Wien zurück, wo er 1791 starb.

[22] Die »Gelehrte Gesellschaft« war in Prag zwischen 1770 und 1772 aus einem »Learned club«, aus dem der Leseraum der internationalen Zeitungen und Zeitschriften in der Buchhandlung Wolfgang Gerles, wo sich Wissenschaftler und Freunde Ignaz Borns trafen, hervorgegangen. Im Gegensatz zu ihrem vermeintlichen Vorbild, der in Wien 1761 durch Joseph von Riegger (1742 – 1795) ins Leben gerufenen aufgeklärten »Deutschen Gesellschaft«, die sich zur Aufgabe setzte, das Wiener Publikum mit den Werken der deutschen Aufklärungsdichter (Christian Fürchtegott Gellert, Salomon Gessner, Friedrich von Hagedorn, Ewald Christian von Kleist, Friedrich Gottlieb Klopstock, später kam noch der Lieblingsautor der Wiener Christoph Martin Wieland hinzu) bekannt zu machen, verfolgte sie von Anfang an rein wissenschaftliche Ziele und war den »Schöngeistern« um Seibt feindlich gesinnt. Unter der Führung Borns hieß sie bis 1784 Private Gelehrte Gesellschaft, in den Jahren 1784 – 1789 trat sie unter dem Namen Böhmische Gesellschaft der Wissenschaften auf. Die ab 1790 den Titel Königliche Böhmische Gesellschaft der Wissenschaften tragende Organisation wirkte über anderthalb Jahrhunderte auf die Entwicklung der Wissenschaften in den böhmischen Ländern ein und zwar bis zu ihrer Auflösung in der von der kommunistischen Regierung 1953 gegründeten Tschechoslowakischen Akademie der Wissenschaften. Es ging in ihrem Fall schon um eine zweite Gründung einer Gelehrten Gesellschaft auf böhmischem Boden im 18. Jahrhundert. Eine intellektuelle Vereinigung nach dem Vorbild der italienischen Akademien gründete Joseph von Petrasch (1714 – 1772) schon 1747 in Olmütz die sog. Gesellschaft der Unbekannten (Societas incognitorum), eine lose Vereinigung der Gelehrten, die sich im Olmützer Palast des Freiherrn von Petrasch regelmäßig traf und über die gelehrten Probleme diskutierte. Die Gesellschaft gab in den Jahren 1747 – 1748 auf Deutsch ein Rezensionsblatt unter dem Titel »Monathliche Auszüge alter und

Gesellschaft für die Wissenschaften in Böhmen, die heutige Akademie der Wissenschaften, hervorging, zurück. Auf Wunsch der Kaiserin begab er sich auf Studienreisen nach Stuttgart und in die Schweiz, wo er die neuen erzieherischen Methoden des Pestalozzi studierte. Nach der Rückkehr wurde er zum Direktor der Militärakademie in Wiener Neustadt befördert, zu deren faktischen Mitbegründern man ihn zählen darf. 1773 kam bei Gerle in Prag anonym seine Schrift „Erinnerung über einen wichtigen Gegenstand von einem Böhmen" heraus. Der wichtige, im Titel erwähnte Gegenstand ist nichts Minderes als die Erziehung des jungen Adelsgeschlechts nach modernen Methoden, für die sich Kinsky im Buch einsetzt. Unter Berufung auf Comenius und Pestalozzi verlangt er in der Erziehung der jungen Generation das Gleichgewicht zwischen Leibes- und Geistesübungen und den anschaulichen Unterricht in der Nationalsprache, wobei er die zweite Forderung leicht ironisch entkräftete mit dem Hinweis auf seine böhmischen oder gar slawischen Vorurteile:

> Ich gestehe, daß ich als ein guter Abkömmling der Slaven das Vorurtheil mitgeerbt habe, es müsse, wenn die Muttersprache eines Franzosen die französische, und eines Deutschen die deutsche ist, solches für einen Böhmen die böhmische seyn. Da man aber größtentheils der gegenseitigen Meinung folgt, und meine slavischen Begriffe von der Erziehung überhaupt nicht sehr mit den angenommenen Meinungen überein kommen dürften; so will ich keinen Streit darüber anfangen, was ein Böhm eigentlich für eine Muttersprache haben soll, und nur unmaßgeblich den Nuzen bestimmen, der aus dem Böhmischen entspringen könnte.[23]

neuer gelehrter Sachen« heraus, in dem Werke von Johann Elias Schlegel, Christian Fürchtegott Gellert oder Friedrich von Hagedorn besprochen und Auszüge aus ihnen abgedruckt wurden. Angeregt von Gottscheds Literaturbestrebungen in Deutschland, trugen die »Auszüge« zur Verbreitung moderner deutscher Literatur in Böhmen und ganz Österreich bei. Petrasch legte 1749 Maria Theresia seinen, unbeachtet gebliebenen »Entwurf einer Kaiserlich österreichischen Akademie der Wissenschaften« vor. Vgl. J. Haubelt, *Tschechische Aufklärung*, S. 155-65, 291-312; H. Zeman (Hg.): *Literaturgeschichte Österreichs*. Graz 1996, S. 275; G. Waniek: *Gottsched und die deutsche Literatur seiner Zeit*. Leipzig 1897, S. 548.

[23] *Des Grafen Franz Kinskys gesammelte Schriften. Dritter Theil; welcher die Erinnerungen über einen wichtigen Gegenstand, von einem Böhmen, enthält.* Wiener Neustadt 1806, S. 59.

Daraus folgerte er, wieder unter einem leicht ironischen Anhauch, er hege in sich slawische Vorurteile, die nationale Geschichte der Tschechen in Böhmen solle Vorrang vor allen anderen nationalen Geschichten haben, denn er könne sich seinen Vorurteilen zufolge gar nicht vorstellen, die eigene Geschichte solle dem Tschechen in seiner Erziehung nicht an erster Stelle stehen. Diesen Ausführungen wegen, zwar auf Deutsch verfasst, zählte die Bewegung der tschechischen nationalen Wiedergeburt Franz Joseph Grafen Kinsky zu den Apologeten des tschechischen Volkes, obwohl die Schrift keinesfalls als eine Apologetik der tschechischen Sprache verstanden werden kann. Sie ist nichts anderes als ein geschickt formuliertes, in ihrer Entstehungszeit bedeutendes und umfangreiches pädagogisches Werk, das sehr bald sogar ins Französische übersetzt worden war.

Rudolph Fürst Kinsky (1802 – 1836), der sechste[24] in der Primogenitur, ist berühmt als böhmischer Patriot und Förderer der tschechischen Nationalbewegung. Finanziell unterstützte er den Historiker František Palacký[25] und die tschechischen Schriftsteller der nationalen Wiedergeburt

24 Einer der Urenkel des Fürsten Rudolf ist auch der österreichische Schauspieler und Regisseur Nikolaus Kinsky (geb. 1957).

25 František Palacký (1798 – 1876) war ein tschechischer Historiker und Politiker evangelisch-lutherischen Bekenntnisses. Seit 1838 war er als Landeshistoriograph der böhmischen Stände tätig, 1827 bis 1838 als Redakteur der tschechischen Zeitschrift des böhmischen Landesmuseums, an deren Gründung und Aufbau zu einem Sprachrohr tschechischer Intellektueller er großen Anteil hatte. 1830 war er Gründungsmitglied der tschechischen kulturellen Vereinigung „Matice Česká“ und des Vereins zum Bau eines tschechischen Nationaltheaters. Im Jahr 1832 begann František Palacký an einer umfangreichen „Geschichte des tschechischen Volkes in Böhmen und Mähren“ zu schreiben, die 1848 in tschechischer Sprache unter dem Titel „Dějiny národu českého v Čechách a v Moravě“ erschienen ist. Im Revolutionsjahr 1848 lehnte Palacký seine Teilnahme am Frankfurter Parlament sowie einen Anschluss slawischer Gebiete an ein Deutsches Reich ab. Er wurde Mitglied der österreichischen Volksvertretung in Wien und Kremsier, Präsident des Slawenkongresses in Prag, 1861 Mitglied des österreichischen Herrenhauses und war 1861 bis 1875 Abgeordneter des böhmischen Landtags. Besonders hervorzuheben sind Palackýs Forschungen zur tschechischen Geschichtsschreibung. Er ging in verklärender Sicht davon aus, dass die Slawen seit frühesten Zeiten ein friedliches und demokratisches Volk waren. Er idealisierte die grausamen Kriegszüge der Hussiten, die er als Vertreter einer demokratischen

František Ladislav Čelakovský[26] und Pavel Josef Šafařík[27]. Palacký sammelte und sichtete für den Fürsten historische Materialien, die die Geschichte des Hauses Kinsky betrafen, und schrieb sie eigenhändig ab. Dadurch wurden Grundelemente für die genealogische Forschung des Hauses gelegt, die bis heute vom Chlumetzer Majorat fortgesetzt sind. Seine größte Tat dürfte wohl die Gründung von Matice česká[28] gewesen sein, deren erster Kurator er wurde. Josef Dobrovský[29] widmete ihm seine

Grundhaltung ansah. Die Niederlage der böhmischen evangelisch-lutherischen Stände in der Schlacht am Weißen Berg bei Prag und die darauffolgende Rekatholisierung in Böhmen sah er als nationale Katastrophe an.

26 František Ladislav Čelakovský (1799 – 1852) war Slawist, tschechischer Dichter und Übersetzer. Er studierte Philologie an der Universität Prag und in Linz, von 1821 bis 1829 lebte er als Übersetzer und Hauslehrer. 1830 erhielt er ein Angebot, in Sankt Petersburg eine slawische Bibliothek zusammen mit Pavel Josef Šafařík einzurichten, die sie dann auch leiten sollten. Čelakovský wurde aber kurz darauf Bibliothekar bei Rudolf Fürst Kinsky in Prag bis 1842. Im Anschluss an seine Tätigkeit als Bibliothekar der Adelsfamilie Kinsky wurde er 1843 an die Universität Breslau als Professor der slawischen Sprachen und Literaturen berufen, von wo er 1849 an die Karl-Ferdinands-Universität Prag als Professor der tschechischen Sprache und Literatur wechselte.

27 Pavel Josef Šafařík (1795 – 1861), war ein tschechischer Wissenschaftler und Dichter slowakischer Herkunft. Neben Josef Dobrovský gilt er als einer der Begründer der wissenschaftlichen Slawistik. Ab 1841 wirkte er als Kustos der Prager Universitätsbibliothek. 1848 wurde er auf den Lehrstuhl für Vergleichende Slawische Philologie an der Universität Prag als außerordentlicher Professor berufen, verzichtete aber zugunsten von František Ladislav Čelakovský auf dieses Amt. Obwohl er sich selbst als Slowaken bezeichnete, schrieb Šafařík fast ausschließlich auf Tschechisch und Deutsch. Zu seinem bedeutendsten Werk gehören „Slovanské starožitnosti" (1837), sein Hauptwerk, dt. Fassung „Slawische Altertümer", das erste umfassende Werk über die Kultur und Geschichte der Slawen.

28 Matice česká war eine 1831 auf Initiative von František Palacký gegründete Gesellschaft. Sie befasste sich mit der wissenschaftlichen und aufklärerischen Arbeit auf dem Gebiet der Kunstgeschichte, Literaturgeschichte und des Bibliothekenwesens. Die Gründer, ausschließlich tschechische Patrioten, neben Palacký auch Rudolf Fürst Kinsky, wollten die Bedeutung der tschechischen Sprache und Literatur im Königreich Böhmen erhöhen.

29 Josef Dobrovský (1753-1829) war einer der wichtigsten böhmischen Sprachwissenschaftler aller Zeiten, bis heute wird er als Begründer der wissenschaft-

überarbeitete böhmische Grammatik von 1822. Seit 1825 war der Fürst im Staatsdienst tätig, seine Beliebtheit in Böhmen beunruhigte angeblich die Metternich-Regierung dermaßen, dass sie ihn lieber zum Gesandten in Sardinien und Parma ernannte und später zum Präsidenten der oberösterreichischen Regierung in Linz, wo er in jungem Alter der Typhusepidemie erlag, nur um ihn aus Böhmen fernzuhalten.

Bertha von Suttners nahe Verwandte – Vater und seine Geschwister

Aber zurück zum Vater von Bertha. Franz Joseph Graf Kinsky von Chinic und Tettau wurde am 12.10.1768 als viertes Kind und der drittälteste Sohn von insgesamt zwölf Kindern Franz Ferdinand Hieronymus Joseph Grafen Kinsky von Chinic und Tettau (1738 – 1806), dem Besitzer der Herrschaft Chlumetz, und seiner Gattin Maria Christine Fürstin von und zu Liechtenstein (1741 – 1819) geboren.

Dem ältesten Bruder Leopold Joseph (1761 – 1831) wurde die Herrschaft übertragen, fünf jüngere Brüder schlugen wie üblich bei den Kinskys die Militärlaufbahn ein, drei starben im jungen Alter. Vier davon sind als sog. vier Generäle bekannt, davon auch der Vater von Bertha, alle nahmen an Kriegen gegen Napoleon teil, einige mit eigenen Regimentern: Karl Graf Kinsky (1766 – 1831) vermählt mit Elisabeth von Thun und Hohenstein, Franz Joseph Graf Kinsky, Berthas Vater, Anton Graf Kinsky (1774 – 1864) und Christian Graf Kinsky (1776 – 1835). Alle vier, da sie nicht die Erstgeborenen waren, waren aus der Erbschaft des Chlumetzer Dominiums ausgeschlossen, aber nach ihrem Onkel Philipp Joseph (1741 – 1827), dem kinderlosen einzigen Bruder ihres Vaters, erbten sie ungleichmäßig Teile seines Besitzes: Karl heiratete die Gräfin Thun Hohenstein, erhielt die Herrschaft Bürgstein (Sloup v Čechách) in Nordböhmen, wo er die nordböhmische Bürgsteiner Linie der Kinskys, die sich

lichen Bohemistik und Slawistik geehrt. Er verfasste die erste böhmische literaturwissenschaftliche Arbeit »Geschichte der böhmischen Sprache und Literatur« (1792), die erste wissenschaftlich aufgebaute tschechische Grammatik »Ausführliches Lehrgebäude der böhmischen Sprache« (1809) und »Das deutsch-böhmische Wörterbuch« (1802-21). Um die Konstituierung der Slawistik erwarb er sich mit dem lateinischen Schriftstück »Institutiones linguae Slavicae dialecti veteris« (1822) Verdienste. Dobrovský war Schüler Seibts, seine Arbeiten schrieb er auf Deutsch oder Latein.

später in eine mährische verästelte, gründete; Christian erbte die niederösterreichischen Niederlassungen Matzen und Angern der Kinskys, die im 18. Jahrhundert angekauft wurden, und das Palais in Wien und gründete die neue Matzener niederösterreichische gräfliche Linie der Kinskys, mit der als der einzigen der vielen Kinsky-Linien Bertha von Suttner Beziehungen pflegte; Generalmajor Anton bekam eine jährliche Rente in Höhe von 3000 Gulden und dazu ein Kapital von 40 000 Gulden und Franz Joseph, der letzte, zwar fast sechzigjährig und nicht verheiratet, musste sich mit der bescheidenen Jahresrente von 2000 Gulden zufrieden geben[30].

Warum Franz Joseph mit so einer relativ kleinen Summe im Vergleich mit seinen Brüdern abgefertigt wurde, ist nicht klar. Steckten dahinter Unstimmigkeiten in seinem Leben, die den hochadeligen Verwandten ein Dorn im Auge waren? Oder sollte ihm als unverheirateten älteren Mann, nach dem Beschluss des Hauses, die ausgezahlte Apanage genügen? Dazu muss ich noch erwähnen, dass der fünfte Bruder im österreichischen Militär, Ferdinand Prokop Graf Kinsky (1772 – 1843), der es in seiner Karriere nur bis zum Major brachte und unverheiratet blieb, aus der Erbteilung nach Philipp Joseph völlig ausgeschlossen war. Doch sieben Jahre später (im Jahre 1834) heiratete der sechsundsechzigjährige Graf die um 47 Jahre jüngere Sophie Wilhelmine Körner (1815 – 1884), vielleicht Tochter des Rittmeisters Körner, eines seiner Militärkameraden, zu denen auch der spätere Vormund Berthas, Friedrich Landgraf Fürstenberg, zählte. Die standesungemäße Ehe mit einer um zwei Generationen jüngeren bürgerlichen Tochter war wohl der Grund der Spaltung in der Adelsfamilie, die nach dem Tod des fünfundsiebzigjährigen Grafen in seiner Wohnung in Wien den Abbruch aller Beziehungen nach sich zog. Hier gründet wohl auch die Erklärung, warum Bertha nicht im Palais Kinsky in Prag[31] zur Welt kam, sondern bei den Verwandten der Mutter, die ja aus Prag stammte.

An den Vater konnte sich Bertha von Suttner nicht erinnern, er starb sechs Monate vor ihrer Geburt. Überraschend eher negativ äußert sie sich in den Memoiren zu ihrem Bruder, zu dem sie wohl keine innige Beziehung aufbringen konnte. Man weiß sogar auch nicht ganz genau, ob er bei der Familie in Brünn war, wohin die Mutter mit der Tochter übersiedelte,

30 Siehe Valenta: *Dějiny rodu Kinských*, S. 142-43.

31 Das Palais in Wien in der Herrengasse gehörte in dieser Zeit der niederösterreichischen Matzener gräflichen Linie der Kinskys.

da jedwede Erwähnung über sein Dasein dort fehlt. Davon, dass Bertha von Suttner mit ihrer eigenen Vergangenheit als Grafentochter Kinsky nach der Heirat mit Arthur Gundaccar von Suttner gründlich abbrach, zeugt ihre Eintragung über den Tod von Tante Lotti, Schwester der Mutter, die für sie das einzige Verknüpfungsband mit der Vergangenheit war. „Zwar lebte ja mein Bruder", erinnert sie sich zwanzig Jahre später an die 1890er Jahre,

> aber bis auf ein paar selten getauschte Briefe waren wir in keinem Kontakt miteinander geblieben. Daher habe ich in diesen Aufzeichnungen auch nicht mehr von ihm erzählt. Er war ein Sonderling. Lebte ganz menschenscheu und zurückgezogen in einer kleinen dalmatinischen Stadt, beschäftigte sich mit Blumenzucht und Schachspiel. Seine Gesellschaft bestand aus einer Anzahl Katzen. Spazierengehen am Strand des Meeres, Lektüre botanischer und mineralogischer Werke waren seine einzigen Passionen. Ich hatte ihn seit 1872 nicht gesehen und bin auch bis zu seinem vor einigen Jahren eingetroffenen Tode nicht wieder mit ihm zusammengekommen.[32]

Völlig vergessen starb Arthur Franz Graf Kinsky, auch von seiner einzigen Schwester verlassen, im Mai des Jahres 1906 im Alter von 69 Jahren in einem nicht erwähnten Ort in Dalmatien. Zog er sich dorthin nach dem Tod seiner Mutter, mit der er wohl nach der Entlassung aus der Armee zusammenlebte[33], zurück? Das wissen wir nicht. Sehr merkwürdig ist, dass sich die Geschwister lange 34 Jahre nicht gesehen und eigentlich nichts voneinander gewusst hatten.

Die einzigen Verwandten aus der großen Familie Kinsky, die Bertha von Suttner liebevoll erwähnt, sind die Nachkommen der niederösterreichischen Matzener Linie, die sich vom Bruder ihres Vaters Christian Graf Kinsky (1776 – 1835) abzweigte und hundert Jahre später (1960) mit dem letzten Grafen dieser Linie Maria Paul Nikolaus Rudolf Christian erlosch.

[32] Suttner: *Memoiren*, S. 281.

[33] „Mein Bruder, der im Jahre 1854 als Leutnant ausgemustert worden, hatte seit einem Jahre den Dienst verlassen, weil er Blut gespuckt hatte und weil ihm überhaupt das Dienen im höchsten Grade zuwider war. Er lebte mit uns. Meine Mutter war zu Tode froh, daß ihr einziger Sohn nicht mehr in der Armee war, als der Krieg ausbrach." So eine der seltenen Erinnerungen Suttners an ihren Bruder im Zusammenhang mit dem Krieg mit Italien im Jahre 1859. In: Suttner: *Memoiren*, S. 57.

Sie besuchte einige Mal das Schloss Matzen, zwei Besuche sind ausführlicher beschrieben, wobei man erfährt, dass die Besuche nur auf die Einladung der Schlossherren erfolgten, was wohl relativ selten war. Der beschriebene Besuch im Jahre 1854 war der letzte, später in Wien verkehrte aber Bertha von Suttner noch mit ihrem Vetter Christian Joseph (1822 – 1894), der um zweiundzwanzig Jahre älter als sie war:

> „Einen lustigeren, witzigeren Menschen als ‚Christl' Kinsky kann man sich nicht vorstellen. Des ist die ganze Wiener Gesellschaft Zeuge. Noch in seinem späten Alter, auf dem nichts weniger als lustigen Posten eines Landmarschalls, wußte er Heiterkeit und Gemütlichkeit bis in die parteizerrissene Landstube zu bringen."[34]

In einer frühen Erinnerung hatte sie noch die Tante Betty – ob man sie so anrief ist fraglich – es muss sich um die Gräfin Ernestine Kinsky, geborene Poirot de Blainville, die Witwe von Christian gehandelt haben. Die Suttner führt an, 1854 sei diese nicht mehr am Leben, was wohl nicht stimmen konnte, da sie erst 1861 auf dem Schloss Matzen starb[35]. Die Erinnerung an ihre beiden älteren Cousinen Rosa (Rosalie Gräfin Kinsky, 1818 – 1903, verheiratete Freifrau von Haan, zog nach der Heirat 1847 nach Graz um) und Tinka (Ernestine Gräfin Kinsky, 1827 – 1917, heiratete 1852 den General und Festungskommandanten Ludwig Grafen Folliot de Creneville und zog mit ihm nach Mainz) ist lebendig und richtig; beide Cousinen waren 1854 schon aus dem Haus. Ein liebevolles Bild der beiden Geschwister skizziert Bertha von Suttner auch in den Memoiren, das davon zeugt, dass die Beziehungen zu den Matzener Kinskys trotz der Versicherung Berthas, sie habe kein Band mehr zu ihrer Vergangenheit und ihren Verwandten, auch in späteren Jahren bestanden:

> Großes Vergnügen gewährte es uns auch, im Hause meines Vetters Christian Kinsky zu verkehren. Jedesmal, wenn wir nach Wien kamen, wurden wir von ihm und seiner grundgescheiten Gattin Therese zu Tisch geladen. Christian war damals Landmarschall von Österreich. Die Bürde und Würde seines Amtes nahmen ihm nichts von seiner sprühenden Laune, von seinem unverwüstlichen Witz. Und diese freien, hellen Anschauungen dabei! Auch Therese dachte in allen Dingen sehr liberal. Hingegen die Schwester Christians, Gräfin Ernestine Crenneville, die öfters an

[34] Ebd., S. 24.

[35] Siehe Valenta: *Dějiny rodu Kinských*, S. 307.

> Nachmittagen mit einer Handarbeit auf einen „Plausch" heraufkam (sie wohnte in einem unteren Stockwerk des Kinskyschen Hauses in der Laudongasse), war, ganz nach allgemeiner Art der österreichischen Aristokratie, sehr gläubig und kirchlich gesinnt. Sie hatte manchmal versucht, den Bruder zu bekehren, aber dieser winkte scherzend und neckend ab, und sie vertrugen sich beide ganz gut. Es wäre auch schwer gewesen, sich mit Ernestine nicht zu vertragen, denn ihre Frömmigkeit war eine tolerante und sie war die Güte und Sanftmut selber.[36]

Bertha Gräfin Kinsky löste sich von allen Banden, die sie mit ihrer zwar gräflichen, aber bescheidenen Vergangenheit verknüpften, spätestens mit ihrem Engagement als Erzieherin im Hause Suttner, das sie 1873 antrat. Seitdem gehörte ihre Zuneigung nur ihrem späteren Mann, mit dem sie ihr großes pazifistisches Werk verwirklichte. Ruhm und Bewunderung, Verkehr in den höchsten Etagen der Weltpolitik, liberale Ansichten entfernten sie mehr und mehr von der verschnürten Gesellschaft der Etikette, in der sie aufgewachsen war, aber die ihr den Zugang in ihre Reihen verwehrte. Nur der eine von der großen Verwandtschaft bestand in ihren Augen – der liberale und witzige Graf Christian. Er erlebte den Triumph seiner Cousine nicht mehr – er starb im Jahre 1894.

Graf Fürstenberg – Vormund und Beschützer der kleinen Adeligen

Noch eine adelige Person aus den Memoiren ist zu erwähnen. Eine zu der Bertha wie ihrem eigenen Vater aufblickte und ihn bis zu seinem Tod hochschätzte. Friedrich Michael Johann Joseph, Landgraf zu Fürstenberg (1793 – 1866), gehörte wohl zum engeren Freundeskreis ihres verstorbenen Vaters (obwohl um fünfundzwanzig Jahre jünger), zu dem, wie ich vermute, auch der Vater von Sophie Körner, Rittmeister Joseph Körner zählte – „Vormund und Beschützer und sorgender Freund des vaterlosen Kindes – treu bis zum Tod"[37] blieb dieser der kleinen Bertha im Gedächtnis. Zu ihrer Geburt war dieser „Grandseuigner" über fünfzig Jahre alt, er gehörte der landgräflichen Linie Fürstenberg-Weitra des alten schwäbischen Adels an, die ihre Besitzungen in Niederösterreich, Mähren und Schlesien hatte.[38] Er war ledig -

[36] Suttner: *Memoiren*, S. 327.

[37] Ebd., S. 19.

[38] Vgl. *Ottův slovník naučný*, Bd. IX., Praha 1895, S. 783-784.

> (Er selbst hat, obwohl der Mannesstamm mit ihm erlöschen sollte, nicht ans Heiraten gedacht. Die Ursache war, daß er eine Herzensneigung zu einer Frau hegte, die zwar auch die Witwe eines Aristokraten, aber von Geburt aus nicht hoffähig war, also erschien ihm eine Heirat mit ihr einfach ausgeschlossen. Seiner Familie wollte er ein solches Aergernis nicht geben, und schließlich wäre es ja auch ihm ein Aergernis gewesen, denn alles, was außer dem Geleise, außer der Tradition, außer der „Korrektheit" lag, das ging ihm wider den Strich,[39]

kommentiert Suttner seine Lebensauffassung fast beispielgebend für dieselbe Situation, in die ihr eigener Vater nach der Heirat mit ihrer Mutter geriet) -, war Feldzeugmeister und Kapitän beim Militär, wohnte in Wien, hielt sich oft in Brünn auf, weil er eine kleine Herrschaft in Tavíkovice (Taikowitz) bei Znojmo (Znaim) besaß, weil aber seine drei verheirateten Schwestern, Friederike Ladislawa zu Hohenlohe-Langenburg, Maria Philippina Neria Judith von Schaaffgotsche und Adelheid zu Herberstein, und seine Mutter, Maria Josepha Gräfin zu Fürstenberg-Weitra, hochgeborene Gräfin von Zierotin-Lilgenau (1771 – 1857) in Brünn und Umgebung wohnten, zog er es vor, bei ihnen statt alleine auf dem Schloss Taikowitz seine freie Zeit zu verbringen. In seiner Person sieht Suttner den Prototyp des echten Vertreters seines Standes:

> Sein Leben war so regelmäßig eingeteilt, es verlief so ohne Sorgen, ohne Leidenschaften, zwischen Dienst und Geselligkeit, daß nie der Wunsch aufkam, es zu verändern. […] Die Société (mit diesem Worte bezeichnete er den Kreis, in dem er geboren war und in dem er sich bewegte) war ihm die einzige Menschenklasse, deren Leben und Schicksale ihn interessierten. Er wohnte auch stets allen in den Häusern Schwarzenberg, Pallavicini u.s.w. gegebenen großen Festen bei. […] Reisen unternahm er niemals. Hinter den österreichischen Grenzpfählen hörte die Welt für ihn auf. Frömmigkeit, Kirchenfrömmigkeit sowohl wie Militärfrömmigkeit gehörten, ich will nicht sagen zu seinen Charaktertugenden, sondern Standestugenden. Er fehlte bei keiner Sonntagsmesse, keiner Kirchenfeier und keiner Parade. Für Feldmarschall Radetzky, den er persönlich gut gekannt, schwärmte er. Der Ruhm der österreichischen Armee war in seinen Augen einer der schönsten Bestandteile der allgemeinen Weltordnung.[40]

39 Suttner: *Memoiren*, S. 19-20.

40 Ebd., S. 19.

In das liebevolle Bild des Ersatzvaters projiziert sie zugleich ihre Vorstellung von einem, in ihrer Zeit bereits verschwundenen echten Österreichers, der ihrer Überzeugung nach das bedrohte Vielvölkerreich doch noch retten konnte. Bemerkenswert ist es, wie diese ihre Vorstellung mit den Forderungen der Tschechen in Böhmen, Mähren und Schlesien, die sich mit dem 1867 erfolgten Ausgleich der österreichischen Deutschen mit den Ungarn nie abgefunden und auf die neue Lösung der nationalen Frage in der Monarchie unermüdlich gepocht hatten, übereinstimmt:

> Als ein Typus von Altösterreichertum, von dem es wohl noch einige Exemplare gibt, der aber – wie aller Typen Los – im Aussterben begriffen ist. Unser Land ist jetzt aus Slawen, Deutschen, Kroaten, Italienern (Madjaren darf man schon gar nicht nennen, die würden sich das höchlich verbitten) und noch ein paar andern Nationalitäten zusammengesetzt, aber der Sammelname „Oesterreicher" könnte erst dann wieder zu einem stolzpatriotischen Begriff werden, wenn all die verschiedenen Völkerschaften mit eigner Autonomie zusammen einen Föderativstaat bildeten, wie die Deutschen, Franzosen und Italiener in der Schweiz.[41]

Diese prophetischen Worte einer Politikerin, die um das Schicksal ihres Landes bangte, zeugen von ihrer klaren Urteilskraft gegenüber der Politik in der Monarchie und in der Welt. Darüber hinaus reiht sie sich damit, ohne dies Vorhaben absichtlich zu verfolgen, unter unzählige Vorfahren ihres altböhmischen Adelsgeschlechts, die Jahrhunderte lang die Politik ihrer breiteren mitteleuropäischen Heimat mitbestimmten, ein.

[41] Ebd., S. 20.

Viera Glosíková

Suttners Verhältnis zu den Tschechen aufgrund ihrer Memoiren

In meinem Beitrag werde ich über die wechselseitige Beziehung zwischen Bertha von Suttner und den Böhmen (nicht nur Tschechen) sprechen, die, um es mit Palackýs Worten auszudrücken, „deutscher und tschechischer Zunge“ waren[1].

Es geht dabei auch um einen Aspekt der *Geschichte eines Lebens* (wie es im Untertitel des bekanntesten Romans von Suttner heißt), des Lebens einer ungewöhnlichen Frau in ihrer Zeit. Warum man sie auch heute noch als eine ungewöhnliche Frau empfinden kann, darüber werden andere Kolleginnen und Kollegen referieren, ich möchte eher die Wechselbeziehung zwischen Bertha von Suttner und Prag bzw. den Ländern der böhmischen Krone akzentuieren, wobei die Rezeption des literarischen Werkes von Suttner in Böhmen im Rahmen dieses Beitrages nicht berücksichtigt werden kann.

Bertha von Suttner war eine Pragerin, die aber – abgesehen von den ersten Wochen und vielleicht auch Monaten ihres Lebens – nie richtig in Prag gelebt hat. Wenn wir die Worte Sigmund Freuds[2] über seinen Geburtsort (Příbor/Freiberg) paraphrasieren, dann ist bei der Herausbildung der Persönlichkeit die Bedeutung des von einem Baby zuerst aufgenommenen Milieus (nicht nur des Interieurs) nicht wegzudenken, weil nämlich hierbei auch unbewusste Eindrücke stark mitwirken.

1 „Böhmisch“, „Böhme“ – sind manchmal irreführende Begriffe, wenn sie mit „Tschechisch“, „Tscheche“ gleichgesetzt werden. Kurt Krolop erklärte (inoffiziell) den Begriff „*böhmisch*“ als „*slawisch plus deutsch*“ und den Terminus „*tschechisch*“ als „*slawisch minus deutsch*“.

2 Siehe: Freud, Sigmund: GW, Bd. 14, S. 561ff. (*Brief an den Bürgermeister der Stadt Příbor*).

Bekanntlich verbrachte Bertha von Suttner ihre Kindheit und Jugend in Brünn, wobei sie diese damals relativ kleine, aber kultivierte mährische Provinzstadt manchmal für längere oder kürzere Zeit verließ, um im Ausland oder eben auch in Böhmen zu weilen.

Wie sie zu ihrer Heimat stand und umgekehrt, wie sich die Heimat zu ihr in verschiedenen Etappen ihres Lebens und Wirkens stellte, können wir zum Teil in den 1909 erschienenen *Memoiren*[3] der Autorin nachlesen. Hier werden ihr Leben und die Zeit bis 1902 ziemlich detailliert geschildert, also bis zu dem Sterbejahr ihres Mannes Arthur von Suttner. Andere bedeutende Ereignisse, die sich später abspielten, werden in diesem auf Tagebuchnotizen begründeten Werk nicht geschildert, auch nicht die Atmosphäre im Zusammenhang mit dem 1905 empfangenen Friedensnobelpreis. Nur wenige Notizen summieren sechs weitere Jahre samt einer kurzen Ausschau.

In den *Memoiren* berichtet Bertha von Suttner als Augenzeugin von der Epoche, in der sie lebte, als eine Person, die nicht nur passiv zuschaute, sondern mit ihrer Aktivität den Lauf der Welt zu beeinflussen suchte. Dominant erscheint in diesem Zusammenhang in dem zweiten Teil der Memoiren das Bemühen um die Formierung der Friedensbewegung. Es erscheint auf den ersten Blick paradox, dass eine Tochter aus adeligem Geschlecht mit Militärtradition, Tochter eines pensionierten Feldmarschallleutnants, die viel Zeit in der Gesellschaft ihres Vormundes Friedrich Landgraf zu Fürstenberg verbrachte, der als Kapitän der Arciérengarde ebenso zu dem hohen Militär der Monarchie gehörte; deren beide Großväter gleichfalls Repräsentanten der militärischen Kraft in der Monarchie waren, sich so eindeutig gegen den Krieg als ein humanitätsfeindliches Phänomen wendet.

Aber zurück zum Anfang: Bereits in den Memoiren wird die Kopie ihres Taufscheines aus der Prager Pfarre St. Maria-Schnee vom 27. November 1866 veröffentlicht. Mit diesem Dokument wird bestätigt, dass sie am 9. Juni 1843 geboren und

> hierauf den 20. ebendesselben Monates nach christkatholischem Ritus vom damaligen Ortspfarrer, wohlwürdigen Herrn P. Thomas Bazán getauft worden sei:

[3] Suttner, Bertha: *Memoiren.* Stuttgart und Leipzig: Deutsche Verlags-Anstalt, 1909.

> Bertha Sophia Felicita Gräfin Kinsky von Chinic und Tettau, eheliche Tochter (posthuma) des hochgeborenen Herrn Franz Joseph Grafen Kinsky von Chinic und Tettau, pensionierten k. k. Feldmarschallleutnants und wirklichen Kämmerers, gebürtig aus Wien – eines ehelichen Sohnes des hochgeborenen Herrn Ferdinand Grafen Kinsky von Chinic und Tettau Exzellenz, k. k. Kämmerers und Landesobersthofmeisters und Besitzers der Herrschaft Chlumec, und dessen Gattin, hochgeborenen Frau Christine, geborene Fürstin Liechtenstein – und dessen Gattin, hochgeborenen Frau Sophia Wilhelmine Gräfin Kinsky von Chinic und Tettau, geborenen von Körner, gebürtig aus Prag.[4]

Es ist auch bekannt, dass man sowohl in der Familie als auch außerhalb nach entsprechenden Paten zur Taufe suchte, aber keine fand, so dass schließlich im Tauf-Dokument als Paten das Kammermädchen, Barbara Kraticek (Kratičková?), und der sechsjährige Bruder der Neugeborenen, Arthur Graf Kinsky, angegeben werden. „Prag war also die Stadt, in der meine Wiege, an der, wie an allen Wiegen, so manches nicht gesungen wurde, gestanden hat. Meine Mutter, die bei meiner Geburt schon Witwe war, ist aber bald nach Brünn übersiedelt, und was mir aus der Kindheit im Gedächtnis geblieben, das spielte sich in der mährischen Hauptstadt ab“.[5]

Prag hat Bertha von Suttner mehrmals besucht und in ihrer Geburtsstadt hatte sie Freunde und Sympathisanten, natürlich auch Feinde. Zu den ihr nahestehenden in Prag weilenden Personen gehörten unter anderem Friedrich Jodl und seine Frau Margarete, die tschechischen Dichter

4 Suttner, Bertha: *Memoiren,* S. 15.

5 Ebenda, S. 16.

Svatopluk Čech und Jaroslav Vrchlický, der Direktor des Deutschen Theaters Angelo Neumann[6] und seine spätere Frau, Sängerin und Schauspielerin Johanna Buska[7], außerdem die tschechische Schriftstellerin Žofie/Sofie Podlipská[8], die sich in der öffentlichen Frauenbewegung engagierte und Verdienste hatte an der Gründung des Prager Mädchengymnasiums Minerva, des überhaupt ersten Mädchengymnasiums in der Monarchie. Zu den befreundeten Menschen könnte man auch Professor August Sauer[9] und seine Frau Hedda[10] rechnen, den Juristen, Dichter und Übersetzer Friedrich Adler sowie andere Persönlichkeiten des intellektuellen Lebens in Prag und Böhmen Ende des 19. und Anfang des 20. Jahrhunderts.

Über einen Prag-Besuch schreibt Suttner in ihren Memoiren ausführlicher und weil eben ihre Stellungnahme zu den Prager Nationalitätenstreitigkeiten bei diesen Eintragungen ganz eindeutig und in den Intentionen ihrer Weltsicht erscheint, möchte ich eben aus diesen Memoiren einige Stellen zitieren.

Der Besuch ereignete sich Ende des Jahres 1895, noch vor der Buchherausgabe der tschechischen Übersetzung des Romans *Die Waffen nieder!*[11]

6 Angelo Neumann (1838 Stampffen/Stúpava – 1910 Prag) war seit 1885 Direktor des Deutschen Landestheaters in Prag und bestimmte das Theatergeschehen in der böhmischen Metropole mit.

7 Die Schauspielerin und Opernsängerin Johanna Buska (1847 oder 1848 Königsberg -1922 Dresden) wirkte seit 1886 in Prag, 1887 heiratete sie Angelo Neumann.

8 Sofie Podlipská (1933-1897), jüngere Schwester der tschechischen Schriftstellerin Karolina Světlá, war gleichfalls Schriftstellerin und Übersetzerin.

9 August Sauer (1855 - 1926), Professor an der Deutschen Universität in Prag, leitete den Lehrstuhl für Deutsche Sprache und Literatur, zugleich war er auch im Redaktionsausschuss der Monatsschrift *Deutsche Arbeit* tätig.

10 Hedda Sauer – Ehefrau von August Sauer, eine Dichterin.

11 Hier sollte erwähnt werden, dass es mehrfach zwei unterschiedliche Angaben der ersten Übersetzung des Romans gibt: nach der 1. Version sollte der Roman bereits 1894 erscheinen – also unmittelbar vor dem Prag-Besuch von Suttner. Das Problem besteht aber darin, dass in keiner Bibliothek Tschechiens ein Exemplar aus dem Jahre 1894 existiert, so dass man annehmen muss, dass die erste Herausgabe erst im Jahr 1896 folgte und zwar unter dem Titel *Odzbrojte!* (Bildungsbibliothek Edvard Beauforts: Prag, 635 S.) in einer Übersetzung

„Wir machten einen Ausflug nach Prag – meiner Vaterstadt“ schreibt Bertha von Suttner.

> Der Verein Concordia[12] hatte mich eingeladen, eine Vorlesung zu halten. Vor dieser Veranstaltung, die um acht Uhr abends im Spiegelsaale des ‚Deutschen Hauses‘[13] stattfand, waren wir zum Diner im Hause des Professors Jodl[14] gebeten. Der berühmte Philosoph – ein Freund meines Freundes Carneri – dozierte damals noch an der Prager Universität, während er jetzt eine Leuchte unserer Wiener Hochschule ist. Es war ein gemütliches kleines Mahl mit nur wenigen, aber auserlesenen Gästen. Des

Vlasta Pittnerovás (1858-1926), die um die Jahrhundertwende und in den ersten Jahrzehnten des 20. Jahrhunderts zu den vielgelesenen tschechischen Autorinnen gehörte. Das Buch wurde – wie es gleich der ersten Seite zu entnehmen ist – Vojtěch Náprstek gewidmet, dem Prager Forschungsreisenden und einem Propagator der technischen Erfindungen und naturwissenschaftlichen Entdeckungen, als auch dem Verteidiger der Frauenrechte, der die Übersetzung initiierte. Der Roman wurde als ein Ausnahmeereignis gelobt, das den Weg für weitere bis dahin undenkbare Schritte vorbereitet hat. So schreibt die Rezensentin (Eliška R.) in der Zeitschrift *„Ženský svět“* (1896/Nr.1): *"[...]Bertha von Suttner hat mit ihrem Roman eine international wichtige Frage zur Diskussion gestellt. Auch wenn Bertha von Suttners Lehre nur als eine Utopie bezeichnet wird, ist es klar, dass ihre Worte nicht ohne Resonanz geblieben sind. Davon zeugt die Gründung einer "Internationalen Frauenliga für eine allgemeine Abrüstung"*. (Übersetzt von V.G.)

12 Im Verein Concordia versammelten sich Vertreter noch der „klassischen“ Generation des 19. Jahrhunderts, viele von ihnen nahmen aber schon thematische und manchmal auch formale Aspekte der Moderne auf. Zum Verein gehörten z. B. Hugo Salus, Friedrich Adler, Emil Faktor, Heinrich Teweles u.v.a.

13 Das Deutsche Haus (heute: Slovanský dům/Slawisches Haus) war am Graben und stellte ein Zentrum für die Zusammenkünfte der Intellektuellen und Künstler der deutschen Sprache in Prag dar.

14 Jodl, Friedrich (1849 München - 1914 Wien) wirkte im Zeitraum 1885-1896 als Professor der Philosophie an der Deutschen Universität in Prag, wo er 1890/91 Dekan war. Er befasste sich ausführlich mit den ethischen Fragen in der Philosophie und im Leben, später gab er Werke L. Feuerbachs heraus. In der Prager Zeit beendete Jodl seine breit angelegte zweibändige *Geschichte der Ethik in der neueren Philosophie* /1882-89/ und das *Lehrbuch der Psychologie* /1896/. In der Wiener Zeit engagierte er sich vor allem in der Volksbildungsbewegung und widmete sich einer öffentlichen Vortragstätigkeit.

> Professors junge Gattin Margarete[15] war eine reizende Hausfrau, die schon darum mein Herz gewann, weil ich sie als die freisinnige Übersetzerin der Olive Schreinerschen Märchen kannte. Dieselbe Olive Schreiner, die in ihrem ‚Peter Halket' ein wunderbares Wort gesagt – ein Wort, das meinem tiefsten Glauben so schönen Ausdruck gibt: ‚Mit Sonnenaufgang und – niedergang, mit dem kreisenden Lauf der Planeten wächst unsere Gemeinschaft und wächst … Unser ist die Erde.[16]

Im literarischen Verein Concordia wollte Bertha von Suttner über die Friedensliteratur reden. Sie hat dabei – wie sie selbst anmerkt, - „da sie (ich) in Böhmen war, auch böhmische Autoren zitiert – die beiden großen Dichter Vrchlicky und Svatopluk Čech." Die Gedichte hat sie in einer deutschen Übertragung von Friedrich Adler[17] vorgetragen und trotzdem wirkten sie zuerst beinahe wie ein Attentat auf das Deutsche Haus. Die Situation wird in den Memoiren so beschrieben:

> In aller Unschuld hatte ich gar keine Ahnung davon, dass es in dem von nationalen Kämpfen zerrissenen Prag eine Ungehörigkeit war, im ‚Deutschen Haus' tschechische Geister zu rühmen. Einen Augenblick soll im Saale eine gewisse Beklemmung geherrscht haben – als aber die herrlichen Verse der beiden tschechischen Dichterfürsten erklangen, waren die deutschen Zuhörer entwaffnet, und die Mißstimmung wich.[18]

Die Autorin und Friedenskämpferin konnte nicht anders schlussfolgern als mit der Behauptung, dass „es kein Feld [gibt], das geeigneter wäre für versöhnende Zusammenarbeit zwischen zwei streitenden Nationalitäten als das Feld des übernationalen Pazifismus."[19]

[15] Jodl, Margarete (geb. Förster), 1859 Dresden – 1937 Wien, seit 1882 verheiratet mit Friedrich Jodl, betätigte sich bei der Gründung des Wiener Frauenclubs im Jahre 1900. Sie war auch als Autorin und Übersetzerin tätig. Aus dem Englischen übersetzte sie das Werk *Träume* (*Dreams*) von Olive Schreiner, auf die Bertha von Suttner wohl hinweisen wollte.

[16] Suttner, Bertha, *Memoiren*, S. 332.

[17] Adler, Friedrich (13. 2. 1857 Amschelberg/Kosova Hora - 2. 2. 1938 Prag), Jurist, Dichter und Übersetzer, der auch die Gedichte J. Vrchlickys dem deutschsprachigen Lesepublikum näherbrachte (siehe: ADLER, Friedrich: *Gedichte von Jaroslav Vrchlický*. Ausgewählt und übersetzt von Friedrich Adler. Leipzig: Reclam, 1894).

[18] Suttner, Bertha, *Memoiren*, S. 332f.

[19] Ebenda.

Während des Prager Aufenthaltes besuchte Bertha von Suttner mit ihrem Mann den Dichter Jaroslav Vrchlický in dessem Haus. Diesen Besuch beschreibt sie sehr offen und auch witzig:

> Wir wurden vom Stubenmädchen in einen kleinen Salon geführt, wo wir eine Weile auf den Hausherrn warten mußten. Als die Tür aufging und er eintrat, war ich einigermaßen enttäuscht. Ich bin es so gewohnt gewesen, in den Schöpfern von schönen Werken so oft schöne Menschen zu finden, dass ich über Vrchlickýs Hässlichkeit – denn hässlich ist er, das muss ihm sein bester Freund lassen – förmlich erschrak.[20]

Sie beschreibt weiter Vrchlický etwas detaillierter: „Stumpfe ‚Erdäpfelnase', wirres Haar – nur aus dem Blick leuchtet der helle Geist hervor, und im Metall der Stimme vibriert die glutvolle Seele."[21]
Der Dichter Vrchlický hat das Ehepaar Suttner mit den Worten begrüßt, dass sie in Prag ein verständnisvolles Publikum finden werden, worauf Bertha von Suttner erwiderte, dass sie am Vortag erlebt haben, dass das Publikum „durch seine nationale Zerrissenheit ihrer Sache nicht am empfänglichsten" sei. Im Gespräch bei Vrchlický waren die Reaktionen beider Seiten merkwürdig, als ob sie alle drei nicht imstande wären, eine gemeinsame Sprache zu finden bis es sich herausstellte, dass der Gastgeber sie mit dem bei ihm angekündigten Ehepaar Ree[22], den bekannten Klaviervirtuosen, verwechselte. „Als das Mißverständnis beseitigt worden war", schreibt Bertha von Suttner, "tauten wir gegenseitig auf, und ich sah, dass er ein ebenso begeisterter Anhänger meiner Sache war wie ich eine begeisterte Bewunderin seines Genius." [23]

Eine ambivalente Stellungnahme zu Bertha von Suttner, insbesondere in Bezug auf ihren Roman *Die Waffen nieder!,* auf ihre Friedensaktivitäten, die manchmal vor allem die maskuline Seite der Öffentlichkeit irritierte, war so - wie fast überall - bei einigen Böhmen und auch Pragern anwesend. Nicht unbekannt ist die lyrische Erwiderung des jungen Rilke auf die Botschaft des Romans *Die Waffen nieder!* Das im Jahre 1892 veröffentlichte Gedicht des Siebzehnjährigen, das wahrscheinlich noch in der Militäranstalt entstanden war, welche Rilke absolvieren sollte, obwohl er

20 Ebenda.

21 Ebenda.

22 Ree, Louis (15.10.1861-28.2.1939) und Susanne (Geburts- und Sterbedatum nicht feststellbar) – beide Pianisten

23 Ebenda.

bereits im Herbst des Jahres des Erscheinens des Gedichtes die Handelsakademie in Linz besuchte, verteidigt das Recht auf den Kampf, also auch auf den Krieg im Sinne einer Notsituation, wenn man sich und seine eigene Heimat beschützen soll oder muss. Die Verteidigung der Heimat wird hier, sehr wahrscheinlich im Einklang mit der Ideologie von Militäranstalten aller Art als eine Ehrensache aller Männer präsentiert. Die antretende „feige Zeit“ wird identisch mit der Losung „Die Waffen nieder“ gesehen („genug, genug, wir wollen keinen Streit“). Zwischen den Zeilen darf man hier einen Vorwurf des lyrischen Subjekts entdecken, dass man unter der Abschaffung des Streites zugleich auch eine totale Anpassung verstehen kann, als ob es nichts mehr gäbe, wofür man sich voll mit eigenem Leib und Leben einsetzen sollte. So mündet die Aussage des Gedichtes in der Losung *„Es gibt kein Waffen nieder, weil's keinen Frieden ohne Waffen giebt!*“ und in den letzten sechs Zeilen wird wiederum die Heimat in Not als eine Mustersituation erwähnt, die eine Verteidigung mit dem *„Säbel in der Rechten*“ verlangt. Inwieweit sich der junge Poet mit dem Gedichteten identifizierte und inwieweit hier ein Einfluss der Erfordernisse einer Militäranstalt zu finden ist, ist fraglich, letzten Endes aber auch nicht so wichtig. Bedeutsamer ist die veränderte Position Rilkes nur wenige Jahre später.

Zuerst aber noch den ganzen Wortlaut des erwähnten Gedichtes aus dem Jahr 1892:

Antwort auf den Ruf *„Die Waffen nieder!“* von Rainer Maria Rilke

Es galt den edlen Männern aller Zeiten
als ihres Strebens schönster höchster Lohn,
fürs Vaterland zu kämpfen und zu streiten
als ganzer Mann und als getreuer Sohn.
Und rief die Not sie alle auf zur Wehre –
da fehlte keiner in den wackern Reihn,
sie waren stolz, sich auf dem Feld der Ehre
mit Leib und Blut dem Vaterland zu weihn.
Doch heute sind verhallt die Kampfeslieder,
herein bricht eine neue feige Zeit,
erbärmlich murmeln sie: „Die Waffen nieder,
genug, genug, wir wollen keinen Streit.“
Ist das das Volk, das, wenn Geschütze krachten,

im Pulverdampf oft frohen Mutes stand,
und das, stets ungebeugt, in vielen Schlachten
der Feinde Scharen siegreich überwand?
Ermannet Euch! Gefährten, Freunde, Brüder,
die ihr doch stets das Vaterland geliebt,
Nun merket wohl: „Es gibt kein Waffen nieder,
weil's keinen Frieden ohne Waffen giebt!" –
Drum haltet fest den Säbel in der Rechten,
laßt nimmer ihn entsinken eurer Hand,
und ruft die Not,
dann
seid bereit zu fechten,
bereit zu sterben für das Vaterland. –

Vier Jahre später, 1896, erscheint Rilkes Lyrikband *Larenopfer* und der Dichter schickt ein Widmungsexemplar an seine Landsfrau Bertha von Suttner. Auf dem Titelblatt schreibt er: *„Der hochverehrten Dichterin, der milden Friedensfürstin Frau Baronin Bertha von Suttner, geb. Gräfin Kinsky, in großer, inniger Ergebenheit dies Exemplar: René Maria Rilke."*

Zu einer grundsätzlichen Wandlung innerhalb von vier Jahren haben sicher mehrere Umstände beigetragen: der Abstand von der militärischen Anstalt, neue Lebenserfahrungen und -kenntnisse im Zusammenhang mit dem Prager Aufenthalt (nach der Rückkehr aus Linz), die aktuellen Kriegsberichte sowie die emotionsreiche Beziehung zu Valerie von David-Rhonfeld und auch das Reifen als Mensch und Dichter - das alles mag den sensiblen jungen Autor auf andere Positionen auch in puncto Krieg bringen.

Frau Suttner schreibt er nicht nur eine Dedikation, sondern darunter auch noch einen Vierzeiler, welcher die früheren Schmähverse wohl negieren sollte:

Wohl seh' ich goldig der Zukunft Weiten
feiernd im Glanze des Friedens ruhn;
aber wie groß ists in stürmischen Zeiten
gläubig Taten des Friedens zu tun![24]

[24] Die beiden oben wiedergegebenen Gedichte sind dem Band III (S. 415 f.) der von Ernst Zinn herausgegebenen *Sämtlichen Werke* Rilkes entnommen, die

Verschiedenartige Attacken gegen die Bemühungen der weiblichen Autorin und Friedenskämpferin kamen von mehreren Seiten, nicht zuletzt auch von ihrem Landsmann Karl Kraus, der die feuilletonistischen Arbeiten von Bertha von Suttner in der Neuen Freien Presse[25] auf eine peinliche Art und Weise dehonestierte. Er war der Meinung, dass die Wirkung der Suttner sehr überschätzt wird und seinen kritischen Beitrag eröffnet er mit der Feststellung: „Als eine „starkgeistige" Frau wird uns die Bertha von Suttner von der liberalen Presse überliefert. Selbst Ibsen soll auf sie hereingefallen sein. Ehre sei Gott in der Höhe, wenn er uns vor den starkgeistigen Frauen schützt!"[26]

Es handelt sich um eine Reaktion auf das Feuilleton Suttners mit dem Titel *„Weihnachten bei der Prinzessin Stephanie in Oroszvar"*. Der Handlungsort befindet sich im oberungarischen Schloss Karlburg (slowakisch: Rusovský kaštiel) in Rusovce (Oroszvár oder Karlburg) unweit der österreichischen Grenze. Kraus findet alles, was geschildert wird, dumm und unappetitlich, er karikiert alles Gesagte bzw. von Suttner Geschriebene und stellt fest, dass der Suttnersche Beitrag sogar eine Reklamenotiz für die Geigerin Amely Heller bringt, weil im Text von Suttner stehe, dass Amely Heller „bereitwillig zugesagt im großen Musikvereinsaale zu Gunsten des Österreichischen Friedensvereins zu konzertieren, und die Schlossherrin von Oroszvar hat das Protektorat übernommen."

Seinen bissigen Kommentar schließt Kraus mit der frauenfeindlichen Ironie, wenn er über drei Feen spricht, die an der Wiege der Prinzessin Stefanie stehen sollten. Eben die dritte von diesen Feen sollte, so Kraus, „Die Waffen nieder!" rufen. „In ihrem Sinne war es, dass die Männer an der Kunkel sitzen und die Weiber die Feder führen. Und dass die „starkgeistigen" unter ihnen den erbärmlichsten Klatsch aus gräflichen Gesindestuben zu Feuilletons für Weltblätter verarbeiten."[27]

Strophe aus dem Widmungsgedicht *Für Bertha von Suttner* ist in Band VII (S. 1201), der erst 1997 erstmals erschienen ist, enthalten.

25 Kraus, Karl (1874 Jičín – 1936 Wien) wurde mehrmals von den Prager Künstlervereinigungen eingeladen. Seine Stimme erhob er gegen Bertha von Suttner beispielsweise in dem Beitrag *Die Suttner* (Die Fackel, Nr. 217, VIII. Jahrgang – 23. Jänner 1907, S. 1).

26 Ebenda, S. 2.

27 Ebenda, S. 2.

Es ist nicht der bissige Ton von Kraus, der keine Seltenheit war, welcher in diesem Zusammenhang verwundert, sondern seine Ironisierung von *Die Waffen nieder!,* Ironisierung der Kriegskritik eben von einem Autor und Intellektuellen, der nur wenige Jahre später nicht nur in den kulturpolitischen Beiträgen, sondern vor allem in seinem dramatischen Werk *Die letzten Tage der Menschheit* das Kriegsgeschehen und die gesamte Kriegsmaschinerie als menschenfeindlich und als ein auf verlogenen Phrasen aufgebautes blutiges Geschehen entlarvte.

Abschließend möchte ich noch auf die Rezeption der *Memoiren* von Bertha von Suttner in Prag aufmerksam machen. Die deutschsprachige Monatsschrift *Deutsche Arbeit* brachte in der Rubrik *Rundschau* unmittelbar nach dem Erscheinen der *Memoiren* eine umfangreiche Besprechung, sehr wahrscheinlich aus der Feder des Professors August Sauer (der Beitrag wurde gezeichnet: H: A.S.), der übrigens im Redaktionsausschuss der Zeitschrift wirkte. Die Rezension beginnt folgendermaßen:

> Von den vorliegenden Büchern ist diesmal eines ganz besonders bemerkenswert: die Memoiren der Baronin Bertha von Suttner. Berühmtheit verpflichtet und Memoiren zu schreiben ist eigentlich die Berufspflicht jeder hervorragenden Persönlichkeit; selbst wenn sie vieles aus ihrem Leben schon in der Dichtung festgehalten hat. Aber mit der ergreifenden Macht der Wirklichkeit fesselt uns die Wahrheit eines Lebens, wenn sie, wie hier in sorgfältiger Berichterstattung, in lebhafter Frische, in stilistischer Abrundung gegeben ist; wenn die Hand, die das treue Bild des Lebens malte, noch gar nichts von ihrer jugendlichen Kraft eingebüßt hat und nur ein herbes Schicksal dieses Sein zu jenem Punkte führte, der ein Abschließen bedeutet und von dem aus die Möglichkeit einer Übersicht, einer Ernte, einer Rechnungslegung gegeben ist[28]

Hervorgehoben wird die Ehrlichkeit der Memoiren, aber auch ihre gelungene literarische Darstellung. Welche Bedeutung diese Aufzeichnungen für mehrere Fachdisziplinen, aber auch für jeden einzelnen Leser haben können, wird vom Rezensenten extra erwähnt:

> Das Buch bietet vieles; in seinem ersten Teil romantische, flüssig erzählte Schicksale, in seinem zweiten Teil die Geschichte einer Idee, die wie alles Geschehen, in einer Wellenkurve geht – in seiner Ganzheit unendlich

[28] *Deutsche Arbeit*, Jg. 8, H. 7-12, S. 84 (digi 659-664)

> viele europäische Porträts, Beiträge zur Staatengeschichte, zur Kulturgeschichte, zur Literatur- und Menschheitsgeschichte. Nicht zuletzt Beiträge zur Psychologie der modernen Frau, die Geschichte einer Energie, die, in eine Frau gelegt, in guten und menschenliebenden Bahnen vorwärts ging, immer vorwärts.

Und im letzten Absatz der Suttnerschen Memoiren-Besprechung heißt es:

> Bertha von Suttner, wie sie sich uns in diesen Memoiren darstellt, ist eine bedeutsame Erscheinung unserer Zeit, mit einer großen individuellen Kraft ausgerüstet, die sie zum Guten verwendet hat. Das Gute ist ihr Ideal; sie hat die Bevorzugung, die ihr die Natur in reichen Gaben angedeihen ließ, vergolten; sie, die schärfer hörte, die heller sah, die tiefer fühlte als andere, sie, das Palmsonntagskind, das durch ihr Leben das Wort des großen Dichters dahin variiert: ‚Ein Mensch sein heißt ein Kämpfer sein – für den Frieden.‘

Dass diese Worte auch nach 105 Jahren seit dem Erscheinen der Memoiren und seit dem Verfassen der oben zitierten Rezension noch immer vollen Bestand haben, davon zeugt doch auch dieser Band.

Und noch eine Anmerkung:

Obwohl wir Bertha von Suttner kaum nur aufgrund ihrer Prager Herkunft zur Prager deutschen Literatur zählen können, trotzdem war das Verbindende zwischen ihr und den zwei berühmten Generationen oder Halbgenerationen der Prager Autoren der deutschen Sprache ihre unverwechselbare Grundhaltung, die man bei der Liblicer Konferenz mit dem Begriff „*Weltfreunde*“ (unter Berufung auf den Gedichtband Werfels) benannte. Es ist eine Grundhaltung, die sich eindeutig gegen alle Formen von Xenophobie, gegen nationale und religiöse Kämpfe und Bekämpfungen wendete und die eine friedliche Symbiose der Völker nebeneinander und miteinander anstrebte.

Libuše Heczková
Olga Słowik

Vier Frauen und die tschechische Friedensbewegung: Vlasta Pittnerová, Jindřiška Wurmová, Pavla Moudrá und Anna Pammrová

Die tschechische Frauen-Friedensbewegung war von Beginn an mit anderen Emanzipationsaktivitäten von Frauen gegen Ende des 19. Jahrhunderts verbunden. Viele von ihnen lassen sich eindeutig als Feministinnen bezeichnen, in dem Sinne, dass sie sich für die Verbesserung der Stellung der Frauen in der Gesellschaft engagierten, für die Durchsetzung ihrer Rechte und Ansichten.

Vlasta Pittnerová (1858-1926)

Wir beginnen mit jener Persönlichkeit, die als erste Bertha von Suttners Roman *Die Waffen nieder!* unter dem Titel *Odzbrojte!* übersetzte. Dieser Roman erschien auf Tschechisch erst nach dem Besuch Bertha von Suttners im Jahre 1895, als Suttner mit vielen bedeutenden Prager Persönlichkeiten zusammentraf wie Tomáš Garrigue Masaryk oder Sofie Podlipská, einer Vertreterin des Amerikanischen Damenclubs und Dichterin, und auch in der deutschen Concordia sprach. Die Vorstellung von einer Zusammenarbeit der tschechischen und der deutschen Seite konnte sich im Prag dieser Zeit aber kaum erfüllen. Die inneren nationalen Konflikte der Gesellschaft machten ein gemeinsames Vorgehen unmöglich. Der Nationalismus war sowohl in der entstehenden Friedensbewegung wie in der Frauenbewegung deutlich erkennbar. Dies zu erkennen hatte auch eine andere bedeutende pazifistische Philosophin und Pädagogin die Möglichkeit, nämlich Ellen Key. In Mähren war der Nationalismus zwar etwas anders gelagert, aber dennoch beeinflussten, wie wir sehen werden, nationale Aspekte die Rezeption Bertha von Suttners.

Vlasta Pittnerovás Übersetzung selbst entstand aufgrund der Initiative des bedeutenden tschechischen Mäzenaten, Fortschrittlers und Gründers des Amerikanischen Damenclubs Vojta Náprstek. Pittnerová war zu dieser Zeit bereits eine professionelle Schriftstellerin (eine der ersten, die sich von ihrem Schreiben tatsächlich ernähren konnte), eine Autorin von populären Romanen und eine fruchtbare Publizistin, die mit ihren Artikeln und Büchern auf die bürgerliche Frau zielte. Aufgrund ihrer Orientierung innerhalb der zeitgenössischen Frauenaktivitäten und ihrer hervorragenden Deutschkenntnisse sowie ihrer stilistischen Leichtigkeit war sie geradezu prädestiniert, das in den 90er Jahren auch in der Prager Gesellschaft gut bekannte Werk *Die Waffen nieder!* zu übersetzen, auch wenn sie selbst nicht zum Kreis derjenigen gehörte, die in der Friedensbewegung aktiv waren.

Jindřiška Wurmová (1863-1953)

Die bedeutendste Persönlichkeit der tschechischen und mährischen Friedensbewegung war Jindřiška Wurmová.[1] Ihr Verhältnis zu Bertha von Suttner war allerdings nicht eindeutig, es schwankte zwischen großer Bewunderung und unterkühlter Distanz.

Zusammen mit Eliška Machová (einer Aktivistin und Organisatorin des bedeutendsten Brünner Frauenvereins Vesna) gründete sie im Jahre 1899 die Zentrale der Friedensvereinigung der Mährinnen (Ústředí mírového sdružení Moravanek), die ihre Tätigkeit nach der ersten Friedenskonferenz in Den Haag aufgrund mangelnden Interesses einstellte.

Ihre Aktivität gründete sie auf die Losung: „Die tschechische Friedensidee war immer auf Demokratie und Brüderlichkeit gegründet, und dies nach allen Seiten keinerlei Richtung ausschließend gemäß den Worten Komenskýs. Wir sind verpflichtet allen [Frauen wie Männern] Wege des Friedens zu suchen und zu zeigen.“[2] Die Losung weist eine Verbindung zum geschichtsphilosophischen und nationalen Denken Masaryks

[1] Bednářová Věra. *Jindřiška Wurmová* .Vlastivěný věstník moravský. Brno: Muzejní a vlastivědná společnost 45, č. 4, (1993,) s. 396-400.

[2] Wurmová, Jindříška: *Tužba věků.* 1927 Brno, Mírová jednota. (Im Brünner-Radio präsentiert. Besondere Ausgabe der Jahresschrift Chudým dětem, XXXIX)

auf. In späteren Jahren unterstützte sie die Kirche der Böhmischen Brüdergemeinde, die sich zum Erbe Jan Amos Komenskýs bekennt. (Wurmová setzte in der Tschechoslowakischen Republik einen Tag des Friedens am Geburtstag Komenskýs durch.)

Mit den Ansichten Bertha von Suttners wurde sie im Jahre 1905 bekannt. Brünn erlebte in diesem revolutionären Jahr massive Arbeiter- und nationale Demonstrationen, und ebenfalls in dieser Zeit entstand die Idee einer neuen tschechischen Universität in Brünn. Wurmová, die der Ansicht war, Suttner könne die Entstehung dieser Institution in Brünn unterstützen, ähnlich wie sie dies in Triest getan hatte, bat sie also um Hilfe in dieser Angelegenheit sowie um Rat bei der Gründung eines tschechischen Friedensvereins in Brünn und um Hilfe bezüglich der schwierigen Situation, in der sich die tschechischen Komenský-Schulen in Wien befanden. Suttner unterstützte sie aber nicht und schlug ihr lediglich vor, in Brünn eine Filiale des Wiener Friedensvereins zu gründen. In der in nationaler Hinsicht dramatischen Situation in Brünn war dies eine Antwort, die Wurmová nicht zufriedenstellte. Wurmová vertiefte die Zusammenarbeit mit der Mährischen fortschrittlichen Frauenbewegung, an deren Spitze die Lehrerin und Politikerin Zdenka Wiedermannová Motyčková stand, eine Anhängerin T. G. Masaryks. Über Wiedermannová lernte sie Alice Masaryková kennen (die zukünftige Vorsitzende des Tschechoslowakischen Roten Kreuzes), mit der sie dann eine mehrjährige Zusammenarbeit verband. Sie arbeiteten gemeinsam in der Antialkohol-Bewegung und ihre Aktivitäten führten zu einer Verschärfung der Gesetze und der Beseitigung der schlimmsten sozialen Folgen des Alkoholismus vor allem in armen Familien.

Im Jahre 1912 gründete Wurmová in einer völlig anderen politischen und gesellschaftlichen Situation mit Unterstützung der Mährischen fortschrittlichen Frauenorganisation die Friedenseinheit in Mähren, die innerhalb eines Jahres 1500 Mitgliederinnen gewann.

Die Friedenszentrale wurde im selben Jahr beim Verbund der tschechischen Frauenvereine (Svaz ženských spolků) mit Pavla Moudrá an der Spitze erneuert. Dieser veranstaltete im Dezember 1912 in Prag eine Protestversammlung gegen den Krieg. Der Verbund der tschechischen Frauenvereine trat in dieser Zeit mit einem Aufruf an die tschechischen Frauen hervor, eine Petition an Kaiser Franz Josef I. zu unterzeichnen, in der er aufgefordert wurde, alle Soldaten zu begnadigen, die sich durch den Unwillen für die Interessen des Reiches zu kämpfen schuldig gemacht hatten. Die Petition, die 125.000 Frauen unterschrieben, wurde an Pavla

Moudrá nach Neveklov geschickt und diese reiste damit am 18. April 1913 nach Wien. Mit dem Kaiser traf sie allerdings nicht zusammen.
Im Jahre 1914, zwei Jahre nach der Entstehung der von Jindřiška Wurmová geleiteten Friedenseinheit in Brünn, gründete Moudrá die Chelčický-Friedensgesellschaft in Prag und wurde ihre Vorsitzende.

Im selben Jahr gab Moudrá zusammen mit Wurmová ein zweibändiges Friedenslesebuch *Mírová čítanka* heraus – eine Sammlung von Anti-Kriegs-Prosa, -Gedichten und -Artikeln aus dem In- und Ausland. Der erste Teil war für die Jugend bestimmt, der zweite für eine breitere Öffentlichkeit. Beide Bücher wurden jedoch von der österreichischen Zensur beschlagnahmt und die Mehrzahl der Drucke vernichtet. Die Artikel von Moudrá mit Friedenstendenzen wurden verboten und sie wurde in Neveklov unter polizeiliche Aufsicht gestellt.

Die Autorinnen entschlossen sich, das Friedenslesebuch erneut nach dem Krieg herauszugeben. Die Publikation erschien (in einer veränderten Gestalt) ein zweites Mal in den Jahren 1920-1921, der erste Band trug den Untertitel *Krieg*, der zweite *Frieden*. Wurmová konnte sich aber weiter mit Moudrá nicht einig werden, wie ihr auch der neue Mitarbeiter Moudrás Přemysl Pitter fremd war. Sie war keine Vertreterin eines absoluten Pazifismus und der Konflikt rief auch ihren deutlichen Nationalismus hervor. Unannehmbar für Wurmová war auch ein bestimmter Typ von Spiritismus und die Passivität Mourdás und Pitters, der von deren Interesse an der östlichen Philosophie beeinflusst war. Es entstand zwischen ihnen ein völliger Zwiespalt, wobei sie auch vor persönlichen Angriffen und übler Nachrede nicht zurückschreckten.

Der Nationalismus der Tschechen wie der Deutschen in der Zwischenkriegs-Tschechoslowakei verhinderte eine weitere Zusammenarbeit. Die nationalen Spannungen innerhalb der Republik, die von der Henlein-Gruppe und der deutschen Propaganda ausgenutzt wurden, riefen auch bei liberalen Pazifisten unselige Reaktionen hervor wie z. B. im Falle Romain Rollands, der die Rechte der Sudetendeutschen auf Abspaltung unterstützte. Jindřiška Wurmová als bedeutende Vertreterin der Tschechoslowakischen Friedensbewegung und auch als Vertreterin der Republik in internationalen Friedensorganen verwahrte sich deutlich dagegen. Die Ereignisse sollten Wurmová Recht geben.

Wurmová vertrat die Tschechoslowakei in der Liga für Frieden und Freiheit in Genf und sie vertrat die Senatorin Františka Plamínková in den Vereinten Nationen. Die Friedensbewegung wurde nach der deutschen

Okkupation sofort zum Ziel von Verfolgung, eine große Anzahl von Dokumenten wurde konfisziert und auch ein Teil der Bibliothek der Friedenseinheit verschwand. (Erhalten blieb allerdings die Privatbibliothek Wurmovás, die eine Reihe von Duplikaten enthält, und eine äußerst wertvolle Dokumentensammlung, die im Archiv der Familie Wurm in Brünn liegt.) Viele Vertreter der Friedensbewegung verschwanden in den Lagern und Františka Plamínková wurde hingerichtet.

Pavla Moudrá (1861-1940)

Pavla Moudrá war nicht nur Schriftstellerin und Übersetzerin, sondern auch eine bewunderungswürdige Aktivistin, die auf vielen verschiedenen Gebieten wirkte, in denen sie in Böhmen häufig eine von wenigen Vorreiterinnen war. Sie war in folgenden Bewegungen aktiv: der feministischen, antialkoholischen, derjenigen gegen Vivisektion, der vegetarischen, theosophischen und der Friedensbewegung. Sie gehörte zu einer der ersten Generationen weiblicher Intelligenz, die überwiegend als Lehrerinnen ausgebildet waren. Geboren wurde sie in Prag als einziges Kind des Assekuranzingenieurs František Moudrý und der Eulalie Moudrá, geborener Veselá. Von früher Kindheit an erhielt sie auf mehreren Schulen eine Ausbildung: an einer privaten Mädchenschule, der Pfarrschule zu Maria im Schnee, an der städtischen Mädchenschule, an der deutschen pädagogischen Klosterschule der Ursulininnen und im französischen Pensionat B. Tastýs.[3] Längere Zeit widmete Moudrá sich der Literatur: sie schrieb eigene Texte, von denen die folgenden die größte Resonanz fanden: *Do rozmaru a do pláče* (1900), *Rok dětství* (1911), *Do dívčích let* (1913), *Z dívčích let do plného života* (1936); außerdem übersetzte sie aus mehreren Sprachen: aus dem Englischen (Carlyle, Kipling, Dickens, Alcott, Walter Scott u. a.), aus dem Deutschen (Suttner, E. Ludwig), aus dem Französischen (die Gebrüder Goncourt, J. Michelet, Musset, Hugo, Rochefort) und aus dem Russischen (Lavrov); sie war zudem sehr aktiv in mehreren Zeitschriften, vor allem feministischen (*Ženský svět*, *Ženský obzor*, *Ženské listy* u. a., wo sie anfangs unter dem Pseudonym Olga P.

3 Pánek, Jaroslav: *Pavla Moudrá: poznámky k životu, působení a pozůstalosti české spisovatelky a bojovnice za mír*. In: Středočeský sborník historický 9, 1974, s. 215–248.

oder Olga Přibylová publizierte) und in spiritistischen. Im Jahre 1889 versuchte sie sogar eine eigene Frauenzeitschrift mit dem Titel *Lada* zu gründen, dieses Projekt war jedoch ein Misserfolg. In der zweiten Hälfte der 90er Jahre war sie Theaterreferentin des *Ženský svět* und 1923 redigierte sie für kurze Zeit gemeinsam mit Maryša Šárecká-Radoňová die *Ženské listy*.[4]

Zu Beginn des 20. Jahrhunderts verschob sich der Schwerpunkt ihres Interesses vom Bereich der Literatur in den des öffentlichen Lebens. Ihre Tätigkeiten in den oben genannten Bereichen hingen eng mit ihrem Bestreben zusammen, zu einer moralischen Besserung des Menschen beizutragen: Pavla Moudrá erhob wiederholt die Forderung nach einer notwendigen sittlichen Reform der Menschheit und war überzeugt, dass diese Reform eine evolutionäre Notwendigkeit sei – sie verband die Überzeugung von einer irgendwie natürlichen Entwicklung der Menschheit mit einer bestimmten Dosis an Interventionismus. Die Tendenz, diese beiden Gegensätze miteinander zu vereinen, zeigt sich gleichermaßen in ihren Überlegungen zum Thema Krieg und Frieden: In einigen Texten drückt sie Verständnis für eine Notwendigkeit des Krieges in der Vergangenheit aus, keineswegs aber in der Gegenwart und Zukunft. Die Menschheit habe bereits ein Entwicklungsstadium erreicht, bei dem der Krieg einen Anachronismus darstelle und die weitere Entwicklung der Menschen hin zu einem sittlichen Ideal nur umso deutlicher die Irrtümer der Anhänger des Krieges zutage treten lasse.

Pavla Moudrá hatte sich auf ihr Wirken in der Friedensbewegung gründlich vorbereitet: sie machte sich unter anderem mit der Geschichte und mit zeitgenössischen Strömungen der Philosophie bekannt[5] und verfolgte auch pazifistische Bewegungen im Ausland. Schon vor Beginn ihrer pazifistischen Aktivitäten in der „institutionalisierten" Friedensbewegung trat sie gegen den Krieg auf: zum Beispiel protestierte sie im Jahre 1909 gegen die Einrichtung eines Ministeriums für Landesverteidigung und die Einführung von Schießübungen in den Schulen.[6]

4 Jelínková, Lucie: *Zapomenutá aktivistka Pavla Moudrá*. Diplomová práce. Pardubice 2009.

5 Pánek: *Pavla Moudrá*, S. 219.

6 Ebd., S. 220.

Im Herbst 1912 wurde Moudrá, wie bereits erwähnt, zur Vorsitzenden der neu entstandenen Friedenszentrale gewählt, die im Rahmen des Bundes der Frauenvereine gegründet worden war.[7]

Nach Kriegsende setzte Moudrá ihre pazifistische Tätigkeit fort: Sie publizierte Artikel, in denen sie den Krieg verurteilte, und propagierte in ihren Vorträgen den Frieden. Als Vorsitzende der Chelčický-Friedensgesellschaft vertrat sie die Tschechoslowakei auf dem internationalen Friedenskongress in London im Jahre 1922 und führte den Vorsitz der öffentlichen Sitzung der Internationalen Frauenliga für Frieden in Prag im Jahre 1929.[8] Während der ganzen Zeit ihres Wirkens in der Friedensbewegung, also bis zu ihrem Lebensende, publizierte sie in verschiedenen Zeitschriften Artikel, die diese Ideen popularisierten, und übersetzte auch Texte mit Anti-Kriegs-Tendenz. 1914 übersetzte sie zum Beispiel *Der Menschheit Hochgedanken* (unter dem Titel *Vzlety lidstva*) von Bertha von Suttner; wie sie selbst in der Einführung in den Roman bekennt, benutzte sie teilweise die Übersetzung als Instrument für die Propagierung konkreter Gedanken:

> Jede Übersetzung eines Buches hat einen bestimmten Zweck. Entweder wird das Werk, das ursprünglich in einer fremden Sprache erschienen war, durch die Übersetzung aufgrund seines literarischen Wertes verbreitet. […] Ein anderer Zweck der Übersetzung eines Buches ist es, die Idee zu verbreiten, die in dem Buch tendenziell ausgesprochen ist. Durch die Übersetzung wird dieser oder jener gute Gedanke propagiert. Der Schriftsteller wollte mit seinem Buch etwas, ist ein Verkünder dieser oder jener Reform, ein Apostel dieser oder jener Bewegung. Je mehr sein Buch übersetzt wird, desto mehr dringt sein Inhalt in aller Gedanken. Nicht jeder kann die Muttersprache des Autors kennen, deshalb dolmetscht der Übersetzer seine Worte seinen Landsleuten.[9]

Pavla Moudrá verehrte Bertha von Suttner sehr, die sie (und auch die übrigen tschechischen Pazifistinnen) in Vielem inspirierte. 1913 warf sie

7 Neudorflová, Marie L.: *Sdílené názory českého ženského hnutí s Bertou Suttnerovou.* In: Šimek, Eduard, ed. Život pro mír: sborník příspěvků z odborného kolokvia k 100. výročí udělení Nobelovy ceny míru Bertě Suttnerové. Praha 2007, S. 21.

8 Pánek: *Pavla Moudrá*, S. 221.

9 Zit. nach Dolečková, Leona: *Překlady jako součást tvorby Pavly Moudré.* Diplomová práce. Praha 2009, S. 33.

zwar Suttner noch vor, dass sie auf die Bitte Wurmovás, sich der unterdrückten Slowaken anzunehmen, nicht geantwortet hatte, bald aber begann sie vor allem die Verdienste der Österreicherin hervorzuheben. Bertha von Suttner war für sie in einem solchen Maße ein Vorbild, dass sie die Unterschiede in ihren Auffassungen zur Lage der Frau für die Erlangung des Friedens nicht problematisierte.

Die Tschechin fügte in ihre gegen den Krieg gerichteten Überlegungen nämlich häufig Bemerkungen zur Frauenthematik ein. Sie unterschied weibliche und männliche Eigenschaften, was uns heute antifeministisch vorkommen mag, seinerzeit aber keineswegs so wahrgenommen wurde; diese Opposition wurde von vielen Feministinnen an der Wende vom 19. zum 20. Jahrhundert verwendet. Pavla Moudrá betont sehr häufig den Altruismus der Frauen – sie sieht in ihm eine der wichtigsten weiblichen Eigenschaften und verbindet sie häufig mit der Fähigkeit zum Opfer, nicht zuletzt zum Opfer für den geliebten Mann. Die Autorin appliziert das Opferparadigma vor allem um eine sittliche Überlegenheit der Frauen über die Männer zu zeigen; zugleich merkt sie allerdings an, dass die heutigen Frauen nicht in der Lage sind, das Ziel zu begreifen, zu dem sie geschaffen sind, und dass sie erst in der Zukunft zu dieser Erkenntnis gelangen werden. Die Frau ist ihrer Ansicht nach von Natur aus sittlicher, reiner, und ihre Sendung ist es, den Männern dabei zu helfen, dieses sittliche Ideal zu erreichen. Die weibliche Natur verbinde sie mit Gott, und zwar wegen ihrer Berufung zur Mutterschaft.

Neben dem oben erwähnten Altruismus hielt sie Friedensliebe für eine weibliche Eigenschaft, und deshalb sollten ihrer Meinung nach Frauen eine wichtige Rolle bei der Verbreitung pazifistischer Ideen spielen:

> Die Männer allein werden, trotz aller pazifistischen Grundsätze einiger von ihnen, niemals den Krieg beseitigen. Das schafft nur die Frau kraft Mutterliebe! Deshalb ist die bewusste Frau die berufenste Akteurin in der Friedensbewegung. Und es ist unstrittig, dass eine Reihe von Frauen, die gegen den Krieg eingenommen und für den Frieden begeistert sind, gerade in diesen schweren Zeiten nur wachsen. Der Krieg ist wie ein Feuer, aber bei seinem schrecklichen Schein erhellt sich auch den Frauen ihr Weg, und sie werden sich umso eifriger an seiner Eindämmung beteiligen.[10]

[10] Moudrá, Pavla: *Ženy proti válce*. In: Moudrá, Pavla: *Výbor přednášek*. http://www.protivanek.cz/knihy/vyborzprednasek.html, 30.05.2014.

Den Krieg hielt sie für eine Folge der männlichen Übermacht oder der Übermacht des männlichen Prinzips. In der Weiblichkeit sah sie häufig gewisse Spuren einer ursprünglichen, natürlichen Harmonie, zu der die Menschheit zurückkehren sollte.

Bemerkenswert sind jedoch auch die Inkonsequenzen in Moudrás Ansichten zu einer „natürlichen“, weiblichen Friedensliebe und einem männlichen Hang zur Gewalt. In der Mehrzahl ihrer Texte gibt sie Männern die Schuld für den Beginn des Krieges:

> Gott sei Dank hat keine von uns auf der ganzen Welt das Maschinengewehr und mit Giftgas gefüllte Bomben erfunden, in keinem weiblichen Kopf wurde der Gedanke an Schützengräben, Stacheldraht und Flugzeuge, die von oben unschuldige Kinder ermorden und Kulturgüter vernichten, geboren. Nein, Gott sei Dank, all diese Maschinengewehre, Deckungen und Trommelfeuer [alles in tschechisiertem Deutsch] inklusive dieser Sünde der Verstümmelung unserer schönen Muttersprache sind Früchte männlicher Gehirne![11]

Allerdings distanziert sie sich in einigen Texten gänzlich von dieser Haltung und sieht die Schuld für die Existenz des Krieges sowohl beim Mann wie auch bei der Frau, die die Soldaten nicht bewundern und für Helden halten sollte. Wenn Frauen dies täten, seien sie für die Kriegstragödie ebenso verantwortlich wie die Männer.

Mangelnde Konsequenz, wie sie in den Ansichten Moudrás zu finden ist, ist keine Ausnahme, die allein das Thema Pazifismus betreffen würde. Die Autorin widerspricht sich auch dann, wenn sie über andere Angelegenheiten schreibt, ihre Ansichten ändern sich und die Veränderungen ihrer Einstellungen und Gedanken sind nicht immer kontinuierlich. Zum Beispiel betont sie wiederholt die weibliche Veranlagung zur Opferbereitschaft bzw. zu einem stillen und in großem Maße passiven Wesen. In anderen Artikeln wieder behauptet sie, dass die Liebe zum Mann nicht der einzige Sinn des Lebens einer Frau sein sollte und erklärt es zur Notwendigkeit, den Frauen eine Beteiligung am öffentlichen Leben zu ermöglichen, an dem sie selbst – wie wir bereits gesehen haben und in einem weiteren Teil des Beitrags noch sehen werden – äußerst leidenschaftlich partizipierte.

[11] Moudrá, Pavla: *Ženám českým ve čtvrtém roce války*. In: Moudrá, Pavla: Výbor přednášek. http://www.protivanek.cz/knihy/vyborzprednasek.html, 30.05.2014.

Von den 20er Jahren des 20. Jhs. an arbeitete sie mit Přemysl Pitter zusammen, mit dem sie die Zeitschrift *Sbratření* herausgab. Die Zeitschrift entstand 1924; Pavla Moudrá war vom fünften Jahrgang an ihre Redakteurin. In *Sbratření* finden wir Artikel, die vom Menschen und seiner Seele (im christlichen Sinne) handeln, aber auch pädagogische Texte (Pitter widmete einen großen Teil seines Lebens Kindern), Texte zum Problem des Alkoholismus und Zigarettenkonsums, Artikel zum Tierschutz und Vegetarismus wie auch zum Pazifismus.[12]

Přemysl Pitter war einer der bedeutendsten Propagandisten des Pazifismus-Gedankens auf dem tschechischen Territorium. Seine Überzeugung erlangte er in dem Moment, als er aus den Kämpfen im Ersten Weltkrieg zurückkehrte, an denen er als neunzehnjähriger freiwilliger Soldat beteiligt gewesen war.[13] Er vertrat einen radikalen Pazifismus; einen Verteidigungskrieg lehnte er gleichermaßen ab. In einem Artikel aus dem Jahre 1936 teilte er die Pazifisten in drei Gruppen ein: nationale, revolutionäre und absolute:

> Nationale Pazifisten. Sie behaupten, dass sie für den Frieden sind und dass ihr Staat vorbereitet sein muss, um im Falle eines Überfalls sein Recht und seine Eigenständigkeit auch mit Eisen zu wahren. Revolutionäre Pazifisten. Sie behaupten, dass Kriege die Menschheit so lange bedrohen werden, wie der Grund, aus dem sie entstehen, nicht beseitigt ist. Absolute Pazifisten. Sie nennen sich auch radikale oder integrale [Pazifisten]. Dazu werden sie aus unterschiedlichen Beweggründen. Ihren Kern bilden Leute, die es aus religiösen Gründen ablehnen, Waffen zu verwenden. Sie lieben ihre Heimat, sind den Bürgern ihres Staates gegenüber loyal, stellen aber über das Gesetz des Staates das Gesetz Gottes, das ihnen auferlegt, ihre Nächsten und auch ihre Feinde zu lieben.[14]

Die Ideale des Pazifismus bezog Pitter nicht nur auf Menschen, sondern auch auf das Gebiet des Tierschutzes und des Vegetarismus.

[12] Moravcová, Hana: *Časopis Sbratření Přemysla Pittra a Pavly Moudré*. Bakalářská práce. Jihlava 2011, S. 13.

[13] Ibid., s. 27.

[14] Sbratření, Přemysl Pitter, 1936/XII/10, str. 1 – 2; Zit. nach Moravcová: *Časopis*, S. 29.

Anna Pammrová (1860-1945)

Nicht unerheblichen Einfluss auf die Ansichten Pavla Moudrás hatte Anna Pammrová, eine Verehrerin Rousseaus, Dichterin, Prosa-Autorin, Übersetzerin, Verlegerin und vor allem Feministin, bekannt durch die Überspanntheit ihrer Ansichten zu Körper und Sexualität. Pammrová, die „eine Frau mit der Seele des Waldes“ genannt wurde, die den größten Teil ihres Lebens in der Waldeinsamkeit von Tišnov und Náměšť verbrachte, rief zur Erhebung der Frau auf, die sie als Teil einer Neugeburt der ganzen Menschheit verstand, ohne Unterschied hinsichtlich des Geschlechts.[15] Ihre Publikationen umfassen sechs Bände. Die bedeutendsten sind: das Buch *Alfa. Embryonální pokus o řešení ženské otázky* aus dem Jahre 1917, das Buch *O mateřství a pamateřství. Podivné úvahy Anny Pammrové* aus dem Jahre 1919, ursprünglich auf Deutsch geschrieben, die *Zápisky nečitelné I und Zápisky nečitelné II*, bereits 1890 verfasst, aber erst im Jahre 1936 in Brünn herausgegeben, und *Zrcadlo duše* aus dem Jahre 1945.

Pammrová war Autorin einer Theorie des Evaismus bzw. des Anti-Evaismus: die biblische Figur der Eva verstand sie als Symbol der Abhängigkeit der Frau, aus der die Mehrheit der Frauen sich nicht lösen kann oder sogar nicht lösen will.[16] Diese Abhängigkeit hat ihrer Ansicht nach zwei Aspekte: erstens ist der Frau die Beteiligung an der geistigen Kultur verwehrt, zweitens handelt es sich um eine körperliche Hörigkeit der Frau gegenüber dem Mann. Pammrová hielt die Geschlechtlichkeit für einen „genetischen Irrtum“, der Geschlechtsverkehr war für sie etwas Unwürdiges.

Pammrová stand in Kontakt mit dem bedeutenden tschechischen Dichter Otokar Březina, dem slowakischen evangelischen Pfarrer und Pazifisten Ján Maliarik, mit dem deutschen Pazifisten Theodor Lessing und mit Pavla Moudrá.

Mit dem jüdischen Pazifisten und Theosophen T. Lessing (1872-1933), den sie übersetzte, traf Pammrová sich mehrere Male. 1933 wurde Lessing von nationalsozialistischen Mördern in der Tschechoslowakei, wohin er emigriert war, ermordet. Pammrová übersetzte im Jahre 1918 Lessings Werk Europa und Asien und im Jahre 1919 seine Geschichte als

15 Dvořáková, Klára: *Svět osamělé spisovatelky. Osobnost Anny Pammrové (1860–1945) v korespondenci s Pavlou Moudrou.* Diplomová práce. České Budějovice 2006, S. 47.

16 Dvořáková: *Svět osamělé spisovatelky*, S. 47

Sinngebung des Sinnlosen, an der sie die Kritik einer zweckgerichteten Auffassung der Geschichte und überhaupt der europäischen Kultur faszinierte.

Mit Pavla Moudrá korrespondierte Pammrová in den Jahren 1907-1940, also bis zum Tod der Schriftstellerin. Ihr Kontakt fand vorwiegend in Korrespondenzform statt; sie sahen sich nur einige Male. Beide Frauen verband Sensibilität, sowie ähnliche Lebenserfahrungen: Scheidung und Mutterschaft, die Lektüre der selben Bücher und die Schöpfung ihrer Inspiration aus denselben Quellen. Im Unterschied zur aktiven Beteiligung Pavla Moudrás am öffentlichen Leben und ihren Versuchen, sich in der Literatur zur Geltung zu bringen, stellte Pammrová jedoch ein eher passives Element dar: sie führte ein vereinsamtes Leben und zog sich eher in sich selbst zurück, als dass sie sich ins äußere Leben begab.[17]

Pammrová war also nicht in der Friedensbewegung aktiv, sofern wir darunter Aktivitäten institutionalisierter pazifistischer Organisationen verstehen. Diese Nichtbeteiligung hängt mit ihrer breiteren Ablehnung gesellschaftlicher Institutionen und überhaupt der Zivilisation zusammen, deren Teil selbstverständlich auch die Existenz von Kriegen ist. Institutionalisierte Bildung, Wissenschaft, und Texte, die formalisierte symbolische Regeln repräsentieren, hätten die Macht, sowohl die menschlichen Sinne, als auch die Fähigkeit zu fühlen, gefühlvoll zu sein, Emotionen zu durchleben und wirklich zu „leben", gänzlich zu zerstören:

> Was ist die Stadt in meinen Augen? Ein riesiger Laden, ein Irrgarten raffinierter Unreinheit, gegensätzlicher Forderungen, potenzierter Unzufriedenheit, Künstelei, Unwahrhaftigkeit der Gefühle. Sie ist eine Vorbereitung auf den letzten Akt einer Gesellschaftskomödie, eine Falle für unvorsichtige Leute.
>
> Kunstdenkmäler, auf die Städte gewöhnlich stolz sind, machen auf mich den gegenteiligen Eindruck. Ich spüre in ihnen den Schweiß und das Blut derjenigen, die sie erschaffen haben.[18]

Diese Empfindsamkeit – keineswegs eine übertrieben sentimentale, sondern für sie eine „natürliche", die wir verloren haben – verbindet Pammrová mit dem weiblichen Element. Die Frauen haben für sie jedoch die

[17] Dvořáková: *Svět osamělé spisovatelky*, S. 78.

[18] Křemenová, Alma: *Anna Pammrová – životopis*. Tišnov 2005, S. 100.

Fähigkeit zum wahrhaftigen Erleben verloren und sind jetzt nur mehr Puppen, passive Elemente in einer phallozentrischen Kultur, in der der Mann dominiert. Die Männer beschuldigt die Autorin, einen „Körperkult" eingeführt zu haben, sich auf physisches Verlangen zu konzentrieren. Die Erotik als Ausdruck von Körperlichkeit sei von Männern erdacht. Für Folgen der Geschlechtlichkeit hält Pammrová Geburt, Militarismus und Kapitalismus – alles Mittel in den Machtspielen der Männer.[19] Wir sehen also, dass Bemerkungen zum Thema Krieg, die bei Pammrová nur am Rande auftauchen, bei ihr immer mit der phallozentrisch begründeten Gesellschaft verbunden sind, die die ursprüngliche Harmonie gestört habe. Die Autorin glaubt jedoch, dass es eine Chance gibt, die falsche Entwicklung der Menschheit umzukehren: Eine Lösung sei keineswegs in politischen Aktivitäten zu finden, sondern in den geistigen Stärken des Menschen. Der Weg führe über Introspektion zu wahrer Erkenntnis: „Aber der Wille des Bösen hat diese Welt allzu sehr überflutet. Diese unermessliche Resonanz des göttlichen Bereichs, die alle Geschöpfe mit harmonischen Ideen befruchtet, spiegelt sich nur im unverstandenen Ich des Menschen."[20]

Bemerkenswert ist, dass die Ansichten der Feministin nicht nur rein abstrakte Ideen blieben: Pammrová richtete ihr Leben an ihnen aus. Nach der Geburt des Sohnes schrieb sie: „Ich bemitleide jeden, der auf menschliche Gesellschaft angewiesen ist. Deshalb habe ich mein Kind gleich in den ersten Tagen, kaum, dass sich die seltene Novembersonne zeigte, in den Wald gebracht."[21]

Nach drei Jahren unglücklicher Ehe entschied sie sich fern der Zivilisation zu leben und zog in die Waldeinsamkeit bei Žďárec u Tišnova. Dort lebte sie in Einsiedelei bis zu ihrem Tod; nur ab und an wurde sie von Prager Intellektuellen und Künstlern besucht. Sie widmete sich bescheidenem Wirtschaften (sie war konsequente Vegetarierin), dem philosophischen Studium (, was vermutlich die einzige Inkonsequenz zwischen ihren Ansichten und ihrer Praxis war), dem Schreiben und dem Übersetzen.

19 Ticháčková, Zuzana: *Filozofie Anny Pammrové*. Dizertační práce. Brno 2014, S. 81-84.

20 Křemenová: *Anna Pammrová*, s. 112.

21 Ebd., s. 115.

LAURIE R. COHEN

„Jedem die Hälfte vom Unrecht gebührt, der es zu hindern die Hand nicht rührt!"[1] Bertha von Suttners Engagement in der Friedens- und Frauenbewegung

Im Jahre 1895 – also bereits lange vor dem Ausbruch des Ersten Weltkriegs – wurden zwei aufsehenerregende Aufrufe in der damals wichtigsten deutschsprachigen Friedenszeitschrift *Die Waffen nieder!* veröffentlicht. Sie brachten ein gemeinsames Verständnis unter führenden Vertreterinnen der bürgerlichen Frauenbewegung der sogenannten „ersten Welle" in Frankreich und Deutschland zum Ausdruck, die zwar in erster Linie dafür bekannt waren, sich für die Rechte der Frauen auf Bildung, gleiche Berufsmöglichkeiten und Bezahlung, Teilnahme an Wahlen und so weiter einzusetzen – die daneben aber auch öffentlichkeitswirksam und auf nationenübergreifender Ebene gegen den Krieg Stellung bezogen.

Der erste dieser beiden Aufrufe war von Eugénie Potonié-Pierre unterzeichnet, der Schriftführerin der Société pour l'amélioration de la condition des femmes und Delegierten des französischen Exekutivkomitees der Union internationale des femmes pour la paix:

> Mütter, Schwestern und Frauen Deutschlands. [...] Kein Blutvergießen mehr zwischen den Völkern, zwischen jenen, die von der Natur zu Brüdern und Freunden geschaffen worden sind. Unser Planet ist zu klein, auf dass man auf irgend einem Stückchen desselben unter dem Vorwand von Grenzen, die durch Convention und Hass errichtet worden, sich gegenseitig abschlachte! [...] Vereinigen wir uns, um den schönsten der Siege davonzutragen – denjenigen der allgemeinen Abrüstung!

1 Suttner, Bertha von: *Krieg und Frieden*. München 1900: S. 3-4.

> Schwestern jenseits des Rheins, habt Muth und antwortet herzlich auf unsern Ruf. Allein die Mütter und die Frauen werden zu wagen wissen, werden wagen wollen. Schreien wir es in alle Welt hinaus, dass das menschliche Gewissen endlich die Gewalttätigkeit verpönt. [...][2]

Als Antwort auf diesen Appell wurde eine von der deutschen Frauenstimmrechtsaktivistin Lina Morgenstern verfasste Erklärung abgedruckt, die neben anderen auch von der Präsidentin der Österreichischen Friedensgesellschaft Bertha von Suttner unterzeichnet war. (Suttner, die Herausgeberin von *Die Waffen nieder!*, fügte ihrem Namen – für die Leserinnen und Leser der Zeitschrift – freilich noch eine Fußnote hinzu, in der sie einen Vorbehalt zum Ausdruck brachte, auf den ich noch konkret eingehen werde.)

> An die Schwestern in Frankreich!
>
> Wir haben den Ruf der Frauen Frankreichs vom internationalen Friedens-Frauenbunde mit Freude vernommen, der uns deutsche Frauen auffordert, uns mit ihnen [...] zu einem internationalen Friedens-Frauenbunde zu vereinigen. Wir bekennen, wie sie, dass der Schwerpunkt menschlichen Glücks in friedlicher Arbeit liegt, dass die Früchte der Kultur nur im Völkerfrieden reifen können und dass es der wichtigste Fortschritt ist, den die Menschheit zu machen hat und machen wird, den organisierten Massenmord, den Krieg, aufzugeben. Wir sind der Überzeugung, dass es nur eine Moral gibt und dass daher das fünfte Gebot, Du sollst nicht töten, durch nichts mehr entweiht und verletzt wird, als durch den Krieg.
>
> Es ist verkehrt, den einzelnen Mord zu bestrafen und den Massenmord im Kriege zu befehlen und zu belohnen. Es ist verkehrt, die christliche Liebe zu lehren und den Hass und die Leidenschaften unter den Nationen zu schüren. Wir halten es für möglich, wünschenswert und ausführbar, internationale Streitfragen auf friedlichem Wege durch Schiedsgerichte zu schlichten. In Hinweis darauf, dass in der Jetztzeit ein Krieg zwischen den Völkern ein unabsehbares Blutbad anrichten würde, welches die edelsten Kräfte der Nationen vernichtet und alle Beteiligten gleich schwer trifft,

2 *Die Waffen nieder!* 11/1895: S. 416-17.

> erwächst für die Frauen die Aufgabe, sich den Friedensbestrebungen anzuschließen und die Jugend in der Überzeugung zu erziehen, dass das Ideal der menschlichen Gesellschaft ein internationaler Frieden ist, und dass Taten der Nächstenliebe und Gerechtigkeit mehr der Menschenwürde entsprechen, als der Kriegsruhm. Und so reichen wir den Frauen Frankreichs [...] gern die Hand, um, so viel es in unserer Macht steht, den Völkerfrieden herbeizuführen.

Diese feministisch-pazifistische Annäherung zwischen deutschen und französischen Aktivistinnen sollte auch noch im Ersten Weltkrieg ihre Fortsetzung finden: So gelang es der französischen Sektion des Internationalen Frauenkomitees für dauernden Frieden (das vier Jahre später zur Internationalen Frauenliga für Friede und Freiheit [IFFF/WILPF] umbenannt wurde) bereits innerhalb von nur zwei Tagen nach ihrer Gründung im Jahre 1915, mit ihrem deutschen Pendant Kontakt aufzunehmen und sich ins Einvernehmen zu setzen.[3]

Der besondere Diskussionsbeitrag, den Bertha von Suttner im Zusammenhang dieser deutsch-französischen antimilitaristischen Verständigung lieferte, kam nun in der bereits erwähnten Fußnote zum Ausdruck: Der kritische Punkt, den zu klären ihr wichtig war, betraf nicht ihre Nationalität: Es war ihr von geringer Bedeutung, dass sie eine österreichisch-ungarische und keine deutsche Staatsbürgerin war; wie sie einmal erklärte: „Wir Friedensfreunde sind alle Kompatrioten – sind Mitglieder einer Nation!“[4] Vielmehr stellte sie in Frage, ob die Frauen, die das Antwortschreiben unterzeichnet hatten, tatsächlich im Namen aller (oder auch nur der meisten) deutschen Frauen sprechen konnten. Suttner wies also darauf hin, dass es größere und allzu oft übersehene Meinungsverschiedenheiten zwischen den Menschen *innerhalb* der verschiedenen Staaten gab (und zweifellos auch heute noch gibt) als *zwischen* ihnen.

> Obschon ich auf die Aufforderung der hochgeschätzten Frau Lina Morgenstern freudig meinen Namen unter obige Zuschrift gesetzt habe, zu deren Inhalt meine Zustimmung eigentlich selbstverständlich ist, so möchte

3 Siehe Wilmers, Anneka: *Pazifismus in der internationalen Frauenbewegung 1914-1920*. Essen 2008, S. 47.

4 Suttner, Bertha von: *Rede beim 7. Weltfriedens-Kongress*. In: *Die Waffen nieder!*, 10-11/1896, S. 364.

> ich doch eine Bemerkung hinzufügen. Ich meine nämlich, dass der Ausdruck „*die* Frauen Frankreichs", „*die* Frauen Deutschlands" zu umfassend klingt, wo es sich nur um die Kundgebung von fünf oder sechs Frauen handelt. Die Unterzeichnerinnen, sofern sie Frauenvereinen vorstehen, können höchstens im Namen dieser, aber nicht im Namen ihrer sämtlichen Landsmänninnen sprechen, unter denen es gerade so viele gibt wie unter den Männern, die der Friedensbewegung gegnerisch oder gleichgültig gegenüberstehen.

Nicht zuletzt auf der Grundlage ihrer häufigen Erfahrung, heftigen Widerständen gegen ihr großes Anliegen einer internationalen Friedensordnung begegnet zu sein, war Suttner sich also der schwerwiegenden Problematik und Unredlichkeit bewusst, die in zu generalisierenden beziehungsweise zu universelle Ansprüche erhebenden Stellungnahmen liegen, mit denen anderen Menschen voreilig Auffassungen unterstellt werden können, die sie nicht teilen. Das wichtigste Bemühen der internationalen Friedensbewegung sollte ihrer Meinung nach darauf gerichtet sein, mit ihrem Engagement gegen das Prinzip des militärischen Wettkampfs, der Eroberung und der gewaltsamen Interessensdurchsetzung (beziehungsweise für Solidarität und Frieden zwischen allen Menschen) jene Mehrheit anzusprechen und zu überzeugen, die den wesentlichen Anliegen eines umfassenden Friedens ablehnend oder gleichgültig gegenüberstanden. Vor allem erschien es ihr notwendig, die tieferen Wurzeln der vorherrschenden militaristischen Kultur sorgfältig und umsichtig zu analysieren, die von der traditionellen und populären Auffassung geprägt war: „Si vis pacem, para bellum" („Wenn du Frieden willst, bereite dich auf den Krieg vor"). Man konnte nicht einfach davon ausgehen, dass alle Menschen (oder auch nur „alle Frauen") die großen Bedrohungen und Belastungen des Kriegswesens (auch in relativ friedlicheren Zeiten) allein schon aufgrund ihrer „menschlichen Natur" verstehen würden – auch wenn jedem Individuum die Möglichkeit grundsätzlich offenstand (und steht), sich für ein solches Verständnis geistig zu öffnen. In der von ihr angefügten Fußnote vermittelte Suttner also auch eine Botschaft, die für ihre Persönlichkeit charakteristisch war: dass sie trotz aller Hindernisse durchaus an die Lernfähigkeit und das Entwicklungspotential der großen Mehrheit der Menschen glaubte.

Die Feministin

Ohne Zweifel war Suttner grundlegend feministisch eingestellt – in ihrem Denken ebenso wie in ihrem Handeln. Zunächst schon auf der Ebene ihrer persönlichen Lebensführung: Eine Aristokratin, die sich erst im Alter von 32 Jahren mit einem um sieben Jahre jüngeren Mann verheiratete – und das auch noch heimlich (da die Hochzeit gegen den Wunsch beider Familien zustande kam) – und kinderlos blieb; eine Frau, die als Journalistin und Schriftstellerin einer unabhängigen Erwerbsarbeit nachging (und dabei übrigens auch mehr verdiente als ihr – ebenfalls schriftstellerisch tätiger – Ehemann); eine Frau, die sich auch nachdrücklich im politischen Leben einbrachte – unter anderem als Vorsitzende der Österreichischen Friedensgesellschaft und Vizepräsidentin des Internationalen Friedensbüros in Bern. Wie sie etwa ihrem langjährigen Brieffreund Alfred Nobel im Juni 1892 – das heißt um die Zeit, als sie die Österreichische Friedensgesellschaft mitbegründete – scherzend schrieb: „Ich bin nun bald 50 – das ist so das Alter, in welchem die Frauen früherer Jahrhunderte Chancen hatten, als Hexen verbrannt zu werden – und jetzt: wahrlich, ich fühle mich so lebens- und tatenkräftig, so arbeitsfroh.“[5]

Ihre feministischen Grundwerte kamen darüber hinaus aber auch in ihren öffentlichen Stellungnahmen deutlich zur Geltung, in denen sie konsequent für die Gleichwertigkeit von Frau und Mann eintrat. Wie sie zum Beispiel schon in ihrem 1889 (unter dem Pseudonym „Jemand“) veröffentlichen Werk *Das Maschinenalter: Zukunftsvorlesungen über unsere Zeit* schrieb:

> Wie verhältnismäßig barbarisch das Maschinenalter noch war, wo die Frauen nicht als Vollmenschen, sondern – wenn auch nicht mehr als Lasttiere und als Sklavinnen, so doch als Untergebene, als Schutzbedürftige, als erwachsene Kinder galten. [...] Das Wort „Schwäche“ erklärte alles. [...] Das Axiom: „Die Frau besitzt ebenso wenig Denk- wie Muskelkraft, sie ist bedeutender geistiger Arbeitsleistung unfähig.“ [...] Man war [deshalb] gewohnt, den Unterschied des Geschlechts auf beinahe alle Merkmale auszudehnen und sich unter „Frauen“ eine Klasse von Wesen vorzustellen, die in jeder Hinsicht – in geistiger gerade so wie in körperlicher – mit ganz anderen Eigenschaften ausgestattet waren als ihre männlichen

[5] Biedermann, Edelgard (Hg.): *Chère Baronne et Amie – Cher monsieur et ami. Der Briefwechsel zwischen Alfred Nobel und Bertha von Suttner*. Hildesheim 2001, S. 105.

> Mitwesen, und daher eine Art Neben- oder vielmehr Unterabteilung des Menschentums bildeten.[6]

Suttner vertrat also bereits in dieser Zeit den dezidierten Standpunkt, dass den Frauen volle Gleichberechtigung zustehen musste – auch wenn sie durchaus einräumte, dass man gerade auch „unter den Frauen [...] die eifrigsten Hüterinnen der Frauenhörigkeit, die härtesten Gegnerinnen der Emanzipation“[7] finden konnte. Wie sie freilich auch betonte, sind es „[n]ur die fortschrittlich gesinnten Frauen, nur solche, die sich zu sozialem Denken erzogen haben, die die Kraft haben, sich von dem Banne tausendjähriger Institutionen zu befreien (etwa des Militärs, der Kirche) und zugleich die Kraft aufbringen, dieselben zu bekämpfen.“[8]

Die feministische Friedensaktivistin

Es ist so gut wie unmöglich, sich mit der österreichisch-ungarischen, aber auch europäischen Friedensbewegung ab 1892 auseinanderzusetzen, ohne auf Bertha von Suttner zu stoßen. In der Tat war es ihr Gesicht, das besonders in den deutschsprachigen literarischen und politischen Printmedien immer mehr zum „öffentlichen Gesicht“ der europäischen Friedensbewegung wurde (nicht zuletzt auch für viele satirische Karikaturenzeichner). Ihr grundlegendes Verständnis der Friedensidee wurde in der von der schwedischen Feministin und Pädagogin Ellen Key veröffentlichten Kurzbiographie Suttners mit der folgenden Beschreibung zusammengefasst:

> An der Jahrhundertwende hielt sie Abrechnung mit ihrem Zeitalter. Auf das eine Konto dieser Buchführung schrieb sie alles, was dem Kriegsgeiste angehörte: Autorität, Militarismus, Antisemitismus, Nationalismus, Konfessionalismus, Gewalt, Lüge, List und Härte. Auf das andere Konto

6 Jemand [Suttner, Bertha von]: *Das Maschinenalter. Zukunftsvorlesungen über unsere Zeit.* Zürich 1889, S. 85.

7 Ebd., S. 111. Woran Suttner unglücklicherweise die Formulierung anschließen ließ: „[...] gerade so, wie Neger einst die besten Sklavenhüter waren.“

8 Suttner, Bertha von: *(Letzter) Brief an die deutschen Frauen*, hrsg. vom Frauenbund der Deutschen Friedensgesellschaft, ca. Mai 1914. In: Swarthmore College Peace Collection, Bertha von Suttner Collected Papers (CDG-B), Karton 2.

> schrieb sie alles, was dem Friedensgeiste angehörte: Freie Forschung, Demokratismus, gleiches Recht für alle, Weltbürgertum, religiöse Toleranz, Recht, Wahrheit, Ehrlichkeit und Güte.[9]

Suttner selbst erläuterte ihre Vision etwa in einem 1911 erschienenen Artikel mit dem Titel *Wie können Frauen die Friedensbewegung fördern?* besonders eindrücklich:

> [...] es ist eine arge Verkennung der Friedensbewegung (Pacifismus), wenn man sich vorstellt, daß sie aus bloßem Hang zur Friedlichkeit und Furcht vor Kriegsgefahr besteht. Sie ist eine auf sozialwissenschaftlicher Einsicht, auf ethischem Rechtssinn beruhende und vom naturgesetzlich bestimmten Entwicklungsgang der menschlichen Gesellschaft bedingte Erscheinung. Vor allem ist sie eine Kampfbewegung, denn sie will alte Zustände wegräumen, um neue zu schaffen; nicht etwa, wie viele glauben, eine neue Menschennatur, sondern neue Einrichtungen, eine neue zwischenstaatliche Ordnung.[10]

„Der Kampf für die Friedensidee", führte sie dazu weiter aus, „hat zwei Eigenschaften, die es der Frau besonders leicht machen, sich daran zu beteiligen. Er wird gegen Brutalität geführt, und er wird ohne jede Brutalität geführt."[11]

Darüber hinaus sei der Pazifismus aber auch weit mehr als eine bloße Gefühls- und Gesinnungssache, da er vor allem auch eine grundlegende kulturelle Entwicklungsphase zum Ausdruck bringe.[12] Suttner wandte sich also auch entschieden gegen das Missverständnis, dass die Friedensidee etwas spezifisch „Feminines" wäre, wie ihre Verächter oft behaupteten, und sie fügte hinzu: „[...] der Feminismus ist ja auch nicht ‚feminin' –, im Gegenteil: seine Gegner werfen ihm vor, unweiblich zu sein."[13] Solche Stellungnahmen machen nicht zuletzt deutlich, dass sie zwischen der organisierten Friedens- und der Frauenbewegung eine ganze Reihe von

9 Key, Ellen: *Florence Nightingale und Bertha von Suttner. Zwei Frauen im Kriege wider den Krieg*. Zürich 1919, S. 23.

10 Suttner, Bertha von: *Wie können Frauen die Friedensbewegung fördern?* In: *Kölnische Volkszeitung,* 1. Juni 1911, S. 2.

11 Ebd.

12 Suttner, Bertha von: *Die Mütter und der Weltfrieden*. In: Schreiber, Adele (Hg.): *Mutterschaft*. München 1912, S. 704-708, hier S. 707.

13 Suttner: *Wie können Frauen die Friedensbewegung fördern?,* S. 2.

wesentlichen gesellschaftlichen und sozialökonomischen Übereinstimmungen sah, wie zum Beispiel:

> Beide Fragen sind wesentlich Menschheitsfragen, sind Fragen des Menschenrechts. Der Feminismus will das Recht auf beide Hälften der Menschheit ausdehnen; die Friedensbewegung will es in den Verkehr der Völker einführen. Auch darin ist eine Ähnlichkeit zu finden: In beiden Fragen wirken die nationalökonomischen Notwendigkeiten als Treibkräfte mit.[14]

Demgegenüber empfand Suttner immer wieder große Sorge und Enttäuschung über eine sehr verbreitete politische Apathie, wie sie dies etwa im Jahre 1900 einmal eindringlich zum Ausdruck brachte:

> Die größte Zahl, die Masse verhält sich indifferent. Während Anhänger und Gegner [...] glauben, die ganze Welt sei von dem Widerhall ihrer Ideen durchschüttert, ist in Wirklichkeit diese sogenannte ganze Welt kaum berührt davon. [...] Es gibt Millionen Menschen, die mit uns eines Sinnes sind [...] und die Verhütung künftiger Kriege von ganzer Seele wünschen, die jedoch sagen: „Es wäre ja sehr schön, aber es geht nicht." Es ginge schon, wenn sie nur gingen![15]

Suttners trauriger Befund, dass „die Leute ja unsere Sache [den Pazifismus] nicht für gemeinnützig halten",[16] hat leider bis heute eine nicht zu unterschätzende Aktualität behalten. Die große Mehrheit von der unverzichtbaren Gemeinnützigkeit der Überwindung der Institution des Krieges zu überzeugen – und sie zur Erreichung dieses Ziels vor allem auch zu organisierter Willensbildung zu ermutigen –, sah sie als zentrale Herausforderung der Friedensbewegung. In seiner vier Jahre nach ihrem Tod formulierten Würdigung ihres Lebenswerks hob der Schriftsteller Stefan Zweig nicht zuletzt dieses Anliegen nachdrücklich hervor:

> Sie hatte auch die einzige notwendige Waffe der Zeit rechtzeitig zu fassen gesucht: die Organisation. [...] Waren wir nicht alle aus jenem Misstrauen

14 Ebd.

15 Suttner: *Krieg und Frieden*, S. 4, 35.

16 Suttner, Bertha von, an Leopold Katscher, 3.12.1894, S. 3. In: New York Library, Manuscripts Division, Schwimmer-Lloyd Collection, Leopold Katscher Papers, Fond R47.

> zu Vereinen, aus jenem unedlen Hochmut, einer Selbstverständlichkeit zu dienen, ihren Plänen fern geblieben? Meinten wir nicht alle, wir könnten, jeder einzeln, Wesentlicheres wirken als im Zusammenschluß? Sie aber, gleichgültig gegen alle Gleichgültigkeit, unermüdlich in ihrer Arbeit, gründete Friedensgesellschaften. [...] So gab diese heroische Agitatorin der Menschheit ein dauerhaftes Beispiel, dass die Frau, selbst wenn ihr das Recht der öffentlichen Einflußnahme auf Politik durch das verweigerte Wahlrecht versagt ist, deshalb doch nicht zur Untätigkeit und Wirkungslosigkeit verdammt bleibt.[17]

17 Zweig, Stefan: *Ansprache anläßlich der Eröffnung des Internationalen Kongresses für Völkerverständigung in Bern.* In: *Neue Freie Presse*, 21. Juni 1918, S. 2-3.

Mira Miladinović Zalaznik

„… Der Friede droht sich unabsehbar auszudehnen.“[1] Bertha von Suttners Weg einer Pazifistin

Bertha von Suttner (Ps. B. Oulot, Jemand) wurde am 9. Juni 1843 als Gräfin des angesehenen böhmischen Adelsgeschlechts Kinsky von Wchinitz und Tettau[2] in Prag geboren, das weder von ihrem älteren Bruder Arthur, noch von ihr oder ihrer Mutter etwas wissen wollte. Der Grund für diese Haltung Kinskys lag bei Berthas Mutter Sophie, geboren von Körner, einer Baronin, die ihrem erheblich älteren Ehemann nach den Regeln der Aristokratie nicht ebenbürtig war. Berthas Vater Franz Joseph Graf Kinsky (1769–1843)[3], im Übrigen genauso wie seine drei Brüder ein k. k. Offizier (Feldmarschallleutnant), verstarb 74-jährig kurz vor Berthas Geburt. Seine Familie blieb seitdem ohne nennenswerten Schutz gegen die Anfeindungen seiner Verwandten.

Franz Joseph Graf Kinsky fügte sich in die militärische Tradition seines Geschlechts würdig ein. Einige Vorfahren von ihm hatten an bewaffneten Auseinandersetzungen des alten Kontinents, an denen dieser im Laufe seiner Geschichte recht reich war, regelmäßig teilgenommen: So

1 Suttner, Bertha von: *Die Waffen nieder! Eine Lebensgeschichte.* Hg. und mit einem Nachwort von Sigrid und Helmut Bock. Husum [2]2006, S. 91.

2 Mehr zu diesem angesehen und alten böhmischen Geschlecht in Tvrdík, Milan: *Bertha von Suttner, ein Sprössling aus dem berühmten Adelsgeschlecht* in diesem Band.

3 Ganz anders verhalten sich Kinskys heute, indem sie Bertha von Suttner zu ihren prominentesten Familienmitgliedern zählen. Vgl. Seger, Otto: *Überblick über die Geschichte des Hauses Kinsky.* In: http://www.eliechtensteinensia.li/JBHV/1967/66/Ueberblick_ueber_die_Geschichte_des_Hauses_Kinsky.pdf, S. 33 (28.05.2014).

zum Beispiel Ulrich Kinsky (1583–1620)[4], ein protestantischer Adeliger, der sich 1618 gegen den (katholischen) Kaiser auflehnte und am 23. Mai des gleichen Jahres an der *Defenestration* von zwei kaiserlichen Beamten teilnahm, die aus dem Fenster der Prager Burg geworfen wurden. Diese Tat wurde zum Auslöser des Dreißigjährigen Krieges. Sein Bruder Wilhelm Kinsky (?–1634)[5] war in diesem Krieg ein Vertrauter von Wallenstein (1583–1634). In dieser Eigenschaft führte er Verhandlungen mit dem Kardinal Richelieu in Paris und mit Schweden, weswegen er 1634, zusammen mit Wallenstein, wohl sterben musste.[6]

Bertha wurde von ihrer Mutter, deren Vater als Hauptmann der Kavallerie ebenfalls dem k. k. Militär angehörte, in Treue zur Monarchie erzogen. Ihr frühes Leben war von der Spielsucht und künstlerischen Ambitionen der Mutter bestimmt. Von ihrem zwölften Lebensjahr an war ihr ihre Cousine Elvira, deren verstorbener Vater ein Privatgelehrter war, eine Freundin, die sie in die Welt der schönen Literatur und Philosophie führte. Dies hatte eine für damalige höhere Töchter untypische Bildung zur Folge: Sie war in der klassischen Literatur belesen, die ihr in ihrem Fall den Bedürfnissen eines jungen Mädchens *nicht* angepasst vermittelt worden war, und wurde auch in Musik (Klavier, Gesang) eingehender und systematischer unterrichtet als damals für höhere Töchter üblich. Sie wurde später zu einer begnadeten Briefschreiberin in Deutsch, aber auch in Englisch, Französisch und Italienisch, alles Sprachen, die sie in Wort und Schrift exzellent beherrschte.

Für eine Frau in ihrer Lage gab es im Leben damals nur eine Möglichkeit – zu heiraten. Sie war dreimal verlobt und bekam als junge Dame einige Heiratsanträge, unter anderem auch von einem reichen Zeitungsverleger und Buchdruckerbesitzer, dem jüngeren Bruder Heinrich Heines, Gustav Freiherrn von Heine-Geldern (1803/05–1886), der in Wien eine eigene Zeitung herausgab *(Fremden-Blatt)*. Doch konnte sie sich nicht

4 http://de.wikisource.org/wiki/BLK%C3%96:Kinsky_von_Wchinitz_und_Tettau,_Ulrich (15.05.2014).

5 http://de.wikisource.org/wiki/BLK%C3%96:Kinsky_von_Wchinitz_und_Tettau,_Wilhelm_Graf (15.05.2014).

6 Vgl. Hamann, Brigitte: *Bertha von Suttner. Ein Leben für den Frieden*. München, Zürich[3] 2006, S. 11–13. Vgl. auch Schiller, Friedrich: *Die Geschichte des Dreißigjährigen Krieges*. In: Stenzel, Gerhard (Hrsg.): *Friedrich Schiller Werke in vier Bänden*, Bd. IV, Salzburg 1983, S. 249–273, hier S. 253 ff.

dazu entschließen, weder ihn noch einen anderen ihrer Freier zu ehelichen. Somit bekam sie es relativ bald mit einem großen Problem zu tun: Als Frau war es ihr damals kaum möglich, unverheiratet alleine zu leben. Frauen hatten nicht selbständig zu sein, hatten keinen Zugang zur Politik, nicht einmal zur Friedensbewegung[7], und durften auch nicht studieren. Als sie 1863 zwanzig wurde, wurden Frauen überhaupt erst zum Studium zugelassen, u. z. in Zürich. In Wien wurden sie es ganze 34 Jahre später, also 1897[8], als sie bereits 54 Jahre alt war. Sie hätte als Unverheiratete beispielsweise bei ihrer Mutter bleiben oder in einem Kloster Zuflucht suchen können, was ihr als liberale Frau jedoch fernlag. Sie ging einen anderen Weg und wurde zur Erzieherin im Hause Suttner.

Das aristokratische, in der reichen Tradition des Landes verwurzelte familiäre Umfeld (samt militärischem Hintergrund), aus dem sie hervorging, prägte also, wie es Suttner später in ihrem Werk *Die Waffen nieder!* eingehend schilderte, das geistige und gesellschaftliche Klima, in welchem sie herangewachsen war. Man lebte in der Monarchie wie auch im restlichen Europa in einem von kriegerischen Konfrontationen geradezu bestimmten Dauerzustand, den man als etwas Selbstverständliches hinnahm. In dieser Zeit wurde in der Schlacht von Goito (1848), in den Schlachten bei Custozza (1848), Novara (1849), Segesvár (1849), in den Schlachten von Magenta (1859) und Solferino (1859), in deren Nachfolge das Rote Kreuz gegründet wurde, im Seegefecht vor Helgoland (1864), in der Schlacht bei Königgrätz (1865), außerdem 1866 im Preußisch-Österreichischen und 1870/71 im Deutsch-Französischen Krieg gekämpft.[9] Man hinterfragte weder die Gründe der einen oder der anderen Schlacht, die, wie wir gerade gesehen haben, in mäßiger Regelmäßigkeit geführt wurden, noch stellte man sie in Frage. Alle diese Kämpfe bestimmten zwar nachhaltig das Leben der Europäer im 19. Jahrhundert, doch gingen

7 Umso beachtenswerter ist es, dass Alfred Nobel es 1895 testamentarisch festlegte, dass der von ihm gestiftete Friedenspreis auch an verdienstvolle *Frauen* verliehen werden könne. (Hamann, *Suttner*, S. 343).

7 Frauen wurden in der Habsburger Monarchie allein zum Studium an der Philosophischen Fakultät zugelassen.
Vgl.: http://www.univie.ac.at/archiv/rg/15.htm (04.06.2014).

8 http://de.wikipedia.org/wiki/Liste_der_Kriege_und_Schlachten_im_19._Jahrhundert (20.05.2014).

9 http://de.wikipedia.org/wiki/Liste_der_Kriege_und_Schlachten_im_19._Jahrhundert (20.05.2014).

sie andererseits nicht nur an dieser jungen Dame spurlos vorüber. Erst 1876, nachdem sie beinahe zur Privatsekretärin von Alfred Nobel (1833–1896) in Paris geworden wäre, hat sie sich zum ersten Mal mit dem Thema Krieg und Frieden befasst. Angeregt wurde sie dazu ausgerechnet vom Erfinder des Dynamits, dessen deklariertes Ziel es war, eine so aggressive und alles vernichtende Waffe zu erfinden, welche die Menschheit auf Grund ihrer Zerstörungskraft dazu gebracht hätte, den Kriegen endgültig zu entsagen. Bei seinen Überlegungen ließ sich Nobel von Darwins Entwicklungslehre, die er, genauso übrigens wie Bertha von Kinsky, als einer von nicht ganz so vielen damals auch tatsächlich gelesen hatte, anregen. Ihm schwebte eine „‚Veredlung der menschlichen Gesellschaft vor'".[10] Mit Hilfe der Technik und Kunst wollte er einen dauerhaften Frieden auf Erden schaffen: „Neue Kenntnisse, neue Entdeckungen, ideale Kunstwerke sollen die Welt bereichern und verschönern, und zur Sicherung all dieser Güter alles Gedeihens Grundbedingung: der Frieden".[11] Es waren also Nobels intensive Beschäftigung mit diesem Problem und seine Argumentationen, die ihr Interesse für den Pazifismus geweckt hatten. So kam Bertha von Kinsky in der Metropole des einstigen Geburtslandes der Aufklärung, in Paris, in Berührung mit Friedensideen. Von nun an verfolgte *sie* die Kriege und ihre Folgen mit ganz anderen Augen. Doch auch *sie* wurde von Kriegen verfolgt.

Nach ihrer Heirat mit dem um sieben Jahre jüngeren Arthur Gundaccar von Suttner (1850–1902) zog sie mit ihm für mehr als acht Jahre auf Einladung der Fürstin Ekatarina Dadiani von Mingrelien (1816–1892) in den Kaukasus. Hier erhoffte sich das Ehepaar eine Bleibe und ein Auskommen, nachdem sich Arthurs Eltern (bei ihnen fand 1848 der Kaiser Ferdinand I., genannt der Gütige, während seiner Flucht von Wien nach Olmütz für eine Zeitlang Zuflucht und seine mehrere hundert Mann starke militärische Sicherheit Unterkunft und Verpflegung[12]) geweigert hatten, diese Ehe gut zu heißen. Hier lebten sie, vor allem nach dem Tod der Fürstin, unter schwierigen ökonomischen Bedingungen, die sie durch al-

10 Suttner, Bertha von: *Erinnerungen an Alfred Nobel.* In: Neue Freie Presse (12.01.1897). In: http://anno.onb.ac.at/cgi-content/anno?aid=nfp&datum=18970112&seite=1&zoom=33 (12.09.2014). Vgl. auch Hamann, *Suttner,* S. 52.

11 Vgl. Suttner, *Alfred Nobel*; vgl. auch Hamann, *Suttner*, S. 52.

12 Vgl. Haman, *Suttner,* S. 43.

lerhand Gelegenheitsarbeiten zu mildern suchten. Hauptsächlich verfassten sie Unterhaltungsromane sowie Übersetzungen, während Bertha von Suttner den jungen Menschen auch Musik beibrachte.

Doch auch dieses Land wurde unruhig, nachdem es vom Russisch-Osmanischen Krieg in den Jahren 1877–1878 heimgesucht wurde. Angst vor dem Krieg, gegen den niemand protestiert hatte, verspürten sie keine. Ihre Sympathien lagen eindeutig bei den Slawen, die man zu befreien hatte.[13] Um ihren eigenen würdigen Beitrag hierbei zu leisten, boten sie sich als Pfleger von Verwundeten im Lazarett an. Als es sich herausstellte, dass sie dort nicht gemeinsam hätten arbeiten können, zogen sie ihr Angebot zurück. Dafür beteiligten sie sich an Wohltätigkeitsveranstaltungen zugunsten leidender Soldaten. In ihren Ansichten wurden sie auch von Leo Graf Tolstoi gestützt, dessen Werk *Der christliche Glaube und der Patriotismus* sie beide damals lasen.[14] Dabei wurde ihnen zum ersten Mal in dieser Klarheit bewusst, wozu die (Kriegs-) Propaganda, geführt mithilfe der Medien, bei der Bildung der öffentlichen Meinung fähig war. Bertha kritisierte außerdem „[…] die Kirche, die die Waffen segnet[e] und die Naivität des Glaubens, Gott würde im Krieg helfen: ruft doch der Gegner denselben Gott an“.[15]

Arthur schrieb 1877 Berichte über den Krieg und das Land, in dem sie lebten, aber auch Reisegeschichten, die er in deutschen Wochenblättern veröffentlichen ließ, während Bertha unter dem Pseudonym B. Oulot für österreichische Zeitungen Kurzgeschichten und Essays, u. z. mit etwas mehr Erfolg als ihr Mann, verfasste. Im Jahr 1885 kehrten sie zurück nach Wien und söhnten sich mit der Familie aus.

Wieder in Österreich konzentrierte sich Bertha von Suttner auf ihr immer intensiver werdendes Engagement für einen weltweiten Frieden. Sie wollte helfen, sie wollte Friedensvereine und -gesellschaften in Europa und Amerika unterstützen und zusammenbringen, in erster Linie auch deshalb, weil sie wegen unterschiedlicher nationaler Interessen untereinander zersplittert oder zerstritten waren.[16] Und Uneinigkeit, das wusste

[13] Hamann, *Suttner,* S. 63.

[14] Vgl. Ebd., S. 64.

[15] Ebd., S. 129.

[16] Probleme der Deutschen mit den Franzosen wegen Elsass-Lothringen; polnische Krise, hervorgerufen durch einen polnischen Abgeordneten des österreichischen Parlaments, der am vierten Internationalen Friedenskongress in Bern

sie, hätte einer Bewegung, die mit wenigen Sympathien rechnen konnte, kaum Erfolg gebracht. Sie war darüber hinaus der festen Überzeugung, die *Friedensidee* würde im Habsburgischen Vielvölkerstaat die *nationalen* Fragen zu überbrücken helfen. „Gerade in Österreich standen bedeutende Schichten gegen die Idee des Nationalismus“[17], da man sich eher der Dynastie als dem Land in Treue verpflichtet fühlte. Doch, es hat sich im entbrannten Nationalitätenkampf des Ersten Weltkriegs herausgestellt, dass sich Suttner darin geirrt hatte.

Davon, dass die Lösung der Nationalfrage in der Donau-Monarchie im ausgehenden 19. Jahrhundert mehr eine Wunschidee als Realität war, zeugt auch die Tatsache, dass es in Prag seit 1882 keine *gemeinsame* Universität gab, sondern eine *tschechische* und eine *deutsche*. Gerade diese tschechische Universität hatte es in den 1890er Jahren Ivan Hribar (1851–1941), einem slowenischen Geschäftsmann, Vertreter tschechischer Versicherungen in Krain, Diplomaten und sich unermüdlich um die Kultur und Wirtschaft bemühenden Bürgermeister von Ljubljana (1896–1910) sehr angetan.[18] Hribar wollte eine Zweigstelle der tschechischen Karls-Universität in Ljubljana gründen. Gegen dieses Vorhaben stellten sich mit beträchtlicher Vehemenz nicht etwa seine *deutschen*, sondern seine *slowenischen* Landsleute: Im slowenischen katholischen Lager war die Prager tschechische Universität als freigeistig derart verschrien, dass Hribars Plan scheitern musste.[19]

„[…] die Wiederherstellung Polens als selbständiges Königreich […]“ verlangte (Hamann, *Suttner,* 181); der Nationalismus der Berliner Friedensfreunde; nationale Spannungen in Österreich-Ungarn (Böhmen, Ungarn, Italiener) etc. Vgl. Hamann, *Suttner,* S. 180–193.

17 Lughofer, Johann Georg: *„Der Pazifismus ist geradezu der Überwinder des nationalen Chauvinismus.“ Die Waffen nieder! aus interkultureller Perspektive.* In: Lughofer, Johann Georg (Hg.): *Im Prisma. Bertha von Suttner: „Die Waffen nieder!“* Wien / St. Wolfgang 2010, S. 169–191, hier S. 183.

18 Er ging 1941, 90-jährig, aus Scham wegen der Okkupation Ljubljanas und des für ihn erniedrigenden Angebots der Italiener, ihn als Bürgermeister zu etablieren, eingewickelt in die slowenische Fahne, in die Laibach.

19 Igor Grdina: *Ivan Hribar: „Jedini resnični radikalec slovenski“.* Ljubljana, Založba ZRC 2010, S. 49. Die slowenische Universität wurde erst 1919, ein knappes Jahr nach dem Zerfall der Donaumonarchie und nach der Etablierung des südslawischen Königreichs der Serben, Kroaten und Slowenen SHS (allein die Serben gingen als Gewinner aus dem Ersten Weltkrieg hervor, was das Leben der Südslawen im gemeinsamen Land etwas belastete), gegründet.

Doch zurück zu Suttner. Das militärische Klima, von dem nicht nur ihr Land durchdrungen war, und ihr Wunsch, etwas dagegen zu unternehmen, haben sie auf den Gedanken gebracht, die Friedens-Ideen nicht nur unter den Eingeweihten und Gleichgesinnten zu propagieren, sondern sie auch der Bevölkerung ans Herz zu legen. Sie kannte die potentielle Kraft der Beeinflussung der öffentlichen Meinung. Diese basierte bereits Anfang des 19. Jahrhunderts in Frankreich auf Napoleonischen kriegerischen Überlegungen und Schritten, vorbereitet und unterstützt durch die durch Napoleon geschickt gesteuerte öffentliche Meinung. Die Wirkungs-Ausmaße und -Möglichkeiten der Presse waren für den Fall, dass man sie energisch genug, organisiert und hinreichend informiert für die Verbreitung seiner Ideen verwendete, gar nicht hoch genug einzuschätzen. Aus diesem Grund wollte auch Suttner ihre Ideen propagieren und somit das große Ziel einpeilen: die Einsetzung eines internationalen Schiedsgerichts zur Lösung von zwischenstaatlichen Konflikten zwecks Vermeidung künftiger Kriege.

Sie wollte, wie wir gesehen haben, im pazifistischen Geist in erster Linie *publizistisch* bzw. *schriftstellerisch* wirken, weil sie das Metier beherrschte und sich dadurch größere Wirkungschancen versprach, wovon einige Jahrzehnte später in seiner Mittag-Ausgabe auch das *Prager Blatt* zu berichten wusste.[20] Nicht nur aus der europäischen Geschichte, sondern auch aus der eigenen Erfahrung sowohl im Kaukasus als auch in Österreich kannte sie die Macht der Medien bei der Bildung der öffentlichen Meinung. Doch, wie sollten die breiten Massen mobilisiert werden, wenn pazifistische Ideen allseits belächelt, verhöhnt, verspottet und in den Medien kaum publik gemacht wurden? Es ließ sich in jener Zeit kaum ein Blatt finden, welches Friedens-Pläne unverfälscht und in vielen Exemplaren unter die Bevölkerung gebracht hätte.[21] Also dachte sie angesichts ihres Vorhabens wohl an eine Zeit, die gar nicht so weit von der ihrigen entrückt war, in der man sich schon einmal der Literatur bediente, wenn man seine politisch brisanten Ideen von Freiheit, Gleichheit und Brüderlichkeit aller Menschen zu popularisieren gedachte. Durch die Praktiken des Vormärz angeregt, wollte auch sie ihre Friedensideen den Menschen

[20] K. B.: Bertha von Suttner gestorben. In: Prager Tagblatt, Mittag-Ausgabe, Nr. 169, Jg. XXXIX, 22.06.1914, S. 1–2.
In: http://anno.onb.ac.at/pdfs/ONB_icBC.pdf (11.11.2014).

[21] Auch heute noch kann man in dem einen oder anderen „neuen“ Land der EU ein Lied von den immer noch gleichgeschalteten Medien singen.

in einer Form bieten, die überzeugend gewirkt hätte, die leicht fassbar, weil klar und deutlich artikuliert, und eventuell auch unterhaltend gewesen wäre, damit die Leser nicht von Anfang an von der Behandlung eines wenig attraktiven Themas abgestoßen wären, sondern auch ein wenig Spaß beim Lesen hätten.

Ein solches Werk hätte vor allem keine *theoretische* Auseinandersetzung mit dem Thema zu sein, sondern es sollte vielmehr praktische Vorschläge zu Problemlösungen verbildlichen. Anschaulich sollte es also sein, anziehend und nachvollziehbar. Und es musste in einem Umfang präsentiert werden, welcher der Autorin Platz genug geboten hätte, die zu vermittelnden Ideen glaubwürdig zu entwickeln, die Charaktere nach Wahrscheinlichkeitsgesetzen sich entfalten und handeln zu lassen wie auch dem Leser die Möglichkeit, sich in all das behutsam einleben zu können. Kein Gedicht also und keine kurze, einfache Propaganda-Schrift wie vornehmlich im Vormärz kam da in Frage, sondern eher ein Prosatext, der gerade im 19. Jahrhundert nicht nur erst richtig literaturfähig geworden war, sondern sich in der Zeit einer stark fortgeschrittenen Lesekundigkeit und relativ zugänglicher Preise einer großen Verbreitung wie auch Beliebtheit erfreute. Diese Gattung, an die Suttner dabei gedacht hatte, war seit ihrem Bestehen öfters der Aufgabe nachgekommen zu informieren. Dabei hatte der Roman damals formal auch schon die von der *progressiven Universalpoesie* Friedrich Schlegels postulierten Bedingungen bis zu einem gewissen Grad erfüllt: Individualität und Kollektivität, Entwicklung und Bildung nach außen und nach innen, gedankliche Zugänglichkeit, Unterhaltung und Belehrung, die Entgrenzung aller literarischen Grenzen, d. h. Ineinanderübergehen von Literatur, Philosophie, Rhetorik, Kritik, Politik, ja, dem gesamten Leben. Und schließlich sollte das angestrebte Werk einen finanziellen Erfolg haben, denn der Verlag sollte daran etwas verdienen, ebenfalls Bertha von Suttner, die mit ihrem Mann in eher bedenklichen Umständen lebte.

Sie begann also, praktisch denkend wie sie war, an einem Roman zu arbeiten, der im Laufe der Zeit, vor allem dann, als es noch keine *nennenswerte* oder keine *objektive* Presse gab, d. h. leider eigentlich bis tief ins 20. Jahrhundert[22] hinein, des Öfteren der Aufgabe nachgekommen war, nicht nur unterhaltend Fiktionales zu bieten, sondern hauptsächlich

22 Vgl. zum Beispiel Werke von Bohumil Hrabal, Péter Esterházy, Danilo Kiš, Igor Torkar oder Drago Jančar.

zu informieren. Sie selbst hat diesen Sachverhalt in ihren *Memoiren* so formuliert:

> Der Friedensliga wollte ich einen Dienst leisten – wie konnte ich das besser tun, als indem ich ein Buch zu schreiben versuchte, das ihre Idee verbreiten sollte? Und am wirksamsten, so dachte ich, konnte ich das in Form einer Erzählung tun. Dafür würde ich sicherlich ein größeres Publikum finden als für eine Abhandlung. In Abhandlungen kann man nur abstrakte Verstandesgründe legen, kann philosophieren, argumentieren und dissertieren; aber ich wollte anderes: ich wollte nicht nur, was ich dachte, sondern was ich fühlte – leidenschaftlich fühlte –, in mein Buch legen können, dem Schmerz wollte ich Ausdruck geben, den die Vorstellung des Krieges in meine Seele brannte; – Leben, zuckendes Leben, Wirklichkeit, historische Wirklichkeit wollte ich vorführen, und das alles konnte nur in einem Roman, am besten in einem in Form der Selbstbiographie geschriebenen Roman, geschehen.[23]

Diesem Vorsatz ist ein zweibändiger Roman entsprungen, dessen tragende Idee, um nicht zu sagen Programm, bereits im Titel *Die Waffen nieder!* erfasst und im Untertitel *Eine Lebensgeschichte* präzisiert wurde: Eine Ich-Erzählerin adeliger Herkunft teilt bereitwillig das Wesentliche ihrer Lebensgeschichte mit den Lesern. Wir treffen sie am Anfang des Romans jung, in guten und geordneten Verhältnissen aufgewachsen, an. Ihr, der wunschlos glücklichen Tochter eines hoch dekorierten österreichischen Generals, wird praktisch nur ein Wunsch abgeschlagen, als Frau, gleich Jeanne d'Arc, für ihr Vaterland kämpfen und sterben zu dürfen.

Die Waffen nieder! wird nicht von einer auktorialen Erzählposition her abgewickelt. Die Autorin bedient sich beim Erzählen, wie bereits erwähnt, der romantischen Postulate der *progressiven Universalpoesie*, indem sie ihren Roman als Biographie und Fiktion, als Tagebuch und Pressebericht, als Schilderung und Reflexion, aber auch Kritik gestaltet. Nicht einmal die Georg Büchnersche Montagetechnik geht an ihr spurlos vorüber, baut sie in ihren Roman nicht nur fiktive Seiten eines fiktiven Tagebuchs ein, sondern ihre eigenen Ideen, Erlebnisse, Erfahrungen und

23 Suttner, Bertha von: *Memoiren*. Hrsg. von Liselotte von Reinken. Bremen 1965, S. 139ff. Zit. nach Wintersteiner, Werner: *„Die Waffen nieder" – ein immer noch zeitgemäßes Projekt*. In: Lughofer, *Im Prisma*, S. 193–210, hier S. 194. Es ist dies jene Aussage Suttners, die am 22.06.1914, einen Tag nach ihrem Tode, vom *Prager Tagblatt* abgedruckt wurde.

Dokumente. Im Roman treffen fiktive Figuren auf reale, sie führen politische Gespräche miteinander, die auf faktischen Diskursen jener Gesellschaft beruhen. Mitunter wird darin über Werke diskutiert, die von echten, in ihrer Zeit engagierten und polizeilich verfolgten Autoren wirklich verfasst wurden (Anastasius Grün[24], Charles Darwin, Ludwig Büchner). So werden Autobiographisches, Fiktionales, eigenes und fremdes Gedankengut mittels der Montage gekonnt miteinander in Verbindung gebracht, woraus sich glaubwürdige Situationen ergeben und Charaktere entwickeln, die überzeugen: „Sie verwob in die Leibes- und Lebensgeschichte der Baronin Martha Althaus zahlreiche Schilderungen vor allem des Leides und Elends, das die zeitgenössischen Kriege mit sich brachten, ebenso wie ausführliche politische Debatten, die die herrschende militaristische Ideologie einer gründlichen und vielschichtigen Kritik unterziehen".[25] Werner Wintersteiner bescheinigt Bertha von Suttner großes handwerkliches Können: „Dabei geht sie auch ästhetisch neue Wege, indem sie den Liebesroman mit dem naturalistischen, gesellschaftskritischen Roman und dem Ideenroman kombiniert. Ihre Kriegsdarstellungen sind minutiös recherchiert, die politischen Streitgespräche ihrer Protagonisten beruhen ebenfalls auf genauen historischen Fakten".[26]

Auf diese Weise ist es der Autorin gelungen, ihre pazifistischen Ideen in ein Werk einzubinden, das zwar ein Tendenzroman, aber auch ein Frauenroman, ein Liebes- und Eheroman, ein Gesellschafts- und Kriegsroman ist, der von Liebe, Krieg, Frieden, Kriegspropaganda, Pazifismus, Waffen, Rotem Kreuz, Mord, Elend, Seuchen, Gefallenenlisten, Nationalismus, Patriotismus, Freundschaft, Mutterschaft, Erziehung, Bildung, Hilfsbereitschaft und Aufopferung handelt. Er kommt ohne Pathos und Falschheit aus, ohne aggressive Agitation oder bombastische Worte. Er ergreift den Leser, zieht ihn in seine Bahn, bringt ihn auch heute noch auf

24 Mehr zu Anastasius Grün in: Miladinović Zalaznik, Mira, „Daß die großen Fragen [...] nicht ohne Mitwirkung der mächtigen Slawenfamilie nachhaltig zu lösen sind, hat [...] das weithin vernehmbare Rauschen der alten und vielästigen Slawenlinde deutlich genug angekündigt. Anton Alexander Graf Auersperg (1806–1876) – ein Gönner der Krainer Kulturszene. In: Donko, Kristian / Šlibar, Neva (Hg.), *Gefühlswelten und Emotionsdiskurse in der deutschsprachigen Literatur*, Ljubljana 2012, S. 57–69.

25 Wintersteiner, *Ein zeitgemäßes Projekt.* In: Lughofer, *Im Prisma*, S. 193–210, hier S. 195.

26 Ebd.

edle Gedanken, wobei er, wie bereits hervorgehoben, höchst glaubwürdig und menschlich ergreifend wirkt.

Woher die Ansicht der Autorin, die breiten Massen, als welche nicht nur die Gebildeten, Intellektuellen, politisch Interessierten, Damen der höheren Gesellschaft, Studenten, vereinzelt vielleicht sogar Politiker, zu gelten hatten, sondern auch ganz einfache Menschen, würden ein Buch lesen wollen, dessen Hauptfigur eine Adelige, eine über alle Not erhabene Gräfin ist, die sich gegen Nationalismus, Chauvinismus, militärische Ideologie, sinnloses Sterben, Blutvergießen empört und davon auch noch öffentlich spricht? Genährt wurde Bertha von Suttners Überzeugung von der Gewissheit, einerseits ein anziehendes und politisch brisantes Thema zu behandeln, andererseits es in einer Form und einem Stil zu tun, die den Menschen in Bewegung setzen. Und das ist ihr auch gelungen. Ihr Roman zeichnet sich durch leichte Lesbarkeit, die Einfachheit des Plans, dessen nachvollziehbare Durchführung (die trotz des großen Umfangs an bearbeitetem Material vom Leser ohne große Anstrengung erfasst werden kann), Ideen, die die Leserschaft etwas angehen bzw. interessieren, und glaubwürdige Charakter- und Handlungsentwicklung.

Als Suttner ihren Roman zum Druck angeboten hatte, winkten Zeitungen und Verlage ab. Man legte ihr nahe, ihn von einem erfahrenen Politiker durchsehen zu lassen (auf dass dieser ihn zurechtkürze), vor allem auch in Bezug auf den Titel, den man als zu reißerisch, ja als geradezu zudringlich empfand. Sie lehnte die Vorschläge allesamt ab und ließ ihn im Herbst 1889, rechtzeitig zum 100jährigen Jubiläum der Französischen Revolution, als ein zweibändiges Werk erscheinen, dessen tragende Idee, wie bereits erwähnt, im Titel *Die Waffen nieder!* gleichsam programmatisch erfasst wurde.

Die Hauptfigur des Romans, eine Ich-Erzählerin adeliger Herkunft namens Martha, ist eine Gestalt, mit der man sich identifizieren, der man nachempfinden kann. Sie heiratet blutjung aus Liebe und beginnt ihr aktives Leben als eine Bewunderin des Krieges. Als ihr Mann im Krieg fällt, ändert sich ihre Einstellung. Sie, inzwischen auch Mutter, beginnt historische, soziologische und Darwins Werke zu lesen. Sie baut sich eine eigene Weltanschauung aus Überzeugungen zusammen, die niemand mit ihr teilen will, bis sie einem Mann begegnet, der ein Offizier preußischer Herkunft ist und den Krieg aus eigener Erfahrung verabscheut. Sie folgt ihm, den sie geheiratet hat, aufs Schlachtfeld, wo sie das ganze Elend des anonymen Massensterbens miterlebt, jedoch unfähig dabei zu helfen ist.

Martha, an deren Gestalt Suttner „[…] eine fast revolutionäre Revision der zeitgenössischen Geschlechterordnung […]“[27]darlegt, verliert an den Folgen verschiedener Kriege, von denen ihr Land und Europa heimgesucht werden, fast ihre gesamte Familie: einen Bruder, zwei Schwestern, einen künftigen Schwager, den Cousin ihres Mannes und den Vater. Mit ihrem Mann und den Kindern zieht sie sich nach Paris zurück. Dort will er sich als Pazifist engagieren, während seine Familie zur Ruhe kommen und seine Frau genesen soll. Und gerade Paris wird den beiden zum Verhängnis. Ihr Mann wird 1870 als Deutscher und angeblicher Spion von französischen Nationalisten erschossen.[28] Martha bleibt allein zurück und erzieht ihre beiden Kinder zu Pazifisten. Ihr großes Ziel erreicht sie in einem kleinen Umfang: Ihr Sohn wird kein Waffen- und Kriegs*verehrer.* Ob auch kein Waffen*träger*, mag angesichts der im Roman angedeuteten politischen Lage mit gutem Grund angezweifelt werden.

Die 46-jährige Suttner, deren Familie vom militärischen Geist geprägt war, hatte an einem Krieg oder seinen Folgen *bis dato* nie selbst gelitten.[29] Dennoch hat sie aus eigener Überzeugung ein pazifistisches Werk geschrieben, das großes Aufsehen erregte und sie zu einer prominenten Vertreterin der Friedensbewegung machte: „Mit ihrem Roman und dem generellen Slogan *Die Waffen nieder!* greift Suttner einen zentralen Mythos und einen Eckpfeiler der Macht des Kaiserreichs an – das Militär und die es umgebende Kultur des Krieges, die die gesamte Gesellschaft durchzieht“.[30] Somit hat sich, wie Wintersteiner mit Recht feststellt, noch eine Dimension ihres denkwürdigen Textes in aller Offenheit gezeigt. Er sollte ihr erfolgreichstes Buch werden, das 37 Auflagen erlebte und in 17 Sprachen übersetzt wurde.

27 Budde, Gunilla: *„Kein Blaustrumpf – Gott bewahre“! Oder: Warum Bertha von Suttner es den Frauen nicht leicht macht*. In: Lughofer, *Im Prisma*, S. 99–113, hier S. 99.

28 Im Jahr 1887, als Suttner zusammen mit ihrem Mann in Paris bei Nobel war, ist sie mit dem französischen, sich bis hin zum Revanchismus steigernden Patriotismus in Berührung gekommen, der als eine Folge von Frankreichs Niederlage gegen Deutschland 1870/71 gedeutet werden konnte.

29 Hamann, *Suttner,* S. 118.

30 Wintersteiner, *Ein zeitgemäßes Projekt.* In: Lughofer, *Im Prisma*, S. 193–210, hier S. 196.

Davon, dass die pazifistischen Ideen dieses Romans sogar noch ein gutes Jahrzehnt nach ihrer schriftlichen Festlegung im slowenischen ethnischen Gebiet mit Vorsicht behandelt wurden, legt ein dezentes Zeugnis der Eintrag im Jahresbericht des Gymnasiums Maribor/Marburg an der Drau aus dem Jahr 1900 ab. Ganze elf Jahre nach seiner Erstveröffentlichung setzten sich die Marburger Schüler der 7. Gymnasialklasse mit der Aufgabe *Die Waffen nieder! Eine Betrachtung an der Neige des 19. Jahrhunderts* auseinander. Das Thema, das mehr dem Mut des Lehrers, vielleicht auch seiner Sympathie für den Pazifismus als dem herrschenden Gesellschaftsklima zuzuschreiben ist, ist eindeutig auf den Roman Suttners zurückzuführen, obwohl weder die Autorin noch ihr Roman im Titel der schriftlichen Arbeit der Schüler explizit genannt wurden.[31] Vielleicht kannte der Lehrer des Marburger Gymnasiums auch Suttners Werk aus dem Jahr 1888, das sie als Frau unter dem neutralen Pseudonym „Jemand“ veröffentlichen ließ, in dem sie, wie es Johann G. Lughofer hervorhebt, „[...] gegen den Patriotismus und Nationalismus der 1870er Jahre [...]“[32] anschreibt. Unter diesem Aspekt betrachtet, war die Aufgabenvergabe des Lehrers in einem bilingualen und multikulturellen Umfeld noch universeller als auf den ersten Blick erkennbar.

Auch später wurde Suttner von den Slowenen wenig rezipiert. Ihr größtes Werk wurde zwar, was bis vor kurzem unbekannt war, ins Slowenische übertragen, aber diese Übertragung ist im fernen Amerika erschienen. Veröffentlicht wurde ihr Roman ein Vierteljahrhundert nach seinem Entstehen unter dem Titel *Doli z orožjem! Zgodba življenja* in einer der Leserschaft der slowenischen Zeitung *Glas Naroda* in Amerika, die sich hauptsächlich aus den Arbeitern rekrutierte, angepassten Form. In der Zeit zwischen dem 9. Oktober und dem 26. Dezember 1914 wurde er, von J. T. für das spezifische slowenische Lesepublikum und den Möglichkeiten des Blattes entsprechend reduziert, in 66 Auszügen abgedruckt.[33] So konnten sich die slowenischen Arbeiter in Amerika kurz nach

[31] Samide, Irena: *Nemška književnost v gimnazijah na Slovenskem od 1848 do 1918. Deutsche Literatur in Gymnasien auf dem slowenischen ethnischen Gebiet von 1848 bis 1918.* Diss. im Manuskript. Ljubljana 2012, S. 114, Anm. 425.

[32] Lughofer, *Der Pazifismus*. In: Lughofer, *Im Prisma*, S. 169–191, hier S. 186.

[33] Interessanterweise wurde die Leserschaft des *Glas Naroda* auf den Abdruck des Romans der einstigen Friedensnobelpreisträgerin extra hingewiesen. Auf der ersten Seite der Zeitung vom 8. Oktober 1914 konnte man in der rechten

dem Ausbruch des Ersten Weltkrieges mit den pazifistischen Ideen Suttners auseinandersetzen.

In Slowenien selbst wurde Bertha von Suttner erst 2013 in einem Dokumentarfilm der ehemaligen Kulturministerin Majda Širca (1953), einer Fernsehjournalistin, über Alfred Nobel und dessen „slowenische" Flamme aus Celje/Cilli Sophie Hess, als Pazifistin und erste Nobelpreisträgerin am Rande erwähnt.[34] Auf den Internetseiten des slowenischen Thermalbads Rogaška slatina/Rohitsch-Sauerbrunn und dortiger Hotels wird angegeben, dass die Autorin Bertha von Suttner ehedem der Gast des Bades war, genauso wie diverse Mitglieder der europäischen Herrscherfamilien Habsburg, Bonaparte, Hohenzollern, Bourbon, Obrenović oder Mitglieder des hohen Adels wie Esterházy, Fürstenberg, Liechtenstein, Thurn und Taxis und Windischgraetz. Das Thermalbad zählte zu seinen Gästen außerdem Honoratioren wie den kroatischen Bischof und Politiker Josip Juraj Strossmayer (1815–1905), den Musiker Franz Liszt oder den „weltberühmten" Reisenden (!) Richard Burton.[35]
In den Jahren 1892 bis 1899 gab Bertha von Suttner unter dem Titel *Die Waffen nieder!* auch eine *Monatsschrift zur Förderung der Friedensidee* heraus. Sie veröffentlichte darin in kleinen Auflagen (die 1. Nummer der Zeitschrift wurde in bescheidenen 370 Exemplaren gedruckt) Schriften zur Propagierung der Friedensidee und -bewegung, aber auch Briefe und literarische Texte, die ihr von illustren Zeitgenossen zum Abdruck zur Verfügung gestellt wurden. Sie hatte dabei mit Anfeindungen aller Art und großem Geldmangel zu kämpfen. Dass die Angriffe oft sarkastischer und bissiger als nötig waren, ist dem Umstand zuzuschreiben, dass sie eine Frau war, die es gewagt hatte, öffentlich für ihre Ideen nicht nur einzustehen, sondern sie auch zu propagieren. In dieser Not stand ihr beharrlich Alfred Nobel bei, der sie und ihre pazifistische Tätigkeit regelmäßig mit ansehnlichen Beträgen unterstützte.

Ecke unter dem Strich lesen, dass ab nächstem Tag hier der Roman *Die Waffen nieder!* der besten und weltberühmten Schriftstellerin Bertha von Suttner veröffentlicht sein wird. Vgl. Glas Naroda, Nr. 236, 08.10.1914, o. P. In: http://www.dlib.si/details/URN:NBN:SI:DOC-IAGLP7DF (11.11.2014).

34 Der Film wurde am 10.12.2013 im ersten Programm des Nationalfernsehens gezeigt. Vgl.: http://www.majdasirca.si/2013/12/alfred-sofie/ (04.06.2014).

35 Vgl.: http://www.hotelslatina.com/index.php?id=19 (06.06.2014); vgl. auch: http://www.rogaska-tourism.com/si/333/Rogaska_skozi_cas.aspx (06.06.2014).

Suttner setzte sich trotz verschiedener Schicksalsschläge und angerückten Alters entschlossen für die Internationalisierung der Friedensbewegung ein, vor allem für die Gründung eines ständigen Schiedsgerichtes zur friedlichen Beilegung von internationalen Konflikten. Am 10. Dezember 1905 erhielt sie als erste Frau den von ihr mit angeregten Friedensnobelpreis. Sie nahm ihn in Christiania, heute Oslo entgegen. In ihrem Vortrag *Die Entwicklung der Friedensbewegung*, gehalten vor dem Nobel-Comité am l8. April 1906, gedachte sie ihres Freundes Alfred Nobel.[36] In ihrem Optimismus meinte sie, Friedenskongresse könnten zur Internationalisierung der Justiz und Herabminderung der Heere führen. Und sie meinte, das Verfassen von Romanen, in welchen man die Überfälle auf die Nachbarn *nicht* als eine Selbstverständlichkeit verherrlichen würde, die „zu noch heftigerem Rüsten"[37] angespornt hätte, würde zur Pazifisierung der Menschen beitragen. Sie sah es als die *Pflicht* der Friedensbewegung an, „[d]ie Zeit herbeizuführen, wo der Schiedsrichter zwischen den Völkern nicht mehr das Schwert sein wird."[38]

Bertha von Suttner ist am 21. Juni 1914, sieben Tage vor dem Attentat von Sarajevo und dem darauffolgenden Ersten Weltkrieg, vor dem sie vergeblich gewarnt hatte, gestorben. Bereits am nächsten Tag berichtete das Blatt slowenischer Arbeiter *Glas naroda (Die Stimme des Volkes),* das von sich stolz behaupten konnte, „The largest Slovene Daily in U. S. A." zu sein (es zählte über 75.000 Leser), auf der Titelseite, dass die unerschrockene Verfechterin des weltweiten Friedens Bertha von Suttner im Alter von 71 Jahren in Wien gestorben sei. Sie habe testamentarisch festgelegt, was wir dieser Notiz ebenfalls entnehmen können, ohne Abschieds-Zeremonien eingeäschert zu werden.[39] Auch die Zeitungen in Ljubljana, sowohl die deutsche *Laibacher Zeitung* als auch die slowenischen *Slovenski narod* und *Slovenec*, brachten am 22. Juni 1914 kurze Notizen zum Ableben Suttners, wobei es nur die *Laibacher Zeitung* für erwähnenswert hielt, sie „als Trägerin des Nobel-Friedenspreises"[40] zu

[36] Vgl.: http://www.nobelprize.org/nobel_prizes/peace/laureates/1905/suttner-lecture-ge.html (28.05.2014).

[37] http://www.nobelprize.org/nobel_prizes/peace/laureates/1905/suttner-lecture-ge.html (28.05.2014).

[38] http://www.nobelprize.org/nobel_prizes/peace/laureates/1905/suttner-lecture-ge.html (28.05.2014).

[39] Vgl. Glas naroda, Nr. 145, Jg. XXII, 22.06.1914, o. P.

[40] Vgl. Laibacher Zeitung, NR. 139, S. 1179, 22.06.1914.

apostrophieren. Die deutsche Zeitung ihrer Geburtsstadt *Prager Tagblatt* dagegen widmete dem Ableben Suttners auf der Titelseite einen prominenten Platz. Und da der Artikel ziemlich lang war, konnte man darin Inhaltsvolles zum Leben und Schaffen dieser ungewöhnlichen Frau lesen:

> Eine Frau, die Führerin einer internationalen Bewegung von höchster Bedeutung wurde und nichts Frauenhaftes dabei verlor, die menschlich und den schärfsten Gegnern ihres Programms sympathisch blieb, ist mit Frau Bertha v. Suttner gestorben. Und unserer Generation, der diese Greisin schon ein wenig fremd geworden war, wird an ihrem Sarge erkennen, wie viel Eigenartiges und menschlich Schönes sie ihr zu verdanken hat.[41]

Es folgen ihr detaillierter Lebenslauf, die Erwähnung ihrer wichtigsten Werke und der Hinweis darauf, wie hoch ihr Interesse am weltweiten Frieden war. Dieses sei, so das Blatt sechs Tage vor dem Attentat von Sarajevo und dem darauf folgenden Krieg, 1887 erweckt worden, als sie von der Friedens-Liga erfuhr, „die sich zur Aufgabe macht[e], durch Anbahnung internationaler Schiedsgerichte den allgemeinen Weltfrieden zu erstreben und zu erhalten".[42] Der Entstehung ihres Friedens-Romans *Die Waffen nieder!* wird minutiös mithilfe von Zitaten Suttners nachgegangen, es werden die Reaktionen der Leser geschildert und sogar der Einfluss, den es auf Politiker ausgeübt hatte, erwähnt:

> Und kaum hat je ein deutsches Buch einen solchen Erfolg gehabt. In Rußland erschienen sofort fünf verschiedene Übersetzungen, sofort auch in den skandinavischen Ländern. Das Buch erregte Aufsehen in der ganzen Welt. In einer Debatte des österreichischen Reichsrates sagte der Finanzminister Dunajewski: ‚Wer nach der Lektüre dieses Buches noch Vorliebe für den Krieg hat, den kann ich nur bedauern'.[43]

Dieses Werk habe Suttner ins Zentrum von pazifistischen Bemühungen gerückt, so das Blatt, welche nun auch den einfachen Menschen, die die Autorin ja erreichen wollte, nahegebracht wurden. Sie selbst hätte auch

[41] K. B.: Bertha von Suttner gestorben. In: Prager Tagblatt, Mittag-Ausgabe, Nr. 169, Jg. XXXIX, 22.06.1914, S. 1. In: http://anno.onb.ac.at/pdfs/ONB_icBC.pdf (11.11.2014).

[42] K. B., Suttner, S. 2.

[43] K. B., Suttner, S. 2.

weiterhin weder Strapazen noch Kräfte gescheut, um ihre Ideen zu popularisieren. Sie sei damit in Amerika gewesen und hatte weltweit die Gründungen von Friedensligen unterstützt. Dabei ging es ihr ökonomisch nicht besonders gut, was sich erst nach der Verleihung des Friedensnobelpreises geändert habe. Im Artikel werden erstaunlicherweise weder ihre Kontakte zu Nobel noch zu wichtigen Autoren bzw. Intellektuellen ihrer Zeit erwähnt. Dafür werden in einem kleinen, diesem nachfolgenden Artikel noch ein kurzer Bericht zu ihrer Krankheit und Behandlung beim Professor Gustav Gärtner („Entfettungskur"[44]) wie auch eine Kleine Notiz über ihre stattzufindende Einäscherung veröffentlicht:

> Frau Suttner hat über ihre Leichenfeier testamentarisch verfügt. Zeitlebens eine Freidenkerin, hat sie gewünscht, daß bei der Leichenfeier keine geistliche Assistenz geleistet werde. Sie wünscht überhaupt keine Feier, keine Reden und keine Kränze. Sie will nach Gotha überführt und dort im Krematorium verbrannt werden. Ihre Asche soll in einer Urne im Kolumbarium zu Gotha beigesetzt werden[45].

Soviel das *Prager Tagblatt*, welches nach dem Tode Suttners und wohl auch angesichts des real drohenden Krieges erstaunlich viel Platz den Friedensbemühungen der großen Tochter Prags auf seinen wichtigsten Seiten eins und zwei überließ. Ob daraus zu folgern wäre, man sei in Böhmen wenig kriegsbegeistert gewesen, sei dahingestellt.

Fakt ist, dass sich die Völker der Welt trotz der verheerenden Folgen durch die Anwendung vom Giftgas auf den Schlachtfeldern und des massenhaften Sterbens nicht nur der Kämpfenden, sondern auch der Zivilisten, nicht näher gekommen sind. Sie wurden in ihrem Streben vielmehr immer wieder von großen kriegerischen Gelüsten geleitet. So berichtete am 11. Mai 1933 die hier bereits erwähnte slowenische Tageszeitung aus den Vereinigten Staaten *Glas naroda* auf der Titelseite unter der Schlagzeile *Hitlers Anhänger wollen den Sozialismus vollkommen ausrotten* darüber, dass in ganz Deutschland Bücher kommunistischer und jüdischer

44 Anonym: Die Krankheit. In: Prager Tagblatt, Mittag-Ausgabe, Nr. 169, Jg. XXXIX, 22.06.1914, S. 2.
In: http://anno.onb.ac.at/pdfs/ONB_icBC.pdf (11.11.2014).

45 Anonym: Einäscherung in Gotha. In: Prager Tagblatt, Mittag-Ausgabe, Nr. 169, Jg. XXXIX, 22.06.1914, S. 2.
In: http://anno.onb.ac.at/pdfs/ONB_icBC.pdf (11.11.2014).

Autoren auf öffentlichen Plätzen auf den „Altar der Kultur“ gebracht worden wären, wobei die deutsche Jugend fleißig mitmache. Unter den 20.000 Büchern, die man zu verbrennen gedachte, befänden sich auch jene Bertha von Suttners, genannt in gleichem Atemzug mit denen von Thomas und Heinrich Mann.[46]

Ob Suttners pazifistischen Ideen je eine bleibende Wirkung auf die Menschheit ausgeübt hatten, wie von ihr erhofft und erträumt, muss angezweifelt werden, obwohl sie uns gerade heute vielleicht näherstehen und nötiger scheinen als je. Der Satz von Marthas Vater, den er mit einer Figur aus dem Roman *Die Waffen nieder!* wechselt, macht nachhaltig nachdenklich. Auf die Feststellung seines Neffen Konrad Althaus, „,[…] je trüber die Stimmung, desto mehr soll man Zerstreuung suchen […]'“, erwidert der General a. D.: „,[…] Das beste […] wäre wohl ein frischer, fröhlicher Krieg – aber leider ist jetzt gar keine Aussicht dazu vorhanden; der Friede droht sich unabsehbar auszudehnen'“.[47] Wir Heutigen wissen es leider besser.

Bertha von Suttner ist in ihrem pazifistischen Streben, wie es auch Beatrix Kempf meint, als eine Realistin, die für ihre Ideen bis ins hohe Alter bereit war, zu kämpfen und Opfer hinzunehmen, zu bezeichnen: „Und in diesem erbittert geführten Kampf um Menschlichkeit und Weltfrieden steht diese Frau, die genau weiß, daß sie nicht verstanden wird, daß man sie nicht verstehen will, daß sie verlacht und belächelt wird, daß sie persönlich ihr Ziel nicht erreichen kann. Und doch kämpft sie mit der ihr eigenen Waffe, dem Wort, gegen die Strömungen ihrer Zeit.“[48]

Und unsere Zeit? Das 20. Jahrhundert wurde von zwei Weltkriegen erschüttert. Die Welt hat zwei atomare *Waffen-* und zahlreiche *weitere* Atomexplosionen erlebt, wobei nicht alle als Dienstunfälle zu bezeichnen sind. In den 1990er Jahren hat das friedliebende Europa Kriege im einsti-

[46] Anonym: *Hitlerjevi pristaši hočejo socijalizem povsem iztrebiti*. In: *Glas naroda*, Nr. 110, Jg. XLI, 11. 5. 1933.
In: http://www.dlib.si/details/URN:NBN:SI:DOC-IAGLP7DF (12.09.2014).

[47] Suttner, *Die Waffen nieder!*, S. 91.

[48] Beatrix Kempf: *Bertha von Suttner: das Lebensbild einer großen Frau. Schriftstellerin, Politikerin, Journalistin.* Wien 1964, S. 138. Zit. nach Wintersteiner, *Ein zeitgemäßes Projekt.* In: Lughofer, *Im Prisma*, S. 193–210, hier S. 207.

gen nicht alliierten, d. h. blockfreien, sich selbstverwaltenden Jugoslawien ohne größere Erschütterungen hingenommen. Doch, man hat auch die Gründung des *Völkerbundes* erlebt, gefolgt von der Gründung der *UNO* und des *UN-Kriegsverbrechertribunals* in Den Haag wie einiger anderer Weltorganisationen, die sich nach Kräften um den Weltfrieden *kümmern*. Dieser *dehnt* sich keinesfalls *unabsehbar aus*, sondern wird gleichsam unaufhörlich von lokalen Kriegen innerhalb und außerhalb Europas gestört. Nicht anders verhält es sich im jungen 21. Jahrhundert, in dem weitere kriegerische Auseinandersetzungen toben. Im Nahen Osten werden erbitterte Kämpfe zwischen Israelis und Palästinensern ausgetragen, in denen ebenfalls zahlreiche Zivilisten ums Leben kommen. Es gibt Länder, in denen Herrscher brutal gegen die eigene Bevölkerung vorgehen, wie in Syrien oder in den verschiedenen Ländern Afrikas und Asiens. Und von unzähligen Flüchtlingen, sogar flüchtenden Kindern, die über das Mittelmeer das europäische Paradies auf Erden erreichen möchten und dabei nicht selten elendig umkommen, ganz zu schweigen. Oder von Australien, einem Land, das sich einst vornehmlich aus englischen Gefangenen und Eingeborenen zusammensetzte, das es aber den Flüchtlingen in den Booten heutzutage nicht einmal gestattet, an seinen Küsten zu landen. Oder von den Entführungen von Mädchen, die monatelang in Gefangenschaft gehalten werden und angeblich sogar konvertieren, um im friedlichen Ehehafen mit ihren Kidnappern ihr Glück auf Erden zu finden, während sich die Welt mehr oder weniger erfolglos um ihre Freilassung bemüht. Es stimmt schon, dass die Gesellschaft laut Selbstbezeichnung überwiegend pazifistisch ist. Doch, wenn es ums Einsetzen von pazifistischen Ideen in konkreten Fällen geht, werden sowohl die Menschen wie du und ich als auch vor allem die Politiker eigentümlich pragmatisch, wobei das Pazifistische naturgemäß dem Pragmatischen allzu oft zum Opfer fällt. Diesbezüglich unterscheidet sich das 21. Jahrhundert nicht wesentlich von der Zeit Bertha von Suttners. Es bleibt den Menschen trotz ihres Egoismus und ihrer Geldgier überlassen, es der großen Dame des Friedens gleich- und nachzutun, auf dass die Welt eines Tages in der Tat in Frieden leben könnte.

AutorInnenverzeichnis

MADELEINE BERNSTORFF

Berlin, Autorin, Filmkuratorin und Lehrende. Filmreihen u. a. Alle Tage wieder – Let them swing. Die Kamerahelmfilme der berliner Künstlerin Margaret Raspé, Berlin, Frankfurt am Main 2014, Caméra au poing, Videoaktivismus von Carole Roussopoulos und Kolleg_innen, Berlin 2013, Ohne Genehmigung - Antikolonialismus, Cinéma militant, Internationalismus. Die Filme von René Vautier, Berlin, 2012. Frühe Interventionen. Suffragetten- Extremistinnen der Sichtbarkeit, Berlin 2010. Mitherausgeberin u. a.: Kabul Teheran 1979 ff. Filmlandschaften, Städte unter Stress und Migration, Berlin 2006; Trinh T. Minh-ha. Filme, Texte, Gespräche, Wien 1995. Sichtungskommission Internationale Kurzfilmtage Oberhausen seit 2000. www.madeleinebernstorff.de

LAURIE R. COHEN

Dr., studierte in Berkeley, New Haven und Wien und lebt und arbeitet derzeit als Historikerin und Universitäts-Lehrbeauftragte in Innsbruck. In ihren Veröffentlichungen behandelt sie u. a. das Alltagsleben an der früheren Grenze zwischen dem Habsburger und russischen Reich, die Erfahrungen der Zivilbevölkerung in Smolensk unter der nazi-deutschen Besetzung im 2. Weltkrieg, die führende Protagonistin der Friedensbewegung Bertha von Suttner (1843-1914) sowie die Entwicklung transnationaler Netzwerke pazifistischer Frauen, unter besonderer Berücksichtigung der Begründerinnen der Internationalen Frauenliga für Freiheit und Frieden (IFFF).

Viera Glosíková

Doz. PhDr., CSc. Die Prager Germanistin wirkt gegenwärtig als Leiterin des Lehrstuhls für Germanistik der Pädagogischen Fakultät der Karlsuniversität in Prag, wo sie sich neben der pädagogischen Tätigkeit ihren Forschungsschwerpunkten widmet: deutschsprachige Literatur Böhmens und der Slowakei; Exilliteratur. Sie ist Autorin von Monographien und literaturwissenschaftlichen Beiträgen in Tschechien und im Ausland.
Als Teil ihres literaturwissenschaftlichen Betätigungsfeldes ist sie Vorstandsmitglied des Prager Literaturhauses deutschsprachiger Autoren.

Dietmar Goltschnigg

Geb. 1944 in Würzburg, seit 1981 Professor für Neuere deutsche Sprache und Literatur an der Karl-Franzens-Universität Graz, 1996-2012 Präsident des Österreichischen Humboldt-Klubs, 2003 Honorarprofessor der Universität Pécs, 2010 Ehrendoktorat der Universität Belgrad.

Libuše Heczková

Literaturhistorikerin, konzentriert sich auf die literarische Moderne, die zeitgenössische Literatur und die Geschlechterforschung. Seit 1998 unterrichtet sie an der Karlsuniversität Prag. Im akademischen Jahr 2010/2011 arbeitete sie an der Universität Texas in Austin als Direktorin der tschechischen Studien. Publikationen im Bereich Literaturgeschichte und Gender-Studies: Píšící Minervy. Vybrané kapitoly z dějin české literární kritiky, Praha 2009, Iluze spásy. České feministické myšlení 19. a 20. století –zusammen mit Dana Musilová und Marie Bahenská, České Budějovice 2013. Sie ist Mitautorin des Projektes Die Geschichte der Neuen Moderne (Dějiny nové moderny, Vl. Papoušek a kol.; I. Česká literatura v letech 1905-1924, Praha 2010, II. Lomy vertikal. Česká literatura v letech 1924-1934, Praha 2014), die ausgezeichnet wurde mit dem Magnesia Litera-Preis, und auch Mitautorin von The Glossary of the Catchwords of The Czech Avantgarde, Prague 2012.

Johann Georg Lughofer

Doz. MMag. Dr. MA (Exeter). Studium der Germanistik, Geschichte, Politikwissenschaften und Philosophie in Wien, Granada, Nizza und Exeter; 2004 Promotion über den Einfluss und das literarische Schaffen des österreichischen Exils in Mexiko. Lehrtätigkeiten 1999 an der Peking-Universität, VR China, 2002-2005 University of Exeter, England, seit 2005 an der Univerza v Ljubljani, Slowenien – dort 2009 Habilitation zum Dozenten – nebenbei Lehraufträge an den Universitäten Maribor, Stellenbosch, Wien und Innsbruck (dort auch Gastprofessur 2014 und 2015). Forschungsinteresse: Exilliteratur, österreichische Literatur (19. – 21. Jahrhundert), interkulturelle Literaturwissenschaft, Literatur im DaF-Unterricht. Zahlreiche Veröffentlichungen in Zeitschriften und Sammelbänden, zuletzt als Herausgeber veröffentlicht: Thomas Bernhard. Gesellschaftliche und politische Bedeutung der Literatur 2012; Die Berge erschreiben. Die Alpen in der deutschsprachigen Literatur 2014.

Mira Miladinović Zalaznik

O. Univ.-Prof. Dr. (1952), Studium der Germanistik und Romanistik an der Philosophischen Fakultät der Universität Ljubljana (FF). 1977–1985 freiberuflich als Übersetzerin aus dem Deutschen tätig, seitdem bis zur Pensionierung 2012 an der FF. Im Sommersemester 1995/96 Gastprofessur in Klagenfurt. Gastvorträge in Slowenien, Kroatien, Deutschland, Belgien, Polen und USA. Mitarbeit an diversen nationalen und internationalen Forschungsprojekten, 2009–2012 Leiterin des slowenischen interdisziplinären Forschungsprojekts Interkulturelle literaturwissenschaftliche Studien (FF, Ljubljana). Forschungsschwerpunkte: Deutsche und österreichische Literatur des 19. und 20. Jahrhunderts; das deutsche Zeitungswesen im slowenischen ethnischen Gebiet; deutsch-slowenische literarische Wechselbeziehungen; deutsch-schreibende Krainer und slowenische Autoren mit Migrationshintergrund.

Alexandra Millner

Dr. phil., Studium der Germanistik und Anglistik in Wien und Aberdeen, Literaturwissenschaftlerin und -kritikerin, Lehrbeauftragte der Universität Wien, Dramaturgin. 1994–1997 Lektorin an der Università degli Studi di Roma Tre, Mitarbeit an den FWF-Projekten „Herrschaft, ethnische Differenzierung und Literarizität. Fremd- und Selbstbilder in der Kultur Österreich-Ungarns 1867–1918“ (2004–2006) und „Zentren/Peripherien. Kulturen und Herrschaftsverhältnisse in Österreich-Ungarn 1867–1918” (2006–2008), seit 2012 Leiterin des FWF-Projekts „Transdifferenz in der Literatur deutschsprachiger Migrantinnen in Österreich-Ungarn“ (Elise Richter-Programm). Mitherausgeberin der Albert Drach-Werkausgabe. Publikationen als Mit-Hg. (Auswahl): Moderne. Kulturwissenschaftliches Jahrbuch 4, 2008; Migration; Grenzen und Räume in der Habsburger Monarchie von 1867 bis 1918, 2010; Die Entsetzungen des Josef Winkler, 2014.

Olga Słowik

Absolventin der Bohemistik an der Philosophischen Fakultät der Karlsuniversität Prag. Sie schrieb ihre Masterarbeit über die Publizistik Pavla Moudrás bei Libuše Heczková. Zurzeit widmete sie sich freiberuflich der Übersetzung aus dem Tschechischen ins Polnische und der Texterstellung/Copywriting.

Ulrike Tanzer

Geboren 1967 in Steyr (OÖ), studierte Deutsche Philologie und Anglistik/Amerikanistik (LA) an den Universitäten Wien und Salzburg (Sponsion 1992). Sie promovierte 1996 mit einer Arbeit über Frauenbilder im Werk Marie von Ebner-Eschenbachs (Stuttgart: Akademischer Verlag 1997). Nach mehrjähriger Unterrichtstätigkeit am Privatgymnasium der Ursulinen in Salzburg-Glasenbach war sie 1996–2008 Universitätsassistentin für Neuere deutsche Literatur und Koordinatorin für den Bereich Fachdidaktik am Institut für Germanistik der Universität Salzburg. 2008 erfolgte die Habilitation für das Fach Neuere deutsche Literatur (Thema der Habilitationsschrift: Fortuna, Idylle, Augenblick. Aspekte des Glücks in der Literatur, Würzburg 2011) und die Ernennung zur Ao. Universitätsprofessorin am FB Germanistik der Universität Salzburg. Seit 1. Oktober 2014 ist Ulrike Tanzer Universitätsprofessorin für Österreichische Literatur und Leiterin des Forschungsinstituts Brenner-Archiv an der Universität Innsbruck. Schwerpunkte in Forschung und Lehre: deutschsprachige Literatur des 19. und 20. Jahrhunderts, Gegenwartsliteratur, Tradition der Satire, Editionstechnik, Literaturdidaktik und Leseforschung.

Katalin Teller

PhD, Studium der Germanistik und Slawistik an der Eötvös-Loránd-Universität Budapest, Promotion 2008 zur Literaturtheorie. 2006-2009 Mitarbeiterin und Koordinatorin von Projekten zu Kulturtechniken um die Jahrhundertwende und in der Zwischenkriegszeit bzw. zu Konzepten der Raumerfahrung im 20. Jh. Seit 2009 assoziierte Professorin am Lehrstuhl für Ästhetik der ELTE. Seit 2012 Projektassistentin des FWF-Projektes „Transdifferenz in der Literatur deutschsprachiger Migrantinnen in Österreich-Ungarn“ am Institut für Germanistik der Universität Wien und seit 2014 Projektmitarbeiterin im Sparkling Science Forschungsprojekt „Metropolis in Transition. Wien – Budapest 1916–1921“ des Ludwig-Boltzmann-Instituts für Geschichte und Gesellschaft in Wien. Forschungsschwerpunkte sind kulturwissenschaftliche Theorien, Großstadtliteratur, Massenkultur und Zirkusgeschichte im kulturgeschichtlichen und -wissenschaftlichen Kontext.

Eveline Thalmann

Sie studierte Germanistik und interdisziplinäre Geschlechterstudien in Graz und arbeitet derzeit an einem Forschungsprojekt zu Bertha von Suttner mit soziopolitischem Fokus. Forschungsschwerpunkte: Literatur- und Theatersoziologie, Geschlechtersoziologie, Freiheitskonzepte in der Postmoderne.

Milan Trvdík

Univ.-Prof. Dr., ist Professor für Neue Deutsche Philologie an der Karls-Universität in Prag mit den Schwerpunkten auf der Prager deutschen und böhmisch-deutschen Literatur, der modernen österreichischen und der Schweizer Literatur sowie der deutschen Literatur des 19. Jahrhunderts. Daneben hat er seit 2008 einen Lehrauftrag für moderne österreichische und Schweizer Literatur an der Universität zu Köln. Seit 1999 Vorsitzender der Goethe-Gesellschaft in der Tschechischen Republik. 2013 wurde ihm das Österreichische Ehrenkreuz für Wissenschaft und Kunst verliehen. Zahlreiche Publikationen v. a. zur Geschichte der deutschen und österreichischen Literatur, zur deutschen Literatur in den böhmischen Ländern und zur deutschsprachigen Literatur aus der Schweiz nach 1945, zuletzt Handkes Rückkehr zu sich selbst – Versuch um eine Interpretation von Handkes „Langsame Heimkehr" (2012), „In manchen Landschaften Italiens bin ich glücklich – soweit ein Mensch das von sich sagen kann". Die italienischen Motive im Erzählwerk von George Saiko" (2012), Christianity and Judaism in the Thought of Franz Werfel (2014).

Werner Wintersteiner

Univ.-Prof. Dr., Friedenspädagoge und Deutschdidaktiker, ist Gründer und Leiter des „Zentrums für Friedensforschung und Friedenspädagogik" an der Alpen-Adria-Universität Klagenfurt (AAU) sowie wissenschaftlicher Leiter des Master-Lehrgangs Global Citizenship Education an der AAU. Seine Arbeitsschwerpunkte sind Literatur, Politik und Frieden, Kulturwissenschaftliche Friedensforschung und Friedenspädagogik sowie (transkulturelle) literarische Bildung. Er ist Autor und Herausgeber zahlreicher Bücher (darunter: Pädagogik des Anderen. Bausteine für eine Friedenspädagogik in der Postmoderne, 1999, oder: Poetik der Verschiedenheit. Literatur, Bildung Globalisierung, 2006) und von rund 300 einschlägigen Aufsätzen in mehreren Sprachen.

Zusammenfassungen und Schlüsselwörter

Madeleine Bernstorff

Ein Film für die Neue Zeit? Ned med Vaabnene! / Die Waffen nieder!

Zusammenfassung: Die dänische Verfilmung Bertha von Suttners Entwicklungsromans *Die Waffen nieder!* durch den Regisseur Holger-Madsen ist eine der ersten Drehbucharbeiten von Carl Theodor Dreyer. Der Film, mit dem Ausbruch des Ersten Weltkriegs fertig gestellt, wird – u. a. anhand Produktionsunterlagen aus dem Dänischen Filmarchiv, darunter Suttners Korrespondenz mit der Filmgesellschaft Nordisk – filmhistorisch kontextualisiert. Mit der Verfilmung wird aus dem Roman ein Melodram. Die Auswertung des Films nach dem Ersten Weltkrieg erfolgte in den USA schon im Sommer 1914, in Deutschland erst während der Räterepublik, die Rezeptionen divergieren.

Schlüsselwörter: Nordisk Film, Korrespondenz Bertha von Suttner, Melodram, tableau vivant

Laurie R. Cohen

„Jedem die Hälfte vom Unrecht gebührt, der es zu hindern die Hand nicht rührt!" Bertha von Suttners Engagement in der Friedens- und Frauenbewegung

Zusammenfassung: Bertha von Suttner (1843-1914), die 1905 mit dem Friedensnobelpreis ausgezeichnet wurde, betrachtete die Überwindung der Institution des Krieges als vordringlichstes politisches Anliegen ihres Lebens. Da sie zur Einsicht gelangte, dass die international maßgeblichen

Machtgruppen an militärischer Abrüstung nicht ernsthaft interessiert waren, gründete sie gemeinsam mit anderen die zivilgesellschaftliche Organisation der Österreichischen Friedensgesellschaft, die als Zweig der *International Peace and Arbitration Society* fungierte. Gleichzeitig war sie auch Herausgeberin der Monatszeitschrift *Die Waffen nieder!*, der es in kurzer Zeit gelang, sich zu einem der anerkanntesten Organe der Friedensbewegung zu entwickeln. Zahlreiche ForscherInnen der internationalen feministisch-pazifistischen Bewegungen vertreten die Auffassung, dass deren früheste Wurzeln auf persönliche Erfahrungen des Ersten Weltkriegs zurückgehen. Im Gegensatz dazu beschreibt dieses Kapitel in knappen Umrissen, wie Suttner – die kurz vor dem Ausbruch des Krieges gestorben war – schon vorher Feminismus und Pazifismus in Wort und Tat sehr glaubwürdig zusammenführen konnte.

Schlüsselwörter: Pazifismus, Feminismus, Weltbürgertum, Apathie

LIBUŠE HECZKOVÁ UND OLGA SŁOWIK

Vier Frauen und die tschechische Friedensbewegung: Vlasta Pittnerová, Jindřiška Wurmová, Pavla Moudrá und Anna Pammrová

Zusammenfassung: Der Beitrag behandelt vier tschechische Feministinnen, die in der Friedensbewegung um 1900 aktiv waren. Die erste behandelte Persönlichkeit, Vlasta Pittnerová gehörte selbst eher nicht zum Kreis derjenigen, übersetzte aber als erste Bertha von Suttners Roman unter dem Titel *Odzbrojte!* übersetzte. Die bedeutendsten Persönlichkeiten der tschechischen und mährischen Friedensbewegung waren Jindřiška Wurmová und Pavla Moudrá. Die beiden Frauen arbeiteten zusammen, beide wurden von denselben Ideen inspiriert, sehr wichtig war für sie das geistige Erbe von Jan Amos Komenskýs (Wurmová setzte in der Tschechoslowakischen Republik einen Tag des Friedens am Geburtstag Komenskýs durch). Im Jahre 1914 gaben sie ein zweibändiges Friedenslesebuch heraus – eine Sammlung von Anti-Kriegs-Prosa, -Gedichten und -Artikeln aus dem In- und Ausland. In den 20er Jahren arbeiteten sie nicht mehr zusammen aufgrund unterschiedlicher Ansichten über Nationalismus, Spiritismus und in gewissem Maße Pazifismus. Pavla Moudrá,

Schriftstellerin, Übersetzerin, Pazifistin und Aktivistin in feministischen, antialkoholischen, vegetarischen und theosophischen Bewegungen, neigte mehr und mehr zu spiritistischen Bewegungen. Sie arbeitete zusammen mit Přemysl Pitter für die Zeitschrift *Sbratření*. In ihren gegen den Krieg gerichteten Überlegungen flossen häufig Bemerkungen zur Frauenthematik ein. Sie unterschied weibliche und männliche Eigenschaften. Sie wurde stark von Anna Pammrová inspiriert. Pammrová war nicht in der Friedensbewegung aktiv, sofern wir darunter Aktivitäten institutionalisierter pazifistischer Organisationen verstehen, was mit ihrer breiteren Ablehnung gesellschaftlicher Institutionen und überhaupt der Zivilisation zusammenhängt, deren Teil auch die Existenz von Kriegen ist. Die vier Aktivistinnen unterschieden sich in vielen Ideen, in Arbeitsmethoden und in der Lebensart, aber gemeinsam war ihnen, das sie alle die Notwendigkeit sahen, die Gesellschaft zu ändern und Gewalt zu beseitigen.

Schlüsselwörter: tschechische und mährische Friedensbewegung, Vlasta Pittnerová, Jindřiška Wurmová, Pavla Moudrá, Anna Pammrová

VIERA GLOSIKOVA

Suttners Verhältnis zu den Tschechen aufgrund ihrer Memoiren

Zusammenfassung: Bertha von Suttner hatte eine offene und unmittelbare Beziehung zu ihrer Geburtsstadt. Zu ihren Freunden und schöpferischen Menschen, die sie hochschätzte, gehörten sowohl die Tschechen als auch die deutschsprachigen Böhmen. Ihr literarisches Werk hat man ins Tschechische übersetzt und ihre Friedensaktivitäten wurden in Prag, ähnlich wie auch in anderen Weltorten, einerseits akzeptiert und unterstützt, andererseits abgelehnt und sogar auch verspottet. Zu ihren großen Kritikern gehörte ihr Landsmann Karl Kraus, der sein Drama *Die letzten Tage der Menschheit* als eindeutiger Kriegsgegner gestaltete.

Schlüsselwörter: Bertha von Suttner, Memoiren, Böhmen, Geburtsstadt Prag

DIETMAR GOLTSCHNIGG

„Kriegsberichterstatter“ und „Friedensfreund“. Alice Schalek und Bertha von Suttner im Visier der *Fackel*

Zusammenfassung: Der Beitrag behandelt die satirische Auseinandersetzung von Karl Kraus mit der Pazifistin Bertha von Suttner und der hurrapatriotischen „Kriegsimpressionistin“ Alice Schalek.

Schlüsselwörter: Pazifismus, Kriegsjournalismus, (Anti-)Feminismus, Geschlechterdualismus, Satire

JOHANN GEORG LUGHOFER

Naivität, Sentimentalität und aristokratische Borniertheit. Stereotypen und Vorwürfe in Sachen Bertha von Suttner

Zusammenfassung: Die große punktuelle symbolische Ehrerbietung, die Suttner in Österreich und Deutschland erfährt, findet wenig Entsprechung in einem lebhaften und öffentlichen Diskurs über die Galionsfigur des Pazifismus; auch ihren Texten und ihren Ideen wird im schulischen Kanon, in der akademischen Welt sowie beim Lesepublikum wenig bis keinerlei Aufmerksamkeit geschenkt. Der Beitrag nimmt einige Gründe dafür, die Anwürfe gegen Suttner, die zumeist unhinterfragt nunmehr seit 100 Jahren fortgeschrieben werden, genauer unter die Lupe: Suttners vermeintliche Naivität, Sentimentalität, mangelnde literarische Qualität und Ignoranz gegenüber den sozialen Verhältnissen ihrer Zeit. Dabei erweisen sich diese Vorwürfe als nicht tragfähig.

Schlüsselwörter: Naivität, Sentimentalität, Gartenlaube-Literatur, Geschlechterrollen

MIRA MILADINOVIĆ ZALAZNIK

„… Der Friede droht sich unabsehbar auszudehnen." Bertha von Suttners Weg einer Pazifistin

Zusammenfassung: Im Beitrag wird in Kürze der Lebensweg Bertha von Suttners, geb. Gräfin von Kinsky nachgezeichnet, einer in Treue zur Monarchie erzogenen höheren Tochter, die sich aufgrund ihrer Lese-Erfahrungen, eigenen Erlebnisse und Kontakte mit dem Adel und der Intelligenz von einer attraktiven und gebildeten jungen Dame, die in einer vom militärischen Geist geprägten Familie aufgewachsen war, zur Pazifistin entwickelt hatte. Ihr Werdegang war weder leicht noch einfach, hat sie sich in einer Zeit, in der Frauen nicht viele Rechte in der Gesellschaft hatten, zu einer der wichtigsten Persönlichkeiten der Friedensbewegung entwickelt. Bei ihrer Arbeit lag es ihr stets mehr an der Praxis als an der Theorie. Deswegen verfasste sie ihren antikriegerischen Roman *Die Waffen nieder!* in der Hoffnung, dessen Ideen würden auch jene Kreise erreichen, die ihr sonst nicht zugänglich gewesen wären. Trotz ihres Engagements als Autorin und Publizistin (Herausgeberin der Zeitschrift *Die Waffen nieder!*) in der internationalen Friedensbewegung, die für ihre Arbeit 1905 als erste Frau mit dem Friedensnobelpreis geehrt wurde, und trotz der vielen Energie, die sie unermüdlich in ihre Arbeit einbrachte, waren die Erfolge ihrer Tätigkeit relativ bescheiden. Ihre Ideen verdienen gerade heute mehr Gehör denn je. Sie hat ihr Leben lang alle Anfeindungen und Bosheiten, die ihr wegen ihrer Haltung und Einstellung zuteilwurden, mit Würde getragen. Als optimistische Realistin beharrte sie trotz aller Widrigkeiten und ökonomischer Schwierigkeiten bis zuletzt auf ihren Kampf um Menschlichkeit und Weltfrieden.

Schlüsselwörter: Krieg, Frieden, Nobelpreis, Pazifismus

ALEXANDRA MILLNER UND KATALIN TELLER

Auf Reisespuren in Bertha und Arthur Gundaccar von Suttners Literatur

Zusammenfassung: Der Beitrag setzt sich mit Bertha und Arthur von Suttners belletristischen und essayistischen Texten auseinander, die während ihres Georgienaufenthalts verfasst bzw. in denen ihre Reiseerfahrungen deutliche Spuren hinterließen. Neben dem Aspekt der Begegnung mit dem Fremden und dem ethnografischen Interesse bzw. Desinteresse werden unterschiedliche Entwürfe von Frauen- und Männerbildern angesprochen, um anschließend die Schnittstellen zwischen Exotisierung, Zivilisationskritik und Fortschrittsglaube unter die Lupe zu nehmen.

Schlüsselwörter: Reiseliteratur, Fremderfahrung, Geschlechterrollen, Georgien

ULRIKE TANZER

„Wahre Typen eines gottentfremdeten Culturweiberthums“.
Marie von Ebner-Eschenbach und Bertha von Suttner

Zusammenfassung: Um 1900 zählten Marie von Ebner-Eschenbach und Bertha von Suttner zu den prominentesten Frauen ihrer Zeit. Beide standen am Zenit ihrer Laufbahn, von Preisen und Ehrungen überhäuft. Der Beitrag beleuchtet das persönliche Verhältnis der beiden österreichischen Schriftstellerinnen und ihr literarisch-gesellschaftliches Umfeld. Ebner-Eschenbach und Suttner stammten aus einem ähnlichen aristokratischen Milieu, dem beide kritisch gegenüberstanden. Unterschiede zeigen sich im Bildungsweg, in den literarischen Netzwerken und im politischen Engagement. Während Ebner-Eschenbach Freundschaften pflegt und im Hintergrund agiert, nützt Suttner, gemeinsam mit ihrem Mann Arthur, die Organisationsform des Vereins für ihr pazifistisches Engagement. Die Rezeption der beiden Schriftstellerinnen weist ähnliche Strukturen auf. Zuschreibungen wie „Dichterin der Güte“ oder „Priesterin des Gemüts“ verharmlosen die Lebensleistungen beider.

Schlüsselwörter: Adelskritik, Literarische Netzwerke, Politisches Engagement, Rezeption

EVELINE THALMANN

Die Waffen nieder! Die Waffen wieder! Dramatisierungen von Bertha von Suttners Roman im deutschen Kaiserreich

Zusammenfassung: Von der Bekanntheit und Wirkkraft von Suttners *Die Waffen nieder!* um 1900 zeugen nicht nur die vielen Auflagen und Übersetzungen des Romans, sondern auch folgende vier Theaterstücke, die direkt auf den Roman Bezug nehmen: *Die Waffen nieder!* von Karl Pauli, *Die Waffen nieder!* von Robert Overweg, *Die Waffen wieder!* von Benno Jacobson und Ludwig Bruckner und *Reiterattacke!* von Heinrich Stobitzer und Fritz Friedmann-Frederich.

Gleich dem Roman versuchen die Bühnenstücke auf die Meinung des Publikums Einfluss zu nehmen, indem sie für oder gegen das Militär und den Krieg argumentieren. Die Wahl der Mittel steht hierbei in Verbindung mit der Intention der Stücke: Während die beiden Dramen *Die Waffen nieder!* von Pauli und *Die Waffen nieder!* von Overweg vor allem mit sachlogischen Argumenten zu überzeugen suchen, operieren die beiden Lustspielen *Die Waffen wieder!* und *Reiterattacke!* fast ausschließlich affektiv-emotional.

Schlüsselwörter: Rezeptionsgeschichte, Theater, Argumentationsanalyse, Diskursanalyse

MILAN TRVDÍK

Bertha von Suttner, geb. Gräfin Kinsky, ein Sprössling aus dem berühmten böhmischen Adelsgeschlecht

Zusammenfassung: Dieser Beitrag beleuchtet den bisher kaum beachteten Aspekt im Leben Bertha von Suttners: ihre adelige Herkunft aus dem bedeutenden altböhmischen Adelsgeschlecht der Kinskys und ihre komplizierte Beziehung zur Herkunftsfamilie. So wird hauptsächlich ihr privates Leben fokussiert, von dem sie auf den ersten Blick relativ ausgiebig in ihren Memoiren berichtete, aber wohl einiges verschwieg. Zur Aufklärung der Schattenseite in ihrem Leben wird einerseits eine ausführlichere Darstellung der ruhmreichen Geschichte ihrer altböhmischen adeligen Familie der Fürsten und Grafen Kinsky unternommen, andererseits wird die wichtige Person ihres Vormundes, des Grafen Fürstenberg, von dem sie in den Memoiren ein schönes Bild zeichnete, näher vor dem geschichtlichen Hintergrund vorgestellt.

Schlüsselwörter: Suttners adelige Herkunft, Grafen Kinsky, Fürsten Kinsky, Landgraf Fürstenberg

WERNER WINTERSTEINER

Der Kampf um die Vermeidung des Weltkriegs. Bertha von Suttner und die Österreichische Friedensbewegung vor 1914 aus heutiger Sicht

Zusammenfassung: Dieser Beitrag zeichnet – jenseits von pauschaler Kritik oder Verteidigung – ein differenziertes Bild vom politischen Wirken der Baronin Bertha von Suttner. Ohne die Beschränktheit mancher ihrer politischen Positionen zu leugnen, wird doch ihr konsequenter und klarsichtiger Kampf um die Vermeidung des Weltkriegs dargestellt. Dazu wird vornehmlich ihr politisch-publizistisches Werk herangezogen, die in der *Friedens-Warte* veröffentlichten *Randglossen zur Zeitgeschichte* ebenso wie die umfangreicheren Studien *Rüstung und Überrüstung* (1909) und *Die Barbarisierung der Luft* (1912).

Schlüsselwörter: Abrüstung, Anti-Militarismus, Imperialismus, Weltkrieg, Vereintes Europa

Namensregister